TAO SEXUAL

TAO SEXUAL
AMOR SANADOR

Daniel García . Sandra Martínez . Ángel García

Prólogo de Olga de Miguel

OBERON

Oberon

Diseño y realización de cubierta: Celia Antón Santos
Ilustración de cubierta e interiores: Eduardo Rodríguez Meliá
Revisión: Lidia Señarís Cejas
Maquetación: Claudia Valdés-Miranda Cros
Responsable Editorial: Eugenio Tuya Feijoó

© EDICIONES OBERON (G.A.), 2019
   Juan Ignacio Luca de Tena, 15. 28027 Madrid
   Depósito legal: M-30306-2018
   ISBN: 978-84-415-4057-6
   Printed in Spain

Agradecimientos

Los tres autores, Sandra, Ángel y Daniel, sentimos una inmensa gratitud hacia nuestro editor, Eugenio Tuya y su excepcional equipo editorial de Anaya Multimedia.

Gracias, Eugenio, por confiar en nosotros y hacer realidad este proyecto, por tu experiencia profesional y gran humanidad, por cuidarnos con tanta generosidad, comprensión y sutileza.

Gracias a Eduardo Rodríguez Meliá por sus maravillosas ilustraciones, a Lidia Señarís, cuya revisión ha enriquecido nuestro trabajo, a Claudia Valdés-Miranda por el proceso de maquetación y a Celia Antón Santos por el diseño y realización de la cubierta. Gracias por vuestro arte y sensibilidad.

Gracias a todo el equipo OBERON por vuestra paciencia infinita, por vuestro empuje y confianza en nosotros y en la sabiduría oriental.

Gracias a Olga de Miguel Salazar por apoyarnos con un prólogo colmado de sabiduría y claridad.

Cada obstáculo, cada dificultad, mía o de los pacientes, que me ha tocado afrontar todos estos años se ha revelado como un aprendizaje en materia de relaciones personales. Gracias a todos mis pacientes por su confianza al revelar su vida íntima en el seno de la consulta.

Gracias al tesón y sabiduría de mis maestros. Agradezco especialmente a Cristina Hernández sus consejos, comentarios e inestimable ayuda en este proyecto. Gracias a todas las personas que salen de sí mismos para dirigirse al encuentro con el Otro. Gracias a cada mujer que se ha cruzado en mi vida; la sabiduría es femenina.

—Daniel García.

A Ángel, mi compañero de camino, por su apoyo incondicional y por invitarme y empujarme a ser parte de este proyecto, por llevar el Tao impregnado en todo su ser y compartirlo generosamente. Gracias a Omar, mi hijo, por su paciencia y comprensión durante la materialización de este proyecto que nos «robó», muchas horas de juego y por darme los abrazos más amorosos del universo. Gracias a mi familia por el respaldo y el impulso que me brindáis en cada uno de mis proyectos. Sois una fuente de inspiración que me muestra cómo seguir caminando por la vida con humildad. Os amo.

Gracias a Paqui Martín, Maestra de Tao y amiga, por enseñarme la sencillez de las prácticas, a Olga de Miguel Salazar, por la calidad de tu acompañamiento en cada trayecto que emprendo hacia mi interior y por mostrarme la vía de la confianza en el proceso terapéutico.

Gracias a los profesores y alumnos de la Asociación Española de Tao Yin por hacer posible que el Tao siga vigente hoy día y por la magnífica labor de difusión que hacéis de estas técnicas ancestrales.

Quiero agradecer especialmente a todas las mujeres y hombres con quienes me he sentado en círculo, a mis alumnos y pacientes por compartir su intimidad y confiar en mí.

A Daniel García, compañero y profesor, por aceptarme como coautora y ofrecerme su apoyo.

—SANDRA MARTÍNEZ.

Gracias, Sandra, por compartir tu manera de vivir y amar conmigo. Me encantas y me inspiras.

Gracias, Omar, por tu complicidad, tus juegos, tu dulzura, tu vitalidad y tu apoyo y comprensión durante la escritura de este libro.

Gracias a mis padres, mis hermanos y toda mi familia por cuidarme.

Gracias a mi compañero Daniel, por todo tu apoyo en este y en tantos y tantos proyectos juntos.

Gracias, Alejandro Corchs y Natascha Spagenberg, por avalar el Tao en Uruguay. Un honor caminar juntos. Gracias, Yuri, por tender puentes con tu corazón.

Gracias a todos los profesores, alumnos y pacientes de la Asociación Española de Tao Yin, a todos los integrantes del Centro de Desarrollo Psicoespiritual Purificación de Montevideo y a todos los alumnos de Uruguay, hacéis posible mi propósito en la vida de enseñar y compartir lo que valoro.

Gracias a mis maestros: Simón de la Flor, Mantak Chia, Juan Li, Paqui Martín, Irene Tobler y Michael Mervosh.

Por todas mis relaciones.

—ÁNGEL GARCÍA.

Sobre los Autores

Daniel García es enfermero, fisioterapeuta, experto asesor de salud e instructor de técnicas mente-cuerpo. Con un máster en neurocontrol motor, escribe en la actualidad su tesis doctoral sobre dolor y propiocepción. Desde hace más de veinte años profesa su vocación por el desarrollo de la salud, desde un enfoque global, que contempla todas las facetas de la persona. Es el responsable del departamento de fisioterapia y ejercicio terapéutico de CMI Clínica de Medicina Integrativa.

Sandra Martínez desde muy pequeña quiso ser danzarina y aprendiz de la vida. Su cuerpo, el movimiento y la danza han sido sus herramientas de expresión, las llaves para armonizar su mente, respirar, sentirse y estar más presente y consciente. El Tao apareció en su vida hace 20 años y se convirtió en practicante para luego formarse como Profesora de Tao. Desde entonces sigue comprobando a diario los beneficios que esta filosofía ancestral aporta a cada uno de los territorios de la vida. Es Terapeuta Gestalt, donde conjuga la psicoterapia y la consciencia a través del cuerpo para abarcar y contemplar las diferentes facetas que componen a cada persona. Una parte de su labor la dedica a acompañar a mujeres que desean desarrollar una sexualidad consciente y vivir plenamente su potencial sexual. Facilita sesiones de ®FreeyourselfDance, una práctica de meditación activa que conecta cuerpo/mente/energía y abre las puertas hacia el camino de la autenticidad. Es Mujer Medicina por la tradición del Camino de los Hijos de la Tierra, Portadora de Pipa Sagrada y guía Ceremonias y Rituales Iniciáticos, de Pasaje y Temazcales. Durante los últimos 30 años ha investigado y profundizado en diferentes prácticas: Danza Afro-Caribeña, Movimiento Expresivo, Inner Dance, Movimiento Auténtico y Terapéutico, Danzas Sagradas, Hatha Yoga, Capoeira Angola, 5 Ritmos.

Ángel García es director de la Asociación Española de Tao Yin, así como formador de profesores de Tao Yin y Qi Gong, maestro de Tao y cursos introductorios de Tao, Tao Yin, Qi Gong, Feng Shui del Alma, I Ching, Amor Sanador, Fusión de los 5 elementos, prácticas estelares, yoga del sueño, muerte y trascendencia, mantras, mudras y peregrinaje, entre otros. Formador de profesores de meditación, profesor de soberanía personal y docente formador en soberanía personal, profesor de relajación y dinámica mental, terapeuta de psicoenergética, consultor de psicología integral, creador del sistema Reiki Tao, guía de temazcales y portador de Pipa Sagrada, profesor de biodanza.

Contenido

AVISO

Las prácticas y enseñanzas expuestas en este libro han sido utilizadas de una forma saludable en Oriente desde hace cientos, tal vez miles de años. Estas técnicas pueden ayudar a mejorar tu salud y disfrutar más de tu sexualidad. En el caso de que sufras alguna dolencia, consulta a un profesional de la salud. Personas con patología previa como hipertensión o enfermedades cardiovasculares deben realizar estas prácticas con cuidado y calma. Las prácticas no sustituyen el consejo ni los tratamientos médicos. Todas las prácticas incluidas en este libro son muy poderosas. El modo de obtener todos los beneficios del Tao Sexual - Amor Sanador es mediante el asesoramiento cualificado y con la disciplina de la práctica continuada.

Ni los autores ni la editorial se consideran en ningún modo responsables del uso erróneo de las pautas descritas en esta obra. Recomendamos siempre el asesoramiento de profesionales cualificados en técnicas de Tao Sexual – Amor Sanador, Psicoterapia o Sexología.

Prólogo

El ser humano ha sido manipulado a lo largo de la historia a través de muchos instrumentos. Uno de los más potentes es la sexualidad.

La sexualidad ha sido reprimida y cargada de contenidos negativos, lo cual ha limitado la energía vital del hombre y de la mujer y causado enfermedad emocional e infelicidad. Por otro lado, también se ha sobredimensionado para fines comerciales, con el consiguiente desajuste y exigencia en mujeres y hombres. Así, nuestra sexualidad está condicionada por una moralidad y unas consignas externas que nos colocan en «cómo debe ser la sexualidad», y nos desconectan de nuestra sabiduría sexual natural y del propio camino interior. Si a esto se añaden los frecuentes abusos que adultos reprimidos -y heridos a su vez- han realizado sobre niños y niñas, nos encontramos con la necesidad de reivindicar nuestra sexualidad como un bien propio, del cual cada uno es dueño y tiene derecho a desplegar, disfrutar, explorar y vivir desde su propia libertad. No hay una única sexualidad, sino tantas como cada uno necesita o desea tener o inventar.

Además de mi propia experiencia de represión, como psicoterapeuta he sido testigo de mucho sufrimiento asociado a no dejarnos ser: una heterosexualidad limitada, una homosexualidad y transexualidad golpeada... Estando tan invadidos por mensajes condicionados y por experiencias dañinas, resulta imposible alcanzar esta libertad sexual natural sin higienizar previamente nuestra mente, poniendo conciencia a todos los pensamientos intrusivos que tenemos acerca de la sexualidad y conectando con los sentimientos de dolor, vergüenza y rabia asociados a las heridas en nuestra biografía sexual.

Toda mirada, reflexión y vivencia, desde cualquier punto de vista que nos haga cuestionarnos y vivenciarnos de manera más interna, me parece que contribuye a la salud psicocorporal. Así, libros como *El Tao Sexual Amor Sanador* pueden convertirse en nuevas guías de autoexploración y redescubrimiento.

Agradezco a estos tres autores el compartir su saber desde su experiencia y orientación, ya que no sólo aportan una perspectiva reveladora a través del Tao, sino que, mediante preguntas exploratorias que proponen en sus capítulos, permiten al/la lector/a su propia búsqueda y reencuentro personal. En sus textos -cada uno escrito desde un estilo propio- nos colocan delante el apretado zapato que nos obligamos a calzar, y proponen un encuentro con nuestra sensualidad a través de la valoración y el rescate de nuestros sentidos, poniendo en valor la importancia del ritual que nos ayuda a conectarnos con la dimensión transpersonal de la sexualidad. Dicha dimensión, alejada de lo bueno y de lo malo, eleva la experiencia sexual. El libro es, en sí mismo, una invitación que, a través de bellas y delicadas propuestas, integra amor, sexo y espiritualidad desde una perspectiva holística y pacificadora.

Los autores Ángel García y Daniel García nos aportan una necesaria visión sobre la psicología y la sexualidad masculinas, y apoyan la necesidad de que los hombres de nuestro tiempo se abran a sus sentimientos y cuestionen su forma de vivir la sexualidad, animándolos a buscar en sí mismos las raíces del dañino machismo.

El patriarcado ha herido gravemente al hombre llenándolo de complejos, exigencias y prototipos y, por consiguiente, de angustia y ansiedad. La insatisfacción del hombre es, en gran parte, el resultado de una desconexión con su corazón y con sus necesidades. El reconocimiento de su sensibilidad y de su emocionalidad es piedra angular para una sexualidad más integrada. Poder conectar con su vulnerabilidad puede servirles de ayuda para disolver su omnipotencia, una autoexigencia sexual tan dañina como la impotencia a la que esta les conduce.

En el texto dedicado a la mujer, escrito por Sandra Martínez, comparto con la autora su sensibilidad ante la invasión y el abuso de poder al que las mujeres hemos sido sometidas en nuestra sexualidad; así como el cómo hemos sido juzgadas, manipuladas, ridiculizadas, esclavizadas, abusadas y violadas, incluso desde la afirmación perversa de que es para nuestro propio placer.

Durante siglos las mujeres hemos sido dominadas y convertidas en objetos sexuales, alejándonos así de nuestro cuerpo y de nuestras propias decisiones... Sandra Martínez invita valientemente a la mujer a explorarse, a transgredir los límites que han condicionado su sexualidad y a romper con los tabúes que la han alejado de su deseo.

La sexualidad es una experiencia de entrega a nosotros/as mismos/as y al otro que elegimos, pero no hay entrega real si no hay posibilidad para poner los límites que se necesite o quiera. La entrega, sin estos límites, se puede convertir en dominio.

De seguro, su lectura será inspiradora para todas las personas, pues te empuja al autoconocimiento y, desde este, al encuentro íntimo con otro ser.

—OLGA DE MIGUEL SALAZAR.
Psicóloga Clínica y Psicoterapeuta de Orientación Gestáltica.
Fundadora y Directora del Centro de Formación Equipo Centro.

Sexo es vida

La Vida

La vida es el tiempo que paso dentro de mi cuerpo desde mi concepción hasta mi muerte. Yo elijo en qué emplear este presente y cómo saborear cada segundo. Aprovecharlo o que pase de largo depende en gran parte de mí. Cada instante que estoy conmigo o que comparto con alguien es un verdadero tesoro.

El Tao nos enseña a vivir todos los momentos con plenitud y a sacarle el máximo provecho.

Gracias por emplear tu tiempo en este libro y leerlo.

Gracias por compartir tu vida con nosotros.

En este libro contaremos cómo comienza esta historia apasionante que es la vida. Hablaremos del sexo, del amor y de cómo nos acompaña a lo largo de nuestra existencia. Esperamos que disfrutes de este tiempo de lectura.

La vida es juego. Lo veo constantemente en los niños pequeños que nacen con todo el instinto vital sin alterar. Recuerdo ser niño y simplemente querer jugar como única meta. El espíritu de la diversión me invita a tomarme las cosas de una manera fluida y ligera, así como a soltar la actitud solemne y pesada que carga de peso mi mochila.

En este libro os mostramos gran variedad de juegos, solos o en compañía, cada uno con sus propias reglas, para dejarnos sorprender por lo inesperado.

La vida es un proceso creativo de principio a fin. En todo momento estoy eligiendo qué hacer y cómo hacerlo. Me inspiro y busco la manera de materializar mis ideas. Si quiero cocinar, por ejemplo, miro los ingredientes que tengo, encuentro los que me faltan y con todos ellos invento una deliciosa comida.

En este libro queremos darte muchas recetas para convertir el sexo en un acto creativo y muy satisfactorio. Queremos que mires qué tienes en tu nevera y te llenamos la despensa para poder recrear ricos momentos de amor y disfrute.

La vida es experimentación. Descubro cómo me afectan cada una de las acciones que realizo, cómo proceso cada uno de los cambios que se están dando en mí y en la naturaleza.

En este libro te proponemos probar algunas enseñanzas que hallaron los sabios taoístas de la antigüedad y que han sido demostradas científicamente hoy en día.

La vida es aprendizaje continuo. Aprendo a caminar, a hablar, a moverme, a escribir, a cuidarme, a relacionarme, a amarme a mí mismo y a los demás.

Nosotros nos instruimos en Amor Sanador y queremos mostraros parte de lo que asimilamos.

La vida es diversidad inmensa. Millones de personas diferentes, de animales, de plantas, de minerales, de colores, de bebidas, de alimentos, de olores, de sonidos, de sabores, de imágenes, de texturas, de lugares, de procesos, de climas, de emociones, de pensamientos...

En este libro te invitamos a gozar de la sexualidad y toda su variedad, aquí te contamos algunas propuestas. No caben todas porque son ilimitadas, dejaremos también algún espacio a tu imaginación, para que cuentes tu experiencia y escribas tu propio libro con nosotros...

....

....

....

....

La vida es tiempo.

La vida es juego.

La vida es creación.

La vida es experimentación.

La vida es aprendizaje.

La vida es diversidad.

Y todo eso y más es el sexo porque:

Con el Sexo comienza la Vida.

Sexo = Vida

Somos el fruto de una relación sexual, del contacto más íntimo de nuestros padres, del orgasmo de, al menos, uno de ellos. Sin sexo no hay vida.

Una vida sexual plena mejora la autoestima, reduce tanto el estrés como la ansiedad, refuerza las defensas y el sistema inmunológico, y actúa a su vez como analgésico, aliviando los dolores.

El sexo es un recurso siempre a nuestro alcance para mejorar la salud. Los antiguos maestros de Tao recetaban sexo para curar ciertas enfermedades y tener más longevidad.

El sexo es también el mejor deporte: mantiene la memoria activa, fortalece el tono muscular, controla la tensión arterial, cuida los órganos sexuales y quema calorías.

Una regla de oro para sentir la vida en plenitud y estar sano y feliz es realizar actividades que proporcionen placer, y el sexo es una de ellas.

El Sexo sana

La práctica sexual mejora la salud porque provoca la secreción de hormonas que actúan sobre ella. La primera es la dehidroepiandrosterona (DHEA), que ayuda a prevenir la depresión y los problemas cardiovasculares. Después se activan millones de neurotransmisores que provocan múltiples efectos. Por ejemplo, los estrógenos liberados permiten que la piel esté tersa, pues propician la síntesis del colágeno, la proteína que aporta elasticidad a los tejidos.

Mantener el nivel de estrógenos alto es fundamental en la mujer, especialmente durante la menopausia. La vagina tiene una gran concentración de receptores de esta hormona y cuando desciende su número provoca la atrofia vaginal que afecta al 40 % de las mujeres. El órgano sexual pierde elasticidad y aparece la sequedad, las heridas y la inflamación. En ese momento las relaciones íntimas pueden ser dolorosas y afectan mucho a la pareja. La mujer tiende a evitar el contacto y esto genera aún más atrofia. En tal circunstancia, muchos ginecólogos invitan a mantener la actividad sexual, con uso apropiado de lubricantes, para aumentar el riego sanguíneo en la zona y revertir el problema. El sexo se convierte en remedio.

Los hombres producimos estrógenos en los testículos a partir de la propia testosterona. Estos neurotransmisores nos regulan el metabolismo óseo, evitan la aparición de la osteoporosis y mejoran el desarrollo de las articulaciones durante la pubertad. Los estrógenos aumentan los niveles del «colesterol bueno», el c-HDL (lipoproteínas que transportan el «colesterol malo» al hígado para su eliminación) y protegen el corazón. También favorecen la acción de la insulina, al disminuir la glucemia, regular el apetito y con ello el peso corporal. El masaje taoísta de los testículos, aumenta la cantidad y calidad del esperma, así como la producción de estrógenos.

En la filosofía del Tao, la longevidad depende en gran medida de tener unos órganos sexuales sanos y activos. La expresión: «*Todo lo que no se usa, se atrofia*», es válida para los músculos y los órganos sexuales. Técnicas como el Tao Yin y el Chi Kung fortalecen el suelo pélvico en mujeres y hombres, tanto en la adolescencia, como en la madurez y la tercera edad.

En este punto recordamos que la sexualidad implica a todo el cuerpo. Está presente en todas las células, en todos los tejidos y órganos, en toda la piel... El Tao Sexual dispone de muchas herramientas para vigorizar no solamente los órganos sexuales, sino la totalidad del organismo. En este libro abordaremos diferentes tipos de respiraciones, movimientos, meditaciones, masajes... para equilibrarnos a través del sexo.

El Amor sana

«Cuánto más la gente ama.
Más bonito el amor brota.
Amor, medicina que no se agota».
—Canto sagrado.

Más allá del contacto sexual, el amor es sanador en sí mismo. Nos anima, en el sentido de que nos sube el ánimo y nos revitaliza. Este sentimiento engendra la alegría y aumenta el sistema inmune. Sobre todo durante la fase de enamoramiento el cerebro segrega hormonas como la oxitocina, la dopamina o la adrenalina, que protegen el sistema cardiovascular.

Evidentemente el amor está muy relacionado con las enfermedades cardiacas. Según un informe de la Fundación Española del Corazón, *«los vínculos con la pareja, amigos y familiares mejoran la presión arterial, lo que ayuda a reducir los niveles de ansiedad, estrés y depresión, conocidos como factores psicológicos de riesgo cardiovascular».*

Esta fundación ha estudiado cómo el divorcio aumenta el riesgo de infarto, especialmente en las mujeres y también que las personas que viven con perros y otras mascotas gozan de una mejor salud cardiovascular.

El amor, como sentimiento afectivo de cariño, influye positivamente en cualquier otro tipo de enfermedad. Los pacientes que tienen un entorno feliz se recuperan en menos tiempo que aquellos que están solos o con conflictos en sus relaciones.

Tener una pareja estable, un entorno familiar afectivo o un círculo de amistades amoroso hace más fácil afrontar los desafíos y los problemas de la vida diaria. Un simple abrazo reduce los niveles de cortisol, la hormona que liberamos como respuesta al estrés y que perjudica a los músculos y al metabolismo. Dormir al lado de la persona amada evita problemas de sueño, porque disminuye los niveles de ansiedad y preocupación.

En contraposición a este planteamiento, la falta de amor deprime el sistema inmunitario. Las personas que no aman por regla general están más tristes y pueden hasta «morir de amor» (por falta de él, en realidad). Sin amor no puedo VIVIR con mayúsculas, tan solo sobrevivo, viendo los días pasar, hasta que pierdo el sentido de la existencia.

El impulso del Amor

El amor nos proporciona una energía que nos lleva con ligereza allí dónde se encuentren nuestros seres amados, donde quiera que estén.

Durante la guerra civil en España, mi abuela María organizó una pequeña expedición a la sierra cordobesa para llevar alimentos a mi abuelo que estaba refugiado en las montañas. Su viaje, en compañía de un burro, duró cuatro días. No se lo pensó dos veces y se echó al monte. Cada día de viaje significaba estar un día más cerca de su amado. El amor pudo más que sus temores. ¿De qué somos capaces por estar con los seres queridos?

No hablo solo de la pareja, sino también de los padres, los hijos, la familia, los amigos... Hablo de aquellas personas que se van voluntarias a cualquier zona de conflicto a ayudar a gente desconocida que está sufriendo... Cuando el amor guía, el cuerpo le sigue.

Sería muy coherente que toda la motivación que me lleva a cuidar a los demás la empleara también en mí. El amor sano comienza por respetarme y valorarme a mí mismo. Si tengo una buena autoestima, este sentimiento regirá mi vida y seré capaz de tomar decisiones importantes.

Amarme me incita a dejar una relación que no es satisfactoria, a cambiar de trabajo para conseguir realizar mi propósito en la vida, a decir lo que siento a pesar de que no sea lo «políticamente correcto», a ser humilde y pedir ayuda cuando la necesito.

El amor es una energía *extra-ordinaria*, va más allá de lo ordinario; hace fácil, desde el corazón, lo que a veces es difícil desde la cabeza. Sin duda es un gran impulsor de la vida.

Reflexión: Dependencia emocional

En este punto te invito a preguntarte si tu amor está basado en ti o en tus seres queridos. ¿Tienes una buena autoestima o eres dependiente emocional?

¿Qué eres capaz de realizar por amor a tus seres queridos?

¿Qué eres capaz de realizar por amor a ti?

¿Das a los demás lo que no te estás dando a ti?

La biología del Amor

El amor es también un proceso biológico que va acompañado de la hormona oxitocina. Esta molécula interviene en las mujeres durante el parto, la lactancia y el orgasmo. Como comentábamos en nuestro libro *Tao para Vivir*:

«...tiene efectos esenciales, como potenciar las relaciones sociales y la fidelidad, con afecto, con compasión, no entendida como lástima sino como comprensión profunda, es la base de la empatía, la confianza y la generosidad entre nosotros.

También se le reconoce un papel fundamental en el contacto y el apego emocional como el lazo madre e hijo, esencial para sostener conductas y cuidados. Se han observado aumentos de oxitocina durante las relaciones sexuales y tras el orgasmo, por lo cual propicia un vínculo especial en la pareja, por lo que queda clara la razón de que la llamen el neurotransmisor del amor».

Diversos estudios antropológicos ponen de manifiesto que el aumento de esta hormona en hembras y machos de los homínidos genera un vínculo más fuerte con la cría y mejora la calidad de los cuidados, y por tanto favorece su supervivencia. Cuando aumentan los niveles de oxitocina, disminuyen los de testosterona y desciende la libido en los machos, estos dejan de buscar más hembras para procrear y se centran en atender a la mamá y a los hijos.

El contacto físico piel con piel, los abrazos, los gestos de cariño y ternura, cuidar a los demás y dejarme cuidar, dar y recibir masajes, aseguran que la oxitocina circule en abundancia por nuestro cuerpo.

Somos células sexuales

Ahondando en el proceso biológico de nuestra creación, sabemos que somos el resultado de la unión de una célula sexual femenina, el óvulo, con una célula sexual masculina, el espermatozoide. Es impresionante el poder vital de estas dos células de mamá y papá para iniciar un proceso de reproducción que termina generando unos 30 billones (sí, con «b») de células. El Big Bang de los siete cuatrillones de átomos que hay en mi cuerpo físico comienza en ese encuentro. Todos los huesos, médulas, músculos, tendones, fluidos, fascias, órganos, piel y cabello de los humanos se originan en esas dos células primigenias. De alguna manera, todas las células del organismo son sexuales en origen, guardan esa memoria en su ADN y en su esencia más profunda. El Tao Sexual trata de recuperar esa vitalidad en cada parte del cuerpo.

El óvulo y el espermatozoide son el Yin y el Yang de la sexualidad.

Esos billones de células están renovándose día a día, minuto a minuto. ¡Sigo reproduciéndome a mí mismo desde ese impulso inicial de mis padres! Según Elaine Fuchs, experta en células madre de la piel de la Universidad Rockefeller, la epidermis se recicla más o menos cada dos semanas. Los glóbulos rojos, que recorren cerca de 1.600 kilómetros a través del sistema circulatorio, viven una media de unos 120 días. Markus Grompe, experto en células madre hepáticas de la Oregon Health&Science University, afirma que un hígado humano adulto tiene un tiempo de renovación de entre 300 y 500 días.

Según las pruebas actuales, parece que las únicas partes del cuerpo que duran toda la vida son las células de la lente interna del ojo, las neuronas de la corteza cerebral y las células musculares del corazón[1].

Cientos de millones de células se renuevan cada día. Ahora mismo me estoy despidiendo de millones de ellas que se mueren y dando la bienvenida a millones que nacen. Este es el ciclo de la vida. Con el Tao Sexual practico cómo entregarme a este proceso y permitir que las nuevas células estén saludables y con toda la potencia de las células originales.

Si estoy tenso, todas las células de mi cuerpo reciben esa presión: las que aparecen, las que permanecen y las que se desvanecen. Si estoy relajado, envío a todas ellas un mensaje de apoyo y confianza.

Reflexión: Mensaje a las células

Te invito a parar un momento y observar cómo te sientes. ¿Qué mensaje estás enviando a las células que están naciendo ahora mismo?

....

....

....

....

---

1 Curiosamente, dentro del Tao, existe un término llamado «Yi» que significa Ojo-Mente-Corazón. Es un tipo de enfoque que combina la mirada y la atención con la capacidad de sentir. En los movimientos de Tao Yin y las meditaciones del Tao usamos la fuerza «Yi» para dirigir la vitalidad a cualquier parte del organismo.

Reflexión: Mensaje a las células

¿Qué mensaje estás enviando a las células que están muriendo ahora mismo?

Mantenernos relajados y en calma y agradecer es la mejor actitud para recibir a las nuevas células y despedir a las que ya dejaron de existir.

Práctica: Agradecer a mis células

Me siento en una silla, cierro los ojos y me tomo unos minutos para respirar tranquilamente desde el abdomen.

Pongo una mano en mi corazón, siento su latido y la Vida que hay en mí. Doy gracias por el regalo de estar vivo.

Con cariño me comunico con todo mi organismo.

■ Agradezco su labor a las células que están muriendo dentro de mí en este momento.

Doy espacio a la despedida respirando profundamente.

■ Recibo amorosamente a las células que están naciendo ahora y les doy las gracias de antemano por la función que van a realizar dentro de mi cuerpo.

En este punto puedo incluir mensajes concretos de bienvenida a estas nuevas células. Por ejemplo: «Salud», «Vitalidad», «Confianza», «Serenidad»...

Sonrío y confío en los beneficios de esta práctica.

Abro los ojos lentamente.

Prosiguiendo desde nuestra biología sexual, señalo que además de ser humanos, somos primates, somos mamíferos, somos animales y tenemos una pulsión que responde a los instintos naturales más salvajes.

Reconocer que esa fuerza está en nosotros es el primer paso para usarla y transformarla. No es cuestión de luchar con nuestra parte más primitiva, sino de aceptarla y aprender a emplearla a nuestro favor.

Somos primates, somos reproductores

La mayoría de los simios tienen una sexualidad instintiva enfocada en la reproducción. El macho dominante es el encargado de preñar a las hembras, cuántas más mejor, en un acto que la mayoría de las veces es rápido, pues constituye un momento de indefensión ante cualquier depredador.

Este tipo de pulsión rápida sigue latente en los hombres, y la diferencia entre el ser humano y el simio es poder transformar el acto sexual en algo mucho más profundo y trascendente. Dilatar el tiempo y el contacto permite generar un vínculo mayor entre dos personas. No solo nos recreamos durante el acto sexual, también disfrutamos de los prolegómenos y después del coito vamos más allá de la descarga sexual y la fecundación.

Podemos elegir ser más que primates y explorar nuevas formas de disfrutar plenamente de la sexualidad... El desafío es experimentar el Amor Sanador...

No todos los primates son iguales. El caso de los Bonobos

No todos los simios son competitivos y sostienen luchas de poder para entablar contacto sexual. Los Bonobos, también conocidos como chimpancés pigmeos, poseen una vida sexual muy activa y no recurren al sexo exclusivamente para la reproducción. Tienen por costumbre practicar la masturbación, la felación y el coito para resolver conflictos entre ellos y también para estrechar vínculos con los demás y generar placer. Todos los miembros del clan son bisexuales, con una gran predisposición a encuentros esporádicos y rápidos, tanto con los machos como con las hembras.

La sociedad del Bonobo es muy igualitaria y relajada; el clan no está regido por un macho alfa, sino por un modelo matrifocal. Los bonobos apelan al principio de «hacer el amor en lugar de la guerra» y emplean el sexo para solventar las luchas de poder.

Estos primates siguen usando el sexo como desahogo, en encuentros vertiginosos de no más de 15 segundos, sirviéndose de ellos mismos o de cualquier miembro del clan, por lo que no generan apegos, ni vínculos amorosos a la manera humana.

De ellos podemos aprender a vivir en comunidad, sin tensión. No copiaría que los encuentros sexuales duraran tan solo unos segundos, me parece un tiempo muy breve de contacto íntimo... casi un «hola y adiós».

La genética que compartimos con los simios cuenta y mucho, sobre todo cuando el entorno es hostil, en medio de una selva, por ejemplo. Hoy en día la naturaleza peligrosa ya no constituye nuestro contexto habitual. En nuestra evolución humana hemos logrado crear entornos seguros donde amarnos sin prisa, sin miedo a los depredadores, sin miedo a que el macho o la hembra alfa vengan a ocupar nuestro sitio, y en esa intimidad compartida podemos explorar el Tao Sexual...

El Macho Alfa, la Hembra Alfa

Dentro de nosotros existe una fuerza irracional, instintiva, que nos lleva a sentirnos atraídos por el macho o la hembra Alfa. Buscar un emparejamiento con el cónyuge dominante de la manada asegura que la descendencia tenga buenos genes.

En el actual universo humano los Alfa ya no son solamente los más fuertes físicamente, sino aquellos con más poder, más belleza, más influencia, más economía, más fama, en definitiva, más capacidad de acción.

Este factor nos afecta consciente o inconscientemente hasta el punto de sacrificar el amor propio por el amor ajeno. Dentro de los clanes animales, la lucha física dirime quién domina a los demás; dentro de las relaciones humanas el sometimiento puede ser mucho más sutil. Es muy revelador plantearme desde dónde siento la atracción por mi pareja, si es por el físico, el poder, el dinero, la fuerza, el sexo, la simpatía, la valoración, el cariño, el corazón... y también reconocer qué soy capaz de hacer para tener su afecto y si me traiciono a mí mismo por conseguir su aprobación.

Reflexión: Valores

¿Qué valores me gustan de mi pareja?

_____

_____

_____

_____

¿Qué sacrifico de mí para tener su aprobación?

_____

_____

_____

_____

Cómo veremos más adelante, en el apartado de la Soberanía Personal, una pareja es más fuerte cuando los dos integrantes pueden ser lo que son, cuando se permiten ser ellos mismos.

Somos mamíferos, necesitamos contacto

Otro factor biológico clave en nuestras relaciones afectivas es que somos mamíferos. Como mamíferos tenemos unas necesidades instintivas muy claras que van a estar muy presentes en la crianza y durante toda la vida.

Nada más nacer, las crías buscan el contacto con la madre, a fin de cuentas el cuerpo materno ha sido su hábitat durante la gestación.

En los años 70 el doctor colombiano Edgar Rey Sanabria ideó el Método madre canguro, de contacto piel con piel, para atender a los bebés prematuros en situación de riesgo por bajo peso. Comprobó que esta técnica reducía la mortalidad en los neonatos, aumentaba sus defensas, favorecía la ganancia de peso y disminuía el tiempo de atención hospitalaria. Años más tarde, estudios similares corroboraron que los bebés de los orfanatos que recibían caricias, contacto y masajes gozaban de mejor salud.

Sentir piel con piel es sinónimo de calor, vínculo y seguridad. Es una pulsión mamífera que nos acompaña a los humanos. Tocar y dejarnos tocar es un acto de reconocimiento mutuo que nos llena de satisfacción y mejora nuestras relaciones.

En el Tao Sexual Amor Sanador, tenemos un compendio de herramientas para dar y recibir placer a través de los masajes. Masajes con las manos, con los brazos, con los pies, con las piernas, con el cuerpo, con los labios, con la lengua, con la espalda... Masajes creativos, juguetones, libres y espontáneos, caricias pactadas. En algunos masajes soy tan solo receptor o dador; otros son mutuos.

Algunas veces usamos objetos para provocar otro tipo de sensaciones: plumas, masajeadores, piedras pulidas, telas, aceites...

Práctica: Masaje sensorial con aceite

Este masaje puedo hacérmelo a mí mismo o regalárselo a alguien. Doy ahora las pautas para realizarlo sobre otra persona:

1. **Elección de aceite vegetal nutritivo:** que sea de mi agrado y que sirva como base del masaje. Por ejemplo, puedo utilizar aceite de almendras o de jojoba (mi preferido).

Si quiero darle un toque más sensual, le sumo un par de gotitas de aceite esencial de geranio y tres o cuatro de Ylang Ylang. El aceite de Ylang Ylang es un poderoso afrodisiaco masculino y femenino. Añado las gotas de una en una y saboreo cada una de las mezclas, estimulando mi pituitaria.

Hay toda una gama de aceites esenciales diferentes, cada uno con sus propios beneficios, para probar e investigar.

2. **Creación de un clima sugerente:** cálido, acogedor, tranquilo, relajante, con luz tenue, silencioso o con música inspiradora. Apago el teléfono móvil para evitar interrupciones bruscas.

Lo ideal es realizarlo en una camilla de masaje o en una cama grande.

También es un masaje que en verano o en lugares calurosos puedo hacer al aire libre: en la playa, en la ribera de un río, en el campo...

3. **Preparación del masajista:** es básico cuidar la higiene de todo el cuerpo y en especial de las manos. Presto atención a tener las uñas de las manos cortadas o pongo cuidado en no arañar (ese ya sería otro tipo de masaje, más excitante).

Práctica: Masaje sensorial con aceite

4. **Preparación de quien toma el masaje:** es para recibir desnudos o con poca ropa interior así que es recomendable realizarlo después de una buena ducha. Podemos comenzar tumbados boca abajo.

5. **Realización**: caliento mis manos y vierto la mezcla de aceite en ellas. Procuro que el aceite no esté frío, si hace falta lo mantengo en mis manos y lo froto en ellas para calentarlo.

Comienzo a extender el aceite suavemente por la espalda y los hombros. Voy a ir recorriendo todo el cuerpo de arriba a abajo sin dejar ni un poro de la piel sin tocar. La idea es deslizar las manos cariñosamente por todas partes. Tomaré aceite todas las veces que sea necesario. El «toque profesional» sería mantener siempre una mano en contacto entre los dos, incluso mientras añado la mixtura.

(Si no tengo suficiente confianza con la persona, evitaría tocar en las partes más íntimas: sexo, pechos, nalgas e ingles, salvo que lo haya pactado previamente con ella y me apetezca hacerlo).

De la espalda paso a los brazos y luego bajo por las piernas hasta los tobillos. Dejo los pies para el final del masaje.

Cuido la temperatura del cuerpo. Cubro con una toalla las partes que no esté masajeando para evitar que se enfríen.

Suavemente pido a la persona que se dé la vuelta para acariciar por delante.

Comienzo por la frente y el rostro, puedo añadir el cuero cabelludo y pelo si le apetece a la pareja o seguir directamente por el cuello y la parte superior del pecho, bajando hasta las caderas, vuelvo a los hombros para pasar por los brazos hasta los dedos de las manos y retomo el descenso desde los muslos hasta los pies y sus dedos.

Práctica: Masaje sensorial con aceite

El masaje sensorial puede tener muchas intensidades diferentes. Puedo realizarlo de manera neutra, para que sea simplemente sensitivo, de cuidado y relajación. Cambiando la intención y añadiendo algunos elementos puede convertirse en una preciosa práctica de Amor Sanador, cálida, erótica y estimulante.

Somos mamíferos y nos amamantamos

Otra necesidad básica de los mamíferos es chupar del pecho de la madre. Salir de la barriga cambia completamente la manera de alimentarse del bebé. Deja de estar en el medio acuoso del líquido amniótico y de nutrirse a través del ombligo, para pasar a tomar la leche materna, por la boca.

Comienza el proceso de recibir sustento y placer a través del sentido del gusto. Beber y comer va a ser un goce para explorar durante toda la vida. Un sinfín de sabores nos esperan para deleitarnos. La inmensa variedad de la cocina de la Tierra es una carta inabarcable. Los alimentos van a ser un ingrediente más del Tao Sexual Amor Sanador.

Como veremos en el capítulo 3 de este libro, en muchas culturas los encuentros amatorios vienen precedidos de un ritual gastronómico.

La boca va a ser también lazo de unión íntima entre dos personas a través del beso. El primer beso en una pareja marca el inicio del acercamiento sexual, es una declaración de intenciones por ambas partes: *«Quiero saborearte»*. Después del primer contacto boca con boca viene la promesa conjunta de más besos y más intimidad. En Medicina China la lengua está relacionada con el corazón, que es el elemento fuego. Un beso con lengua activa la llama del deseo y la pasión y calienta a los amantes.

Al beso le sigue otro beso y a la boca le sigue el resto del cuerpo. Doy placer cuando lamo a mi pareja y gozo saboreándola. La lengua húmeda recorre la piel de mi amor en una estimulación mutua. Relamo su sexo, mezclando mi saliva con su néctar, intercambiamos fluidos y calor, agua y fuego.

Una parte del Tao Sexual Amor Sanador está enfocada en el sexo oral y la masturbación. Los órganos sexuales están relacionados con todo el organismo. Existe la reflexología sexual, igual que hay reflexología en los pies, en las manos y en las orejas.

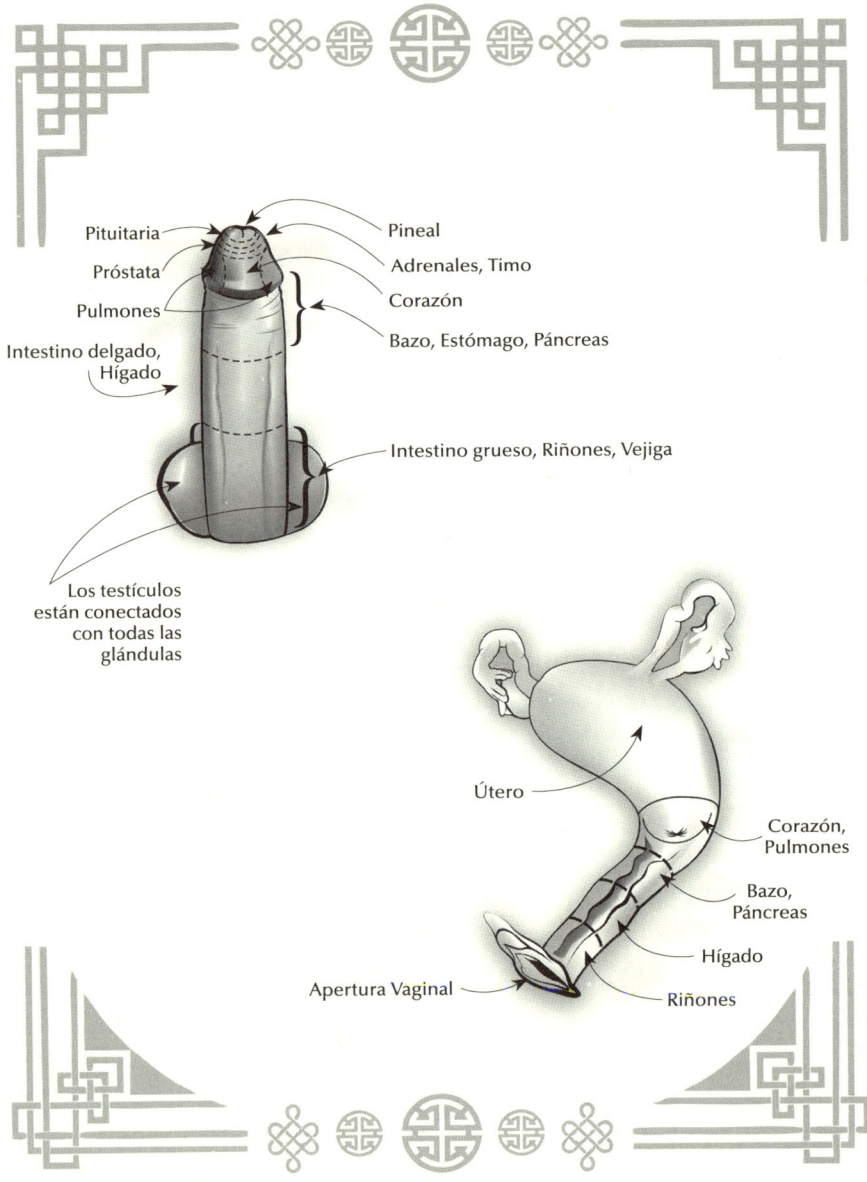

Pituitaria

Próstata

Pulmones

Intestino delgado,
Hígado

Pineal

Adrenales, Timo

Corazón

Bazo, Estómago, Páncreas

Intestino grueso, Riñones, Vejiga

Los testículos
están conectados
con todas las
glándulas

Útero

Corazón,
Pulmones

Bazo,
Páncreas

Hígado

Apertura Vaginal

Riñones

Otra de las huellas de nuestra condición de mamíferos es la atracción por los pechos y los pezones, tanto de hombres como de mujeres.

En el Tao Sexual Amor Sanador sabemos que las glándulas mamarias, además de ser erógenas, son factor de salud y revitalización del sistema endocrino y usamos diferentes tipos de caricias y masajes para aumentar su sensibilidad y conectarlas con los órganos genitales, con la piel y con todas las células.

Somos Neoténicos, necesitamos estímulos

La neotenia es un fenómeno que en biología y antropología describe la capacidad para retener nuestras características postnatales durante más tiempo. Los bebés no tienen conformado el cráneo hasta pasados unos años y esto permite una ampliación progresiva del encéfalo y sus capacidades, lo cual nos hace poseer el cerebro más desarrollado de todos los animales. Nuestra plasticidad neuronal y capacidad de generar sinapsis han posibilitado desarrollar habilidades extraordinarias como el lenguaje, las relaciones sociales, la capacidad creadora, la psicomotricidad precisa y diferentes tipos de comportamiento adaptativo.

Nuestra genética prolonga la etapa de indefensión del cachorro; somos muy vulnerables, dependientes y necesitamos muchos cuidados. La neotenia nos permite seguir aprendiendo y adquiriendo nuevos hábitos durante toda o casi toda nuestra vida. Todos los estímulos que recibimos en la crianza nos ayudan a desarrollarnos y a construir nuestra personalidad.

Nada más nacer, no solo activamos el sentido del tacto y del gusto, empezamos a utilizar todos los demás sentidos y aprendemos a relacionarnos con el mundo. El bebé vivirá una gran fiesta de estímulos que construirán sus pensamientos: toda una orquesta de diferentes sonidos, una sinfonía de olores, de imágenes y de sensaciones.

En el Tao Sexual Amor Sanador nos conectaremos con nuestra sensibilidad para volver a ser tan sensoriales como cuando éramos niños. Emplearemos diferentes estímulos para explorar nuestros sentidos externos e internos. Crearemos climas seductores con la ayuda de la música, los aromas, sabores, imágenes y texturas.

Práctica: Meditación de Percepción

Cualquier momento es válido para tomar conciencia de cómo percibo el mundo y entrenar la mente observadora.

Para realizar esta práctica simplemente me concentro en diferentes lugares, cambiando de enfoque y de manera de percibir.

1. **Observo todo lo que soy capaz de sentir dentro de mí**:

   - Sensaciones físicas que emergen: zonas con calor, frío, vibración, hormigueo, palpitación, corrientes, tensiones, expansión, contracción...
   - Partes del cuerpo que no siento.
   - Partes de mi cuerpo que se inflan al inspirar y se desinflan al exhalar.
   - Sensaciones que produce el aire entrando y saliendo de mi cuerpo: roce del aire en la nariz, en la tráquea, en los pulmones.

2. **Percibo a través de los sentidos**:

   - Olores.
   - Sabores.
   - Sensaciones auditivas: ruidos internos, externos cercanos y externos lejanos.
   - Tacto: puntos de apoyo de mi cuerpo con la tierra, silla o donde esté apoyado, contacto de mi cuerpo con la ropa que lleve puesta.

3. **A nivel emocional**:

   - Observo qué emoción predomina en este momento.

4. **A nivel mental**:

   - Observo los pensamientos que vienen en forma de diálogo. Escucho mi parloteo mental y los momentos de silencio entre frase y frase.

Práctica: Meditación de Percepción

- Observo mi pantalla mental, las imágenes que circulan por mi mente.

5. **A nivel fisiológico**:

- Noto cómo es mi nivel de vitalidad: si me siento agotado, vital o neutro.
- Compruebo si tengo sueño, hambre, sed o ganas de ir al baño.

Puedo realizar esta técnica sentado en meditación o puedo integrarla en cualquier actividad que esté realizando.

Con la práctica aumenta mi capacidad de percepción y mi concentración enfocándome en sensaciones más sutiles y precisas.

Los humanos somos creativos

> «Somos intermediarios entre el Cielo y la Tierra».
> —Juan Li, maestro de Tao.

Los seres humanos nos distinguimos de los demás animales por nuestro ilimitado poder de transformación. Partiendo de nuestra biología primate dejamos volar nuestra imaginación y materializamos sueños.

Somos capaces de desplegar recursos increíbles gracias a la interacción con los demás, a nuestra capacidad de aprendizaje y a nuestra naturaleza exploradora. Ese potencial ya estaba latente en los bebés. Cuando tomé en brazos por primera vez a mi hijo, con delicadeza y cuidado, no podía ni imaginarme todo lo que le vería crear y toda la creatividad que iba a generar en mí... Con él he disfrutado de cientos de bailes, cuentos, canciones, juegos, dibujos, manualidades, pinturas, palabras inventadas, construcciones, obras de teatro...

En el Tao, la energía creativa es la unión del Yin y el Yang dentro de nosotros, la alianza de la Tierra y el Cielo. Cuando dos fuerzas complementarias se funden, aparece una tercera, la energía creativa. De esta forma un hombre y una mujer engendran hijos, una pareja hace el amor, comparte un proyecto de vida común, una casa, una mascota o montan un negocio a medias.

El Cielo representa la naturaleza cambiante de todo lo que nos rodea, el mundo de las infinitas posibilidades. Es la inspiración, la iniciativa Yang, la acción que rompe la inercia y la transforma. La Tierra es la receptividad Yin, la concreción, la manifestación física de nuestros proyectos. Por ejemplo, en una construcción, el Yang sería querer hacer una casa, elegir cómo quiero que sea y dibujar los planos; el Yin sería encontrar el terreno, comprar los materiales y construirla. Los obstáculos que surjan nos van a sorprender y nos invitarán a inventar algo nuevo para sortearlos.

La realidad es que todas las relaciones humanas son creativas y estoy eligiendo en todo momento qué crear y cómo hacerlo. Es importante ser consciente de lo que genero para propiciar actos que me nutran y cambiar los patrones que me desvitalizan.

En el arte de hacernos el amor solos o en compañía, podemos emplear toda esta creatividad, dejándonos llevar por el cuerpo y las emociones, por la magia de cada momento, por el misterio de la vida, improvisando miles de danzas sensuales.

El amor siempre está a mano

La parte del cuerpo que interviene más en el Tao Sexual Amor Sanador es... ¡las manos!

¡Claro!, es la porción de nuestra anatomía que más empleamos para transformar nuestras situaciones, la que percibimos con mayor claridad, la que movemos con más precisión.

¡Cuántas cosas podemos hacer con ellas! En pareja las usamos para saludar, darnos la mano, aliviar dolencias, masajear, acariciar, «meternos mano»...

Las manos acompañan las relaciones desde el plano cordial y puramente afectivo hasta el más cálido, tórrido y sexual.

Dar la mano

El amor físico comienza con el bello gesto de tocarnos. Las primeras muestras corporales de cariño comienzan en este contacto. Cuando saludo a alguien, tiendo mi mano en señal de acercamiento y amistad. Las manos conectan ambos corazones. De hecho, los musulmanes, después de apretarlas, las llevan al corazón.

Cuando voy a visitar a alguien al hospital le tomo de la mano para que sienta que estoy con él, apoyándole. Incluso cuando el paciente está más grave y sus sentidos debilitados, sin capacidad de habla, muchas veces percibe la adhesión de otra mano y suspira aliviado.

Recuerdo que una buena amiga me contaba que a veces no sabía cómo acercarse a su padre, a través de la palabra le costaba mucho comunicarse con él de una manera cariñosa. Tenía la necesidad de quererlo y no sabía cómo hacerlo sin discutir. Un día encontró la manera más sana de acercarse: «*Me siento junto a él, le tomo de la mano y le escucho*». Con este gesto se derrumbaron las barreras sociales, generacionales e ideológicas, que existían entre ellos. El tacto es el lenguaje en el que no hay diferencias ni de edad, ni de idioma, ni de credo.

Tocar la mano de alguien, incluso si es desconocido, hace descender los niveles de estrés y atenúa la sensación de estar a la defensiva. A fin de cuentas «echar una mano» es dar ayuda. Cuanto más toco las manos de alguien, más crece mi vínculo con él. De hecho, si me enfado con alguien cercano, le aparto la mano. De esta manera le retiro el contacto, le destierro y dejo de estar con él y para él. Es un duro gesto de rechazo.

Cuando dos personas caminan cogidos de la mano están mostrando públicamente su cariño, andan juntos, están unidos. No es en vano que el novio pide a su suegro la mano de su hija para casarse y pasear con ella. Las manos son la parte del cuerpo que más empleamos en la Vida, en el Amor y en el Sexo.

En la filosofía del Tao las manos también están relacionadas con los canales de acupuntura, los planetas y todo el organismo. Hay prácticas de movimiento como el Tao Yin, el Chi Kung y el Tai Chi, que despiertan sensaciones en las manos y ayudan a desbloquearlas para canalizar la energía vital.

Las manos sanan

Cuando me duele algo, llevo instintivamente las manos al sitio dolorido para aliviarme. Las manos están asociadas al acto de atenuar dolencias y enfermedades desde hace miles de años.

Cuentan los textos que Buda y sus discípulos, así como Jesús y sus apóstoles, tenían el poder de sanar con las manos. Esta facultad es innata a todo ser humano. Algunos le damos importancia y la desarrollamos cada día un poco más y otros la mantienen latente, como una semilla que espera enraizar y convertirse algún día en árbol.

Como maestro de Reiki Tao, sé que la energía vital de sanación (*Qi ó Chi*) está por todas partes y que puedo canalizarla a través de mis manos para mi beneficio y el de los demás. En mi manera de sentir, poner las manos sobre alguien y dejar que fluya el *Chi* es la forma más pura y cercana de dar Amor. Personalmente esta enseñanza me ayudó a aumentar mi capacidad de percibir y a conectar con una fuente de energía inagotable que ayuda a restablecer la salud. Desde el año 1995 he practicado todos los días y he podido comprobar sus virtudes en cientos de personas y en mí mismo. Forma parte de mi vida y es un elemento más del Tao Sexual Amor Sanador.

Durante los nueve meses de gestación de mi hijo Omar, cada día posaba mis manos en el vientre de su madre y daba Reiki a ambos. Era un momento de unión amorosa entre los tres. Al nacer, llevaron a nuestro pequeñín a la Unidad de Cuidados Intensivos de neonatos y le cuidaron en una incubadora durante varios días. Mi compañera estuvo 24 horas convaleciente en su habitación, sin poderse levantar. Mi primer día de padre lo dediqué a cuidar de mi pareja y de mi hijo dándoles Reiki: canalizando amor, vitalidad y recuperación con mis manos. Ese día visité varias veces al recién nacido y emocionado introduje mis manos por los tubos de la incubadora para ponerlas a unos centímetros de su cuerpecito y que sintiera la energía vital.

Al día siguiente del nacimiento de Omar, mi compañera y yo fuimos a visitarle juntos a la UCI de neonatos. Nada más entrar, se dispararon las diferentes alarmas de una de las incubadoras. Este sistema saltaba cuando a algún niño le subía el ritmo cardíaco. Yo ya lo había visto antes... Era mi hijo quien había activado ese protocolo y su corazón estaba latiendo muy rápido. Nos acercamos a su incubadora, puse una mano sobre él e inmediatamente bajaron sus pulsaciones y su ritmo cardíaco se estabilizó. Me asombró y me reafirmó gratamente comprobar mediante los aparatos médicos el efecto que causaba este contacto en él. Realmente estoy muy agradecido de disponer de esta herramienta que tantas veces me ha permitido ser canal de Amor y Vitalidad.

Para mí, Reiki es apertura, paz, receptividad, fluir, confiar, disfrutar de las sensaciones, ser intermediario del Cielo y de la Tierra, ecuanimidad, compasión, altruismo, desapego, conciencia plena, actitud de servicio, meditación, conectar con mi esencia, equilibrio, vitalidad, sanación, comunicación más allá de las palabras, armonía... y todas estas cualidades nutren mi relación conmigo mismo y con los demás.

El masaje, sentir a través del contacto

Como he comentado anteriormente, poner las manos sobre alguien es un acto de amor maravilloso, implica emplear mi tiempo en asistirle, compartir mi vida con él. Este gesto de servicio ya es bello en sí mismo, si además lo hago con conciencia y cuidado todavía tendrá mucho más valor.

Las manos sirven también para explorar a través del tacto, para dar y recibir placer. El masaje es una herramienta fundamental para conocer mi cuerpo y el de mi pareja. Muchas veces es la antesala del encuentro sexual.

Dentro del Tao Sexual Amor Sanador conocemos muchos tipos diferentes de masaje, desde los más mecánicos y musculares hasta los más sensuales y eróticos.

En principio da igual si considero que sé dar masajes o no. Cuando estoy tocando a alguien le estoy ayudando a sentirse, a vivirse. Si la mano está en la espalda, percibe la espalda; si la mano está en los pies, los va a notar; si la mano está en la cabeza, su atención se posa en ella...

Te animo a tocar y dejarte tocar, a dar rienda suelta a tu creatividad y explorar tu gozo a través del contacto. En esa investigación te puedes sorprender tocando tu cuerpo o el de otra persona y descubriendo nuevas sensaciones en lugares que ni siquiera imaginabas.

Capítulo 2

El desarrollo sexual y emocional

A lo largo del crecimiento del ser humano, desde la más tierna infancia hasta la vejez avanzada, se despliegan una serie de etapas secuenciales que van forjando al individuo en todas sus facetas. En el ámbito sexual también se desencadenan etapas evolutivas en la persona, con unos márgenes muy amplios y una gran variabilidad en cada individuo, debido a influencias de la genética, la crianza y las propias vivencias personales, que influyen en el desarrollo de la personalidad y la sexualidad.

En el ser humano confluyen muy diversas dimensiones: la social, la biológica, la ambiental, la cultural y antropológica, así como la educacional. Todas ellas se entrelazan, para configurarnos a cada uno de nosotros, como seres vivos dinámicos con capacidad para vincularse afectivamente, compartir, dar y recibir placer.

La familia, la escuela, la sociedad van a ser los escenarios en los cuales la personalidad va a encontrar sus referentes y ejemplos de comportamiento, donde va a poder expresar sus necesidades y anhelos, donde va a recibir la correspondiente retroalimentación o feedback.

Todo esto va construyéndonos como individuos. No somos seres aislados, todo lo contrario. Somos muy permeables, sobre todo, en las primeras etapas de la vida, por lo cual es muy importante que tanto padres como profesores y demás referentes sociales tengan muy en cuenta que son los faros que iluminan el navegar de la vida.

Las experiencias vitales van cimentando la sexualidad y la forma de desarrollar los afectos.

El comienzo de la sexualidad

Desde la vida fetal, uno de los primeros interrogantes que muchos padres desean resolver es el sexo del bebé, pues de alguna manera, desde la vida perinatal el sexo va a ir condicionando la vida de cada persona. En el vientre de la madre, el feto es todo sensación y, a partir de su nacimiento, su forma de relacionarse con el mundo que le rodea se da, sobre todo, a través de la piel y sus sentidos. El contacto físico con la madre, mediante las caricias, el arrullo, el abrazo, el masaje o cuando esta lo amamanta, serán las bases de su vida sexual, de su intimidad y del tipo de vínculos que desarrolle a lo largo de su trayectoria vital.

En este sentido, podemos afirmar que el contacto con la madre es la primera relación íntima que establece el bebé y constituye la más crucial de la vida. Este contacto físico le abre las puertas a la intimidad, a la sensualidad, al apego y al placer de estar piel con piel. En esta relación, el bebé puede ir encontrando el equilibrio entre su deseo innato de estar todo el tiempo fusionado a mamá y la realidad que hace que esta fusión física no sea posible las 24 horas del día.

Por supuesto, el contacto con el padre es también importantísimo, es un regalo para ambos establecer esta relación de intimidad y que el bebé pueda sentir y oler a ambos progenitores.

Así, si el bebé recibe amor, protección y calor, los traducirá en placer, confianza y seguridad. Esta relación será la semilla que determinará la disposición a tener intimidad física y emocional consigo mismo y con el otro.

Será en este momento, y con la angustia de la separación, cuando el niño comienza a distinguir que él y su madre son seres diferentes. Este proceso de diferenciación dura hasta los dos años aproximadamente. En este período también comienza a conformarse el «núcleo de la identidad de género», empieza a percibirse como niño o niña y termina por establecerse hacia los cuatro años.

Se va dibujando un «rol de género», que da respuesta a los requerimientos e influencias de los padres y de la sociedad, con un influjo importante en el autoconcepto del niño y un estímulo notable en temas cotidianos como la elección de juguetes, la ropa y en cómo se van esbozando sus conductas. En esta edad, los niños ya van anhelando que quieren ser como papá o como mamá, por ejemplo.

Es en esta etapa donde sería aconsejable comenzar la exposición a valores en igualdad y respeto, otorgándoles pequeñas responsabilidades en las tareas cotidianas, sencillas, así como en los autocuidados. Desde el juego y con una actitud motivante se puede ir premiando las buenas acciones de los más pequeños.

En caso de querer corregir ciertos comportamientos, o bien se pueden obviar deliberadamente las malas acciones para no reforzarlas de ninguna manera o bien generar un cambio seco en su actitud con una distracción. Ya empieza a ser momento de ir creando una dinámica de establecer límites sin que el niño perciba que se trata de una coacción de su libertad, sino que estos servirán para apoyarse en ellos, lo que les va a ir dotando de seguridad y confianza, bases fundamentales en la cimentación de su personalidad.

El erotismo en la infancia

El desarrollo sexual de todo ser humano comienza en la fase perinatal y se prolonga hasta la pubertad. En este sentido, es imprescindible saber acompañar y comprender a los niños a lo largo de este camino que confluye desde el nacimiento hasta la adolescencia.

Durante toda esta etapa de tan vital importancia, en las fases más tempranas de la vida, somos esculturas moldeadas a merced de las creencias, la educación, la influencia del medio sociocultural y familiar que nos envuelve, el ejemplo innegable de los padres, y es aquí donde se empiezan a dibujar, asimismo, los primeros retazos de personalidad y autoestima a la vez que se comienza a tejer nuestra red afectiva. Todos estos vectores constituyen la base de la sexualidad que reflejarán los niños a lo largo de toda la vida adulta.

A este respecto, cabe señalar que los niños no se vuelven sexuales de repente al llegar a la pubertad, sino que todos nacemos como seres sexuales, ávidos de contacto, calor y placer. Por ello, acompañar, cuidar, educar y guiar es una labor del día a día; la sexualidad también forma parte de la crianza, no es un tema que surja, de repente, en la pubertad o la adolescencia.

Además, este acompañamiento que podemos brindar a nuestros hijos en el camino del despertar de su incipiente sexualidad depende absolutamente de cómo vivimos la nuestra propia como adultos. Una sexualidad adulta invadida y sacudida por los miedos, los tabúes, la vergüenza, la insatisfacción, la frustración o la culpa serán la simiente no deseada que sembraremos en la forma de entender la sexualidad de nuestros propios hijos. Por lo tanto, tomar profunda reflexión de nuestro poder, del influjo que seremos, puede servirnos para ser conscientes de cada aspecto fundamental de la vida, entre ellos, de la sexualidad.

Durante el desarrollo de la dimensión erótica aparecen y se expresan estos instintos, pues el rol de género va encajando con el esquema corporal, su autoimagen y su sexualidad. Es altamente recomendable que no haya mensajes bruscos de castigo, violencia o rechazo, ni a la curiosidad por la sexualidad manifestada por nuestros hijos, ni a las autoexploraciones de los genitales.

Así, será en esta etapa inicial de los primeros años de vida en la que los niños despliegan toda su curiosidad, explorando su cuerpo y el de los demás, con total naturalidad. Suelen exhibirse abiertamente, mostrando su desnudez, así como sus genitales en público. Es un momento vital, en el que son fácilmente influenciables por nuestro sustrato de creencias morales o religiosas y no es conveniente imprimir nuestra carga moral y ética en los comportamientos de los más pequeños, quienes viven su sexualidad con total inocencia y la muestran abiertamente al mundo.

Asimismo, es deseable propiciar un clima en el que abunde el contacto corporal, los abrazos y los masajes. Lo más deseable es, sin duda, que los padres y cuidadores profesen una actitud de naturalidad ante los comportamientos del niño, sin dejar de estar atentos a su conducta global y que se erijan en puntos de referencia a los cuales los niños puedan acudir para satisfacer sus primeras dudas, normalizando las conversaciones sexuales en el entorno familiar, basando la comunicación siempre en el amor, la serenidad, el apoyo y el respeto mutuos.

En este sentido, es importante hacerle entender al niño que hay ciertos actos que es mejor hacer en privado, sobre todo, teniendo muy claro que nuestro mensaje no verbal, la forma en la que nos expresamos, es lo más importante. No olvidemos que el «autoerotismo» o la capacidad para generarse placer despierta en la infancia y, por ello, es absolutamente normal que los niños exploren sus zonas erógenas como un instinto. Será en la horquilla que abarca desde los 4 hasta los 6 años cuando algunos niños se tocan a propósito (masturbación), tanto en privado como en presencia de otras personas. En estos años empiezan a constatar las diferencias de género, entre niños y niñas. Sus exploraciones y juegos se tornan más sociales, se tocan unos a otros, juegan a los doctores, a ser los padres, imitando comportamientos como besarse o tomarse de las manos. En este caso, por ejemplo, los padres pueden relajarse y comprender que es perfectamente normal que su hijo sienta curiosidad acerca del cuerpo de otras personas.

Igualmente, en esta edad, hacen preguntas más directas sobre de dónde vienen los niños, por dónde salen o entran los bebés o, por ejemplo, por qué los niños y las niñas son diferentes. Estos interrogantes indican claramente que necesitan aprender algo. Por lo tanto, es básico saber escuchar al niño, aprovechar las oportunidades de estas inquietudes para ofrecer respuestas claras, teniendo en consideración cada situación en particular.

Del mismo modo, es aconsejable poner nombre a los genitales y normalizar las palabras que los definen, como son pene, vulva y vagina, ya que, de esta manera, estaremos evitando tabúes sobre su cuerpo. Así, aprenderán a apreciar que son de igual importancia y tan sagrados como cualquier otra parte de su anatomía, sin aparejarlos, por tanto, con palabras que denoten fealdad, suciedad o vergüenza.

Sin embargo, a partir de los 7 hasta los 12 años, los niños se hacen más conscientes de las normas y reglas familiares y/o sociales, suelen tornarse más discretos y buscan intimidad para seguir auto-explorando su cuerpo o el de sus compañeros de juegos. Comienzan a sentir atracción hacia otros niños de su edad, crece su curiosidad hacia el comportamiento afectivo y sexual de los adultos, y llegan incluso a buscar contenido erótico-sexual.

Por lo tanto, como resumen de lo anterior y a modo de conclusión, como padres o futuros progenitores nos conviene reflexionar sobre nuestras ideas en torno a la sexualidad, sobre cómo vivimos esta dimensión y cómo forma parte de nuestra vida. Sin querer, podemos transmitir unas ideas menos adaptativas de lo recomendable en lo relativo a la sexualidad, sin olvidar que todos podemos albergar ciertas carencias afectivas o ideas sexuales susceptibles de mejora.

Si, por el contrario, todavía no somos padres, la reflexión nos puede servir para determinar nuestra capacidad de disfrute, ya no solo sexual sino en muchas otras facetas vitales, el nivel de confort o tensión que experimentamos en el contacto físico, si mi ideología o moral, en definitiva, representan un obstáculo para vivir mi sexualidad, la existencia o no de sentimientos de culpa o tensión física a la hora del encuentro sexual, así como de autojuicio hacia nosotros mismos o hacia la sexualidad de los demás.

La afectividad en los primeros años de vida

En la infancia, el niño aprende a amar y sentirse amado, comienza a desarrollar atenciones y conductas de cariño, donde, si cabe, inicia comportamientos de respeto hacia sí mismo y hacia los demás. En esta etapa se asientan las bases de su carácter con herramientas y valores que hacen más fácil la adaptación a la vida, si los padres, a su vez, ponen el debido cuidado en su propia conducta a la hora de relacionarse entre ellos, con otros adultos y con él.

A este respecto, es innegable cómo las raíces de la autoestima empiezan a surgir y enraizarse en las etapas más tempranas de la vida. Así, la autopercepción que los niños sienten de ellos mismos se ve determinada directamente por los mensajes que reciben, especialmente, de sus progenitores, así como de familiares y adultos cercanos. Por ello, la construcción y cimentación de los pilares de una autoestima sólida será fundamental en el futuro, y desplegará sus efectos en todas las vertientes de la personalidad, y, en ese sentido, también irradiará su influencia en los aspectos más íntimos de la sexualidad de cada persona.

Por ello, resulta esencial ser conscientes, como adultos, de nuestro poder para no mermar la autoestima de nuestros hijos desde sus primeros años de vida. En este sentido, es primordial escuchar con presencia al menor y tener muy en cuenta sus sentimientos y emociones, desde la base del respeto, para así aceptarle tal y como es, con todo su entramado emocional y vivencial, y permitirle ir tomando responsabilidades progresivamente, hacer elecciones propias y, aunque precise de normas y límites, es vital dejarle un espacio de libertad para ir aprendiendo a tomar sus propias decisiones, en función de sus deseos, en vez de ser la pantalla donde proyectemos los nuestros. Por lo tanto, subrayemos la importancia del lenguaje como medio de comunicación pero también como creador de autoestima. Mimar nuestras palabras evitando los *deberías*, hablando desde la primera persona, desde el yo, manifestando lo que nos molesta, en vez de la crítica imperiosa desde el tú, que remarca sus defectos y los enfatiza de forma negativa.

Recordemos, en este aspecto, que lo importante no es lo que le digamos al niño, la instrucción que le demos, sino el ejemplo y el espejo que soy delante de él, y aquí no vale fingir: los niños se comportan como seres con una gran capacidad de atención y aprendizaje, son como esponjas que absorben, porque aprenden copiando, actitudes, valores, formas de comunicación y hasta el más mínimo de los detalles.

Es vital que los padres seamos un ejemplo en cuanto a saber negociar, llevar bien las riendas de una discusión y ser unánimes, siguiendo una línea de coherencia, en nuestros principios, ya que si la madre dice una cosa y el padre afirma la contraria, nos convertiremos en una fuente constante de inseguridad.

Como regla de oro, en este orden de cosas, es fundamental hablar de los temas conflictivos cuando el niño no está delante ya que se genera en él un estado de intranquilidad e incluso temor, una emoción que solo debe aparecer en momentos puntuales como mecanismo de defensa y supervivencia y no debe, bajo ningún concepto, quedársele implantado como un estado habitual.

En caso de que no haya más remedio y la pareja acabe fragmentándose, mediando, por tanto, una separación conyugal, es necesario remarcarles que ellos adolecen de culpabilidad, que seguirán siendo el foco de nuestro amor, y que, bajo ningún concepto, van a ser utilizados como chantaje, «arma arrojadiza» o rehenes económicos. Se debe evitar, igualmente, hablarles mal de la expareja a los hijos y procurar abrir siempre espacios de seguridad para permitirles expresar sus propios sentimientos, explicándoles los motivos reales de la ruptura y, aunque no comprendan o acepten la misma, mostrarles cuáles son los sentimientos de cada padre, lo cual puede ayudarles a recomponer su mapa emocional interno. Los niños son, en definitiva, seres dotados de una gran inteligencia, receptividad y capacidad de percepción.

En conclusión, y a modo recopilatorio, resulta innegable observar cómo las raíces de la autoestima empiezan a surgir y enraizarse en las etapas más tempranas de la vida. Así, la autopercepción de los niños se ve determinada directamente por los mensajes que reciben, especialmente, de sus progenitores, así como de familiares y adultos cercanos. Por ello, la construcción y cimentación de los pilares de una autoestima sólida será fundamental en el futuro, y desplegará sus efectos en todas las vertientes de la personalidad, y, en ese sentido, también irradiará su influencia en los aspectos más íntimos de la sexualidad de cada persona.

Reflexión: Influencia de los padres

¿Cómo siento que influyó la relación de mis padres en mi infancia?

_____

_____

_____

_____

_____

_____

_____

_____

¿Qué valores me inculcaron en mi niñez que han marcado mi sexualidad?

_____

_____

_____

_____

_____

_____

_____

_____

La adolescencia

En esta etapa, la autoimagen irrumpe como protagonista y queda muy ligada a la autoestima, como un binomio difícil de separar. Ahora, en la vida, la necesidad de pertenecer a un grupo, de ser aceptado y valorado desempeña un papel fundamental en la conducta de la persona. Los padres pasan a un segundo plano y dejan de ser la gran referencia para empezar a tomar otros ejemplos, otros faros, como amigos o, incluso, artistas.

Llegados a este momento, se altera el rumbo vital y la sexualidad se despliega en todo su esplendor. Sin margen de dudas, el haber gozado de una crianza en la que se ha fomentado una autoestima sólida y sana garantizará que las experiencias del adolescente estén dentro de los límites fisiológicos porque, en estos momentos, hay un gran deseo de explorar, de vivir y nutrirse de experiencias nuevas donde los afectos se expresen con toda su intensidad.

Esta fase arranca en torno a los 12 o 13 años y suele terminar a los 19 o 20. Aquí el individuo aprende a gestionar y dirigir sus impulsos sexuales, a consolidar su rol sexual e iniciar relaciones desde la madurez. A partir de los 20 o 25 años se suele iniciar la edad adulta en la que puede crearse una independencia emocional y económica.

En la adolescencia se termina de construir la identidad, la autonomía y la capacidad de establecer relaciones íntimas, todo esto muy modulado por el entorno social, que hoy en día goza de una gran heterogeneidad. El adolescente vive un desarrollo exponencial de su cuerpo, con todo un torrente hormonal y unos cambios físicos y psicológicos que, tanto en el entorno familiar como el social, van a reestructurarle como persona.

De este modo, cuando nos referimos al término pubertad, se hace más referencia a todos los cambios biológicos y fisiológicos mientras que la adolescencia abarca como dimensión todo lo psicosocial. Sin embargo, como es obvio, ambas están íntimamente relacionadas y cohesionadas.

Cabe resaltar, además, la aparición de unos desencadenantes neurofisiológicos y hormonales que provocan una activación del hipotálamo, el cual envía órdenes a la hipófisis, encargada de dirigir la orquesta hormonal en todo el organismo. Tras el desarrollo y madurez de los genitales comienza la menstruación en las chicas, mientras que en los chicos aparecen las primeras eyaculaciones, a veces en forma de poluciones nocturnas. Igualmente, hay otras evidencias a nivel físico, como el aumento de estatura y peso corporal con redistribución de la musculatura y la grasa, y la aparición de los caracteres sexuales secundarios, como el vello corporal, cambios en la voz, etc.

El desarrollo sexual en el adolescente

Todo este proceso suele terminar alrededor del umbral de los 18 a 21 años, cuando queda establecida la anatomía física y la personalidad. Mientras tanto, el adolescente vive y hasta, en el peor de los casos, sufre bandazos emocionales, que lo llevan por etapas de alegría desmesurada, frustración, dificultad para aceptar su autoimagen, y una férrea influencia de los estereotipos. Por regla general, todos los comportamientos tienden a exacerbarse.

De este modo, gran parte de la tensión que vive un adolescente obedece a su necesidad de encajar en el grupo social. La familia debe encarnarse como un apoyo flexible, una referencia saludable a la que el adolescente puede volver, donde la paciencia, el cariño y la disciplina sean unos asideros vitales para él. Por eso es muy importante que, desde los inicios de la relación de pareja de los padres y durante la paternidad, se haya forjado un clima emocionalmente estable, basado en la confianza, que afiance unos vínculos afectivos sólidos.

Así, el hogar será un lugar para hablar abiertamente sin temor al juicio o la reprimenda, sin tener nada que esconder. Como el adolescente va a experimentar muchas situaciones de cierta incertidumbre, ya que está inmerso en el aprendizaje de la vida, de los padres depende que este sienta esa confianza para expresarse sin miedo o sin reservas o bien aceptar que desee mantener su intimidad, a pesar de haber creado un clima de confianza.

¿Qué recibe el adolescente?

En este sentido, un punto esencial es el feedback o la respuesta que se le proporciona al niño o al adolescente cada vez que se expresa o muestra interés por algo. Si recibe una respuesta con tensión, una reprimenda o un juicio de valor que no encaje en su recién estrenado sistema de creencias, va a albergar miedo a la hora de contar sus problemas en casa u omitirá información para evitar el conflicto. Es mucho más positivo y enriquecedor crear ese clima de confianza ya que así sabremos muchas más cosas de nuestros hijos.

Desmitificando la creencia de algunos adultos que piensan que hablar de sexo con sus hijos anima a estos a volverse activos sexualmente en edades muy tempranas, 9 de cada 10 adolescentes norteamericanos declararon que si hubieran tenido conversaciones claras y honestas con sus padres, esto los hubiera llevado a demorar las relaciones sexuales o bien a prevenir embarazos no deseados. Por ello, normalizar, desde que son niños, las conversaciones sobre sexualidad en el seno familiar, respetando en todo momento la intimidad de los menores, ofrece a nuestros hijos conocimientos, consciencia y habilidades para tomar decisiones acerca de su intimidad y las relaciones interpersonales, autoexplorando su cuerpo o el de sus compañeros

Todo lo anterior no va en contra de la importancia de pactar y fijar unos límites. Negociar con el propio adolescente unas condiciones, unas reglas de juego, va a favorecer que sea responsable de las consecuencias de sus actos porque la responsabilidad entraña la capacidad de dar respuesta a una situación, no solo entonar el *mea culpa*, sino ofrecer una solución y muchos adolescentes todavía no están en posición de hacer eso, pues carecen de ciertas herramientas, que se van obteniendo poco a poco, con el paso del tiempo.

Comunicación sincera, cercanía y soporte afectivo es lo que necesitan nuestros adolescentes.

Significado de responsabilidad

La forma en que afronto los sucesos me va a determinar como persona: si soy responsable de mis actos, si preveo las consecuencias de los mismos, si soy capaz de asumir y calibrar adecuadamente los riesgos en las situaciones cotidianas. Y necesariamente las bases de la responsabilidad se van aprendiendo desde la infancia.

A título de ejemplo, podemos afirmar lo siguiente: «si tocas la plancha, te vas a quemar, te va a doler, vas a tener una quemadura durante días y cada vez que vayas a coger algo con el dedo quemado, te va a molestar, será una sensación incómoda». Si solo le decimos: «cuidado, no te acerques a la plancha», el niño no sabe lo que va a acontecer; tan solo le imponemos una sensación de miedo o, en el mejor de los casos, precaución. Ahora bien, si le explicamos las consecuencias que acarrean sus acciones, el niño puede saber que estas desencadenan un futuro, que está haciendo constantemente elecciones y puede llegar a conformarse una idea de lo que siembra con sus actos.

Como padres nos corresponde, tanto con el niño como con el adolescente, tejer un delicado equilibrio para darles cierta libertad combinada con responsabilidad, evitando, por un lado, la sobreprotección, impidiendo que se enfrenten a situaciones que les hagan crecer, así como, por otro lado, darles totalmente vía libre en sus comportamientos sin que tengan una referencia, consejo o la mirada atenta de un adulto, lo cual constituye, indefectiblemente, todo un arte.

Estereotipos de belleza

En este aspecto, uno de los procesos que va a asegurar un autoconcepto saludable de sí mismo es la consolidación de una autoimagen positiva. Tiene relación con un verse con buenos ojos, independientemente de los cánones de belleza impuestos por el sistema social.

Por un lado, se trata de saber apreciar lo bonito que alberga el cuerpo, la belleza innata que reside en cada uno de nosotros. En el otro lado de la balanza, el deseo de verse bien puede hacer que la persona quiera cuidarse haciendo ejercicio y con tratamientos de belleza.

El problema puede surgir cuando, tanto jóvenes como adultos, para verse bien, para sentirse atractivos, someten a su cuerpo a sacrificios y luchan contra lo saludable para alcanzar un ideal de belleza muchas veces impuesto e imposible. Se transita un camino de sufrimiento, desde la no aceptación, desde la falta de amor y respeto hacia uno mismo, ansiando un sucedáneo de la autoestima, como la supuesta valoración social, por alcanzar cierto canon de belleza.

En este ámbito, han desempeñado un papel clave las influencias y autoestimas paternas, todo el bagaje emocional y de valores respirado en el hogar. Todas aquellas conductas de los padres en torno a este tema van a calar hondo en la autoestima de los niños, en la definición de su autoconcepto y su autoimagen y será esto, llegados a la adolescencia y a la edad adulta, lo que llevaremos con nosotros a la hora de un encuentro íntimo.

Todo este equipaje emocional puede facilitar el camino del deseo o ser un lastre, puede ser un estorbo que no deja espacio para el disfrute. Se entabla una lucha interna que merma la capacidad de estar a gusto con nosotros mismos y con la pareja con la que compartamos la intimidad. En ocasiones, la angustia de sentirse a disgusto con el propio cuerpo puede paralizar, en vez de llevar a la acción y efectuar los cambios pertinentes hacia hábitos saludables.

Reflexionemos

A modo de conclusión, a muchos de nosotros nos vendría muy bien mirarnos con ojos amorosos, con plena aceptación de nuestra genética, siendo conscientes de que no rozamos la perfección y de que no hace falta tener un cuerpo diez para disfrutar del mismo.

Sin género de duda, la autoexigencia es enemiga del deseo. Si mi imagen es tan importante para mí, puede ser necesario consultar a un profesional de la salud para darme cuenta de hasta dónde puedo llegar de una forma sana a moldear mi cuerpo; ahora bien, sin exigencia ni demasiadas pretensiones.

Muchas operaciones de estética tienen un trasfondo de falta de autoestima. Por lo que, además de operarme, si no hay otra salida y así lo he decidido, lo primero y más importante será trabajar mi psique, mi relación conmigo mismo. De este modo, los imperativos estéticos impuestos por la publicidad, el mundo de la moda y la sociedad en general generarán una menor influencia en mí.

La erótica en la adolescencia

En una etapa tan llena de cambios como la adolescencia, donde se abren nuevas dimensiones, debuta el amor platónico. Uno se descubre a sí mismo deseando, queriendo intimidad, cercanía, compartiendo risas y momentos llenos de chispa, donde las miradas que arropan el corazón y la ternura tienen un significado especial.

Es época de los primeros contactos físicos, del primer beso, de iniciarse en el lenguaje de las caricias, de sentir mariposas en el estómago. Es tiempo también de echar de menos y ansiar el momento para volver a pasar tiempo con la persona deseada. En consulta suelo repetir cuán importantes son estas primeras experiencias, porque dejan un marco afectivo, conforman un punto de partida emocional que va a influir en toda nuestra vida, afectivamente hablando.

Como regla general, el autoerotismo o la masturbación se da en la mayoría de los adolescentes de una forma cada vez más normalizada. El tinte negativo con el que se ha vivido este tema se va diluyendo poco a poco. El hábito de masturbarse no debería ser un foco de preocupación, pues es un síntoma de salud mental y sexual, siempre y cuando no haya compulsión y se haga en privado.

Es una forma de conocerse a uno mismo, de saber lo que a uno le gusta y lo que no. Es una sana manera de incluir la sensibilidad de la piel en el esquema corporal. Es una estupenda forma de iniciarse en la vida erótica, preparatoria para la vida sexual en compañía.

En estas etapas de descubrimiento, la imaginación es el gran motor que alienta el deseo, por lo que resulta muy habitual fantasear con encuentros afectivos o sexuales con personas deseadas, no sin cierto riesgo por vivir la sexualidad basada solo en la fantasía, luego tocará salir al mundo con todo ese caudal de anhelos.

También es habitual que los adolescentes consuman literatura y películas eróticas o pornografía. Es importante que tengan claro que las relaciones sexuales no suelen ser tan estereotipadas, sino que suelen ser más afectivas y llenas de momentos cálidos y tiernos. A los padres o educadores nos queda la misión de completar su ideario sexual para que no tengan solo el referente pornográfico, por lo que siempre es conveniente darles una información rica y adecuada. Hay una creencia popular de que dar más información les va a incitar a que tengan más relaciones sexuales y más promiscuidad, y no es cierta. Simplemente les va a dar más opciones, al favorecer que disminuyan los tabúes sexuales y evitar embarazos no deseados. En definitiva, van a tener más libertad y capacidad de elección.

Comienzos del amor en pareja: respeto, empatía y deseo.

El autoerotismo

Sin importar lo lejos que haya quedado la adolescencia en nuestra vida, la masturbación puede seguir siendo un encuentro saludable con uno mismo, una forma de darse cariño y placer, se tenga o no pareja. Estaría bien prestar atención a cómo me siento con respecto a la masturbación, cómo es mi relación conmigo mismo en este tema y qué sensaciones me acompañan cuando disfruto conmigo mismo.

Como acabamos de reseñar, la masturbación también puede formar parte de la dinámica sexual en pareja, y de hecho, constituye uno de los juegos sexuales que más se plantean tanto dentro como fuera de la alcoba. Por otro lado, también es bueno reflexionar si aun teniendo una relación, me masturbo mucho. Puede ser interesante compartir esto con mi pareja, por si hay algo que echo en falta en nuestras dinámicas sexuales.

Reflexión: Primer amor

Rememora la etapa de tu vida de tu primer amor, recordando con detalle todo aquello que te hizo vibrar y tratando de visualizar tu propia película de tu primer amor con toda clase de detalles.

¿Qué echas de menos?

....

¿Qué te gustaría volver a vivir?

....

¿Qué ingredientes volverías a poner en tu relación actual?

....

Date la oportunidad de volver a ser joven en espíritu ya que, en muchas ocasiones, olvidamos la inocencia que reside dentro de nosotros. Vuelve a ser joven, haz manitas, camina de la mano, tómate tu tiempo para contemplar a tu pareja y decirle que la quieres con tu mirada, sin usar una sola palabra. Si no tienes pareja estable, intenta con tu siguiente ligue todo esto, como empezando despacio, sin prisa por el encuentro íntimo, dejando de prestar atención a los pensamientos, cultivando el momento presente, sin anticipar lo que está por llegar.

La afectividad en la adolescencia

A pesar de que la familia ya no constituye ese núcleo fundamental que era en la infancia, en la adolescencia sigue siendo un modelo y lugar de relación del cual partir hacia el mundo con unos límites adecuadamente marcados. El clima de convivencia cobra, si cabe, más importancia, porque el adolescente se va encaminando hacia su propia definición de sí mismo y su propia independencia en oposición a las figuras parentales.

Los jóvenes darán un gran paso para alcanzar su propia identidad, a veces, generando un pulso con los padres que, en el peor de los casos, se torna en confrontación. Aquí la palabra paciencia ha de conjugarse con el planteamiento de unas normas negociadas por todos para que los adolescentes se sientan también corresponsables del ambiente familiar.

De forma general, a la hora de conversar, e incluso discutir, se ha de mantener la calma, cuestión difícil para los adolescentes, a quienes les corresponde lidiar con sus propios borbotones hormonales, estado difícil incluso de soportar para ellos. Por eso, les toca a los padres respirar hondo en tantas ocasiones y empezar poniendo la paciencia encima de la mesa.

No olvidemos que, a pesar de estar echando un pulso, seguimos siendo referentes incluso en esto, en el marco negociador, por lo que es un momento clave para inspirar calma y confianza, no para perder los nervios, pues en ese caso ellos aprenderían esa conducta de perder los estribos en momentos de tensión.

Asimismo, a los padres les concierne revisar sus principios, su moral, su mentalidad, lidiar con el agotamiento y encarar, llegado el momento, cómo ha sido su vida emocionalmente, ya que si no han resuelto sus propios conflictos personales, es posible que, en situaciones de estrés como esta, afloren a las aguas de la superficie.

La mayoría de nosotros podría recordar el ejemplo de algún joven que ha tenido una mal llevada adolescencia, en la que ha vivido desde conflictos con la autoridad y rebeldía incontestable, hasta agresividad con los propios padres o hermanos. Lo más habitual es que no se llegue a estos límites, con una convivencia normal, donde haya momentos de discusión, tonos retadores, ciertos pulsos y algún susto, sin pasar a mayores.

El egocentrismo que protagoniza esta etapa se proyecta en que el adolescente piense que todo gira en torno a él, tanto para bien como para mal, lo cual le hace sentirse una parte importante de todo lo que acontece alrededor, y desencadena, continuamente, montañas rusas emocionales.

Con el paso del tiempo, el cuerpo, las emociones y las conductas se van ensamblando dentro de unos márgenes más normalizados. Tras la explosión hormonal de los primeros momentos de la pubertad, en la última etapa de la adolescencia se va consolidando la personalidad, ganando en autonomía y responsabilidad.

La mejor forma de dialogar con un adolescente es darle espacio para que se exprese y escucharle de forma atenta ya que, a veces, la mayoría de nosotros no necesitamos nada más. Los límites estrictos solo deben estar relacionados con aquellos temas que amenacen la integridad del adolescente, la familia o el hogar.

Así, el adolescente se asoma al mundo con sensaciones encontradas, a veces de forma ansiosa, otras veces con temor, con la esperanza de encontrar en los amigos un lugar de refugio, mediante vínculos afectivos intensos de igual a igual, sintiendo que se diluye su inseguridad arropados por la identidad que brinda el pertenecer a un grupo, desarrollando y tejiendo las relaciones de amistad.

Durante el curso de todos estos años, puede ir apareciendo el ideal de la pareja, bien mediante un amor platónico hacia algún amigo o algún referente de mayor edad, o tal vez inalcanzable, como pueda ser un artista. Esto sirve para construir la capacidad de amar que, más tarde o más temprano, se desplegará con toda su intensidad.

La comunicación con el adolescente

Durante la primera fase o pubertad, así como en la etapa más tardía o adolescencia, sería conveniente una comunicación casi constante con el adolescente, sobre sus sensaciones, acerca de su sexualidad, de forma abierta y sin sentir vergüenza, ni padres ni hijos, aunque esto último no siempre sea posible ya que la vergüenza es un rasgo típico que suele acompañar a la adolescencia. Además, en este sentido, es necesario subrayar que los hijos aprenden por imitación y eso incluye desde estados anímicos hasta respuestas conductuales y emocionales. Sería muy positivo presentar la información de forma adecuada, apoyada en la costumbre, adquirida desde la infancia, de hablar, dialogar y compartir opiniones en el marco del hogar, siempre respetando, por supuesto, los momentos en los que el adolescente desee compartir su intimidad, ya que la insistencia o la creación de un ambiente lo más normalizado posible tampoco asegura que este tenga anhelos de compartirla con sus progenitores.

Asimismo, resulta primordial que los padres estén bien informados de los métodos de prevención de las enfermedades de transmisión sexual (ETS) y de los métodos anticonceptivos para luego facilitar una orientación, clara, precisa y eficaz. Sin embargo, muchos padres no están lo suficientemente informados, tal vez por sobrecarga laboral o por propio pudor. Todo lo relacionado con el sexo, a veces, está acompañado de un manto de oscurantismo y pecado, según la educación recibida, cuyas influencias debemos saber retirar de nuestra moral y nuestro ideario personal y, en consecuencia, de nuestro hogar.

Desde nuestra perspectiva de padres, nos corresponde preparar una estrategia de comunicación conjunta, donde no queden temas sin tratar y se repasen los puntos importantes, aunque nuestros hijos piensen que nuestro celo es excesivo. Todo el tiempo y energía invertidos en estos aspectos siempre nos va a reportar calma y prevención de problemas serios.

Educación sexual

Sería deseable que la educación sexual fuera reforzada en las escuelas mediante programas de salud donde los estudiantes pudieran hablar abiertamente de sus preocupaciones en un ambiente distendido y cuidado, en el cual pudieran expresar sus inquietudes y temores.

Así, el adolescente recibiría información sobre los afectos, las emociones y la sexualidad, desde, al menos, tres puntos de vista diversos: los padres, el sistema educativo y/o de salud y sus amistades. De este modo, se garantizaría un conocimiento más exhaustivo y completo, más despojado de falsos mitos y tabúes. La implementación de estos enfoques, en los que se integra al adolescente, a la familia y a los educadores, prevendría numerosos problemas, y evitaría en gran medida enfermedades de transmisión sexual, embarazos no deseados, acoso y/o abuso sexual, violencia de género y todo tipo de disfunciones sociales y sexuales.

Sin embargo, también es cierto que la adolescencia es una etapa de estar abierto al exterior pero también de grandes momentos de intimidad y soledad, en los que los adolescentes desean guardar secretos y no exponer ni abrir su intimidad a los demás. Conviene conjugar con maestría ambos extremos.

El arte de besar

> *«El sonido de un beso no es tan fuerte como el de un cañonazo, pero su eco perdura más tiempo».*
> —OLIVER WENDELL HOLMES.

En la adolescencia se descubre el mundo de los besos y las caricias, a veces, mediante rituales de grupo y juegos; otras, en distintos lugares improvisando la intimidad. En los primeros años de juventud es de capital importancia aprender a besar bien. La antropóloga evolucionista Helen Fisher, de la Universidad de Rutgers, en Nueva Jersey, sugiere que el beso tiene un rol diferente según la etapa en la que nos encontremos de nuestra estrategia reproductiva evolucionada: primero, el beso despierta, inspira y dirige la libido, lo que hace que deseemos tener relaciones sexuales. Más tarde, el beso aviva el fuego del amor romántico, el enamoramiento profundo que nos motiva a elegir uno de entre distintos compañeros. Finalmente, el beso nos sirve para mantener y reforzar los lazos de apego en pareja, que nos permiten transitar juntos el tiempo suficiente para criar a nuestros hijos en la madurez sexual.

En resumen, el beso parece tener dos objetivos principales: a corto plazo, el beso es más sexual, resulta útil como herramienta para seleccionar y seducir a las parejas sexuales adecuadas; en las relaciones a largo plazo, sin embargo, el beso es una expresión de cercanía psicológica tendente a conservar y mejorar los sentimientos de intimidad en la pareja.

Los besos románticos aparecen en más del 90 % de las culturas humanas, lo que nos induce a pensar que hay toda una cascada de reacciones biológicas durante y después de un beso apasionado. La investigación muestra que los besos incrementan los niveles de neurotransmisores como la dopamina (que propicia la sensación de deseo) y la serotonina (que levanta el estado de ánimo). También aumenta los niveles la oxitocina, la llamada «hormona del amor», cuya liberación durante el orgasmo dispara el vínculo entre las parejas y, a su vez, durante el embarazo y el parto, fomentan el vínculo de por vida entre madre e hijo.

Por otro lado, según la investigación llevada a cabo por el psicólogo evolutivo Gordon Gallup, de la Universidad de Albany, en Nueva York, entre la mitad y dos tercios de las personas han puesto fin a una relación en ciernes debido a un mal beso. Parece que nuestro sentido del olfato, además, recaba cierta información subconsciente en cuanto a la genética de la otra persona o su capacidad reproductiva en función del arte de besar.

Asimismo, el biólogo Claus Wedekind descubrió que las mujeres sienten más atracción por hombres que desprenden un olor indicativo de un sistema inmunitario y un código genético diferente al suyo. Esto supondría que los futuros hijos potenciales tendrían un mayor nivel de diversidad genética, y serían más sanos y más propensos a sobrevivir.

Para Gallup, los hombres también usan los besos cómo método para eliminar compañeras inadecuadas, como una vía para obtener favores sexuales o un medio para lograr la reconciliación. Las mujeres, no obstante, besan más como termómetro para evaluar el estado de la relación ya que, en las relaciones duraderas, la frecuencia de los besos es un buen síntoma de la salud y el bienestar de ese vínculo afectivo en la pareja.

En este orden de cosas, este psicólogo descubrió, a su vez, que los hombres eran más propensos a iniciar el contacto con la lengua o beso francés y lo preferían a los besos con la boca cerrada. Sobre estos besos nos centraremos a continuación.

Práctica: El beso francés

Elige bien el momento o déjate llevar

Si tienes confianza en ti mismo, es mejor no planear nada para no anticipar tensión. Aun así, es recomendable estar atento al momento en que surge la magia, las miradas se encuentran y sobran las palabras; contemplaos de cerca, dejad que los ojos hablen por sí mismos, descúbrete mirando sus labios fugazmente, con deseo, y entrégate al beso y a todas sus sensaciones.

Cuida tu aliento y tus labios

Previamente a la cita, evita comidas copiosas y muy especiadas, que generen mal aliento, o hábitos como el tabaco, capaces de fastidiar un gran momento; mantén siempre una correcta higiene bucal, cuidando, al mismo tiempo, que tus labios estén suaves e hidratados.

Práctica: El beso francés

Empieza lentamente

No dejes que la prisa arruine un momento así ya que el ansia aquí no es buena compañera. Recuerda respirar tranquilo en el abdomen, sintiendo el momento, dejando que tu boca esté relajada, que vaya abriéndose poco a poco, «manteniendo el suspense», con suavidad y ternura. Siente cómo tu lengua se abre paso desde detrás de tus dientes hasta rozar sus labios. Mantente en esa distancia unos instantes con movimientos suaves de lengua y sintiendo, a su vez, como la suya sale al encuentro de tus labios. Permítete sentir el momento en el que la punta de tu lengua toca la suya y cómo esto hace reaccionar a vuestros cuerpos. Empápate de este instante, sintiendo el momento presente, y permite que la sabiduría de la naturaleza haga el resto. Introduce tu lengua dentro de su boca escasamente, deja que la calidez de su boca te inunde, permitiendo que la intensidad del momento vaya aumentando gradualmente. Puedes alternar todo esto jugando con tus labios y atrapando los suyos y, con mucha dulzura, dar suaves y pequeños mordiscos en sus labios, jugando a atrapar la lengua de tu pareja.

Mantente en momento presente

Permite que la pasión se abra camino y tome las riendas delicadamente. Trata de dejar pasar los pensamientos, de conectar con toda la cascada de emociones y, simplemente, fluir, ya que no se trata de seguir un guion predeterminado sino de contar con un marco de referencia para relajarse y no pensar demasiado en la técnica de los besos; se trata, sencillamente, de dejarse inundar por las sensaciones únicas e irrepetibles del momento presente.

Práctica: El beso francés

Y es que, sin resquicio de duda, lo que hace que los besos sean buenos o no es estar presente a la par que apasionado. En otras palabras, transmitir mediante los besos toda la pasión que llevamos dentro. Nunca olvides que se trata de un momento sagrado en sí mismo.

Presta atención a las reacciones de tu pareja

Si prestas atención a tu pareja, te das cuenta de las señales que trasmite su cuerpo. Se trata de leer su comunicación no verbal. ¿Cómo está siendo su respiración? ¿Cómo están reaccionando vuestros cuerpos? Siente el modo en el que tu ritmo y el de tu pareja se van sincronizando, como si de una danza se tratara, cómo las fluctuaciones de los besos os van acompasando en un único compás. Y permítete, en todo momento, jugar para salir de un bucle de estar haciendo siempre lo mismo. Puedes partir de la boca y arrastrar tus labios hacia el cuello de tu pareja, insinuando tus dientes levemente, con distintas intensidades y oscilaciones rítmicas.

Usa tus manos

Al compás de los besos, mueve también tus manos sin buscar, específicamente, zonas erógenas explícitas. Abraza, pégate a tu pareja, atráela hacia ti, presionando con las yemas de tus dedos sus brazos, su cuello y espalda (las zonas laterales a la columna son especialmente sensibles). La clave es que los movimientos de los labios y las manos sean rítmicos y lancen un mensaje acorde. Asimismo, permite que la respiración y la excitación corporal os vayan dado permiso para hacer las caricias más sensuales.

Práctica: El beso francés

De vez en cuando abre los ojos

Hacer contacto visual, puntualmente, puede aumentar la temperatura del momento, sobre todo, si los besos van derribando las barreras de la mente para penetrar en el mundo de las sensaciones; se trata de evitar estar constantemente alerta, sino de dejarse llevar, fluir, sentir y entregarse completamente a ese mágico instante.

Desanda el camino

No importa el tiempo de relación de pareja ya que, indiscutiblemente, los besos apasionados constituyen la mejor forma de conservar la pasión entre ambos. De esta manera, vuestro cerebro va a retrotraerse a vuestros primeros momentos, refrescando la relación. Desgraciadamente, por el contrario, las personas, cuantos más años pasan juntos en pareja, menos tiempo dedican a los besos apasionados, perdiendo la noción de la importancia que estos entrañan para la intimidad, así como para la preservación del fuego.

No le des demasiada importancia, háblalo todo con desenfado

Evita las críticas directas, mejor di lo que te gusta y te estimula, pues el «no» enfría, por regla general. El lenguaje en la intimidad se construye mejor desde lo positivo, haciendo entender que lo que se obvia es lo mejorable. Es bueno recordar que a todos nos gusta el refuerzo positivo, sea explícito o mediante un sonido gutural o un jadeo. Así que no temáis romper el silencio, que, a veces, puede erigirse como una pesada losa entre los dos.

Mi primera vez

En la adolescencia se suele iniciar la vida sexual en pareja, se tienen las primeras experiencias. Como ideal, la primera relación debería ser un acto bañado en confianza y ternura, sustentada por un deseo mutuo de disfrutar y hacer disfrutar al otro, para que quede una impronta de sana sexualidad. En cualquier caso, sería muy interesante revisar los efectos de nuestras primeras experiencias, tanto en solitario como en pareja, de nuestra vida sexual.

Reflexión: Mi primera relación sexual

En este ejercicio de retrotraernos al pasado, voy a evocar el recuerdo de la primera vez que tuve relaciones sexuales. Voy a ponerme en mi propia piel para volver a sentir la experiencia. ¿Qué sensación es la primera que recorre mi cuerpo?

Voy a recordar el entorno con la mayor cantidad de detalles, la luz, el olor, los sonidos, la imagen de mi pareja para, sobre todo, darme cuenta de cómo se quedó teñido ese momento, ¿qué velo emocional me quedó de todo ello?

¿Estoy en paz con esa experiencia? ¿Sentía temor o inseguridad? ¿A qué tenía miedo?

¿O, por el contrario, fuimos capaces de crear un clima de confianza?

Reflexión: Mi primera relación sexual

¿Estaba todo bien? ¿Me faltó algo?

¿Cómo creo que influyó en mi sexualidad?

¿Me cuesta hablar de ello? ¿Cuál podría ser la causa?

¿Qué expresa mi cuerpo al hacer esta práctica?

La edad adulta

La transición de la adolescencia a la adultez va cristalizando gradualmente, no es algo que se produce de repente, sino cuando ya se es capaz de tener una relativa autonomía tanto emocional como económicamente. El joven adulto, en esta fase vital, es capaz de vivir relaciones amorosas en las que hay sexualidad, afecto y ternura. Obviamente, esto no se presenta en todas las personas a la misma edad, sino que se puede prolongar durante la madurez.

En esta etapa, el joven adulto va perfilando su rumbo, tomando decisiones laborales, de estilo de vida, construyendo su escala de prioridades, gracias a la mayor capacidad de maniobra en todas sus facetas. Se consolidan hábitos de salud, es posible romper las inercias propias de la adolescencia y alcanzar una notable libertad a la par que tomar diferentes responsabilidades. Durante estos años se han consolidado tanto la autoimagen como las formas de expresar la masculinidad y la feminidad. La influencia del entorno y del grupo social es menos marcada, y se ha cincelado ya un estilo propio en las expresiones de su personalidad.

El erotismo adulto

En este tramo de la vida es de esperar que una persona sana posea mayor capacidad para intimar, para tener todo un desarrollo erótico y afectivo en su vida, expresando sin culpa su sexualidad, con pocos o ningún prejuicio, conociendo su cuerpo y disfrutando en el despliegue de sus habilidades amatorias, con capacidad de atender a los deseos de su pareja y ser capaz de comunicar sus propios anhelos.

Evidentemente, todo esto es parte de un proceso que requiere de capacidad para jugar, emplear tiempo de calidad y sin prisas, evitando relegar este tipo de momentos por exceso de trabajo o agotamiento. La sexualidad se puede desplegar tanto en pareja estable como en encuentros donde no hay lazos afectivos duraderos. Se trata de disfrutar tanto de momentos reales como de hacer realidad fantasías eróticas. En esta etapa de la vida ya se va sabiendo con más seguridad lo que gusta y lo que no, sin miedo a permitirse improvisaciones y nuevas formas de disfrutar. Asimismo, es preciso conocer los métodos anticonceptivos y preventivos de las enfermedades de transmisión sexual y, en consecuencia, evitar las prácticas de riesgo.

No todo el mundo se encuentra en esta tesitura idílica. Un porcentaje elevado de adultos reconoce que no vive la sexualidad con todo su potencial; muchos de ellos presentan desajustes o disfunciones sexuales, así como dificultad para sentir deseo, para excitarse y tener orgasmos, manifiestan dolor a la hora de tener relaciones o, incluso, angustia a la hora de alcanzar el momento íntimo.

Llega, pues, en esta etapa el momento de asumir que en su vida afectiva o sexual hay aspectos que mejorar y trabas o lastres que soltar. Salvo en casos graves, la mayoría de estas circunstancias se solventa con aprendizaje y ciertos ajustes, ya que, por lo general, tiene que ver más con factores psicológicos que con alteraciones fisiológicas. Por ende, la depresión, el cansancio, el exceso de preocupaciones o la ansiedad están íntimamente relacionados con las disfunciones sexuales.

Predominantemente, en el sexo femenino, los síndromes más frecuentes se circunscriben a la falta de deseo y a la dificultad para alcanzar el orgasmo, mientras que en los hombres las dificultades manifestadas tienen que ver con lograr la erección y gestionar la excitación y la eyaculación. Entre los 25 y los 40 años es cuando más consultas de disfunción sexual se solicitan. A mayor edad, más causas orgánicas van apareciendo.

El momento sagrado del encuentro, donde nos despojamos
de todo para ser libres.

Un primer paso es eliminar los sesgos en la información y en los conceptos sexuales. El deseo sexual es algo innato y natural; su carencia es un indicador de que algo no va bien. Con el derecho a disfrutar del propio cuerpo, nos toca decidir y hacernos cargo de nuestros anhelos y darles espacio en nuestro día a día.

Muchas personas se culpan por desear a alguien, por sentir atracción por otras personas, por el hecho de fantasear con alguien que no es su pareja. Y es simple deseo, es combustible sexual. Ciertamente, si este tipo de deseos son muy recurrentes, debemos bucear más dentro de nosotros, en aras de hacer limpieza emocional y asentar todo lo que resulte necesario en nuestra vida.

Por otro lado, albergar la sensación interior de que no puedo hablar con mi pareja sobre este y cualquier otro tema constituye algo grave. Incluso si yo conmigo mismo me niego momentos de reflexión sobre lo que siento, o si tengo deseos por alguien que no me permito expresar porque no es mi pareja, o ni siquiera pensar, o reconocer pulsiones, estoy bloqueando tensión dentro de mí. Y todas estas «incomodidades» son muy difíciles de obviar en la intimidad.

A raíz de sensaciones de este tipo, muchas personas subliman de forma nociva su sexualidad y, sin darse cuenta, castran el deseo. Y puede que caigan en dinámicas sexuales que limitan el encuentro íntimo a algo mecánico, ausente de presencia e intención, algo para salir del paso, un mero trámite. Aceptar que el deseo puede aparecer de forma natural no debe asustarme, tampoco debo darle demasiada importancia, sino ubicarlo en el contexto adecuado y contrastarlo con mi vida sexual y afectiva.

Reflexión: El deseo

¿Hay alguna nota disonante en mi sentir con respecto a mi vida sexual y cómo vivo el deseo?

¿Desde cuándo siento que no fluyo en este aspecto?

La afectividad en la edad adulta

El joven adulto está plenamente capacitado para vincularse en pareja y afrontar el reto de compartir un presente con idea de futuro basado en:

- Una buena comunicación.
- Una sana sexualidad.
- Un proyecto en común.

Estos son los tres pilares de una sólida relación de pareja, en la que ha de transformarse el enamoramiento en una actitud amorosa y de entrega, fundamentado en un equilibrio proporcionado por la sensatez, el respeto, la generosidad, el deseo de compartir, la obtención de recursos, cierta capacidad de sacrificio, el reparto de tareas y responsabilidades, todo ello encauzado de una forma flexible y dinámica.

Las ideas preconcebidas, los sesgos culturales y la imposición de razones son síntomas de rigidez que van a dificultar la convivencia y el buen desarrollo sentimental. Toca estar dispuesto a cambiar, a ceder, a negociar, sin verlo como una pérdida de territorialidad, sino como una inversión en el buen clima del hogar.

Por tanto, se puede dar así un estado de amor adulto, capaz de pasar de la idealización inicial a un conocimiento real del compañero sentimental. Solo así el proyecto tiene futuro a largo plazo. En esta etapa de la vida, los retos se suelen presentar en torno a la faceta laboral o a la paternidad. Si la escala de valores de cada miembro de la pareja es similar, será más fácil que se posicionen de una forma parecida ante los sucesos inesperados y los hechos no previstos.

Muchos adultos entablan una relación seria tras haber dejado claras las prioridades de cada uno, para ver si coinciden, por ejemplo, en querer tener hijos o no, en el sentido de prioridad que dan a su carrera profesional, para evitar futuros conflictos que desgarren la relación. Es una conversación muy recomendable porque, una vez pasada la fase de enamoramiento, es cuando emergen todos estos problemas a la superficie.

Dentro del hogar es fundamental que haya flexibilidad en los roles, ya que, en general, en el mundo moderno las diferencias de género van quedando más difuminadas cada vez. Es una época de alcanzar acuerdos de forma casi constante, de motivación mutua. Así, cada reto servirá para consolidar y cimentar el vínculo en vez de quebrarlo.

Maternidad y paternidad

Tanto antes como durante la etapa del embarazo y la crianza de los hijos van a llegar situaciones que someterán a la pareja a un periodo de adaptación. Es imprescindible, en el caso de tener hijos, reservar momentos para la intimidad para que no desaparezca esa faceta, porque muchas parejas se diluyen en el rol de padres, y esto afecta a la sexualidad. Es importante que, tras el nacimiento del hijo y pasado un tiempo de cierta adaptación, se recuperen los espacios para volver a reencontrarse.

Son momentos de agotamiento, falta de sueño, en los que las necesidades personales pasan a un segundo plano y los recursos están encaminados a la crianza. Fijar una tarde o una noche a la semana sin niños para recuperar ese estar frente a frente, sin la urgencia de cubrir necesidades infantiles, es un oasis en medio del desierto.

La mitad de la vida

Aproximadamente, es en la horquilla que va de los 40 a los 65 años cuando las personas transitan la etapa media de su vida. Durante esta parte del trayecto vital hay un instinto por establecer y conducir a la generación siguiente. Confluyen la plenitud así como la conservación de la fuerza y la energía vital. Ya se puede echar la vista atrás para ver con perspectiva el recorrido que hemos tenido y cuáles han sido nuestras aspiraciones. Nos podemos plantear continuar o cambiar de rumbo. Por eso muchas personas atraviesan una crisis en torno a esta época, la cual, si se enfoca bien, puede conducir a un reinventarnos, a un cambio de enfoque, para seguir llenando de significado nuestra existencia.

En esta etapa aparecen en el cuerpo, además, los cambios propios de la edad, desde las típicas arrugas, pasando por cierta disminución de la vitalidad, todo un trasiego hormonal que va a plantear unas reglas del juego distintas. En caso de la mujer, esta debe transitar el climaterio, el fin de la edad fértil y aterrizar en la menopausia, una nueva etapa que se hace acompañar de cambios hormonales y fisiológicos que pueden incidir en la sexualidad. A los hombres les toca vivir una reducción en la producción de testosterona, hito que va a requerir, igualmente, de una readaptación.

La sexualidad en la etapa media de la vida

Se puede correr el error de subestimar la importancia de la sexualidad en este periodo, sobre todo, a partir de los 50 años. Empezamos a dejar de estar en la plenitud de nuestra vida, nuestro cuerpo ya muestra el paso de los años y nuestra imagen no es la mejor que hemos tenido. Ahora bien, en esta etapa nos toca poner en el fuego todo lo aprendido, toda nuestra experiencia, aceptar los cambios y no quedarse enganchado en el pasado, ni lo que fuimos, ni lo que hicimos. Esto solo serviría para frustrarnos y no disfrutar del presente. Aún queda mucho camino de gozo delante de nuestros pies.

En esta etapa recogemos frutos de lo que hemos sembrado en la juventud. Si, como persona o como pareja, la sexualidad se ha quedado a un lado de la vida para centrarse en trabajar y en el cuidado de los hijos, nuestra expresión erótica, nuestros momentos de goce íntimo pueden haber quedado relegados a escasos y tediosos encuentros o, simplemente, han quedado anulados.

Si, por el contrario, me he hecho cargo de mi sexualidad y de mi vida afectiva, no voy a tener mayor problema en transitar esta etapa de forma satisfactoria. Ahora, con las ideas más claras y habiendo más tiempo para disfrutar, puede ser una tapa fantástica para gozar del sexo, sobre todo, si conservo la salud y me he cuidado durante los años previos.

Cambios propios de la edad

Muchas ideas erróneas preconcebidas nos pueden asaltar en este periodo. En referencia a las mujeres se prevé que la menopausia conlleve una disminución del deseo, como si fuera algo natural e inevitable, y no tiene por qué ser así. A veces, la evolución es que la mujer recupere el deseo, más libre de preocupaciones que antes. Lo que sí ocurre, en ocasiones, es que si la persona desarrolla desánimo o depresión secundaria a la disminución drástica de estrógenos, sienta una caída en su libido.

Respecto a los hombres puede producirse un aumento del periodo refractario, ese lapso de tiempo de descanso entre un acto sexual y otro, hasta que puede volver a tener una erección. También es posible que necesiten más estimulación o más tiempo para conseguir una erección, pero, a veces, más que por el tema de la edad, es por falta de entrenamiento de la musculatura del suelo pélvico.

En ambos casos, a mayor edad, pueden ir apareciendo más enfermedades como la hipertensión arterial o la diabetes que añaden dificultades fisiológicas al encuentro sexual y a la vida, en general.

Un momento clave, en caso de tener hijos, es afrontar el síndrome del «nido vacío», cuando los vástagos emprenden su camino y salen del hogar familiar para crear los suyos propios. Es un momento de replanteamientos, de canalizar toda esa energía que estaba puesta en cuidar de los hijos para dirigirla de nuevo a la propia vida y la de la pareja. A partir de este momento, la pareja puede evolucionar hacia dos polaridades: una es, por un lado, retomar la conexión afectiva y sexual volviendo a tener, como compañeros, más tiempo para mirarse y reencontrarse; y la otra es, tras la partida de los hijos, volver la mirada hacia sí mismos como pareja, poniendo de manifiesto aquello que la crianza de los hijos había medio tapado y que ahora queda totalmente al descubierto, como son los vacíos afectivos existentes entre ambos. Desde aquí muchas parejas siguen juntas por inercia, entre la tolerancia y el desdén, mientras que otras, por el contrario, echan la vista atrás, hacen balance y deciden terminar, se deshacen y se dan la oportunidad de una nueva vida.

Familias mono y multiparentales

Tanto en la adultez temprana como en la etapa media de la vida pueden darse estructuras familiares distintas de la típica pareja con hijos de toda la vida. Ya es muy habitual y está aceptado que en el seno familiar se desencadenen separaciones y divorcios. O que se den situaciones de viudedad. Las personas nuevamente solteras tienen aquí la oportunidad de replantearse su vida y reflexionar. Hay personas que se dan la oportunidad de entablar nuevas relaciones afectivas, generando, en ocasiones, hogares con hijos de distintos padres o madres y nuevos hijos, muestra de una mayor apertura y flexibilidad social. Otras pueden quedar marcadas por su pasado emocional y en vez de intentar nuevos encuentros y relaciones, subliman su sexualidad.

La tercera edad

En este periodo de la vida se aúnan experiencia y la asimilación de cierto declive de las funciones fisiológicas. Podríamos distinguir entre personas de la tercera edad sanas y funcionales y las que, desgraciadamente, acarrean patologías y necesidades especiales. En ambos casos, la sexualidad puede estar totalmente presente, desmitificando la idea de que son personas asexuales o asexuadas. Son personas, en general, de gran sabiduría, que merecen el respeto de todos y pueden seguir disfrutando de relaciones afectivas y de su sexualidad como cualquiera, adaptado a su estado fisiológico.

Conservar todas mis dimensiones

Un tema habitual que nos encontramos en consulta es que llegan personas que, de forma activa o pasiva, han sublimado o anulado su sexualidad para poder trabajar más, dedicarse a los hijos, o no mirar aspectos internos que están aún por ordenar. Es probable que estas personas hayan sufrido una pérdida personal, una separación difícil o un desamor doloroso.

En este tipo de casos, muchas personas deciden echar el cierre, se castran emocional o sexualmente para evitar la posibilidad de un nuevo fracaso sentimental, o no afrontar el duelo necesario después de una pérdida afectiva. Eligen, de forma activa o pasiva, que su vida se vuelva menos colorida. Otras, mantienen relaciones sexuales, pero con un férreo control emocional, sin permitirse implicarse emocionalmente ni que las personas con las que se relacionan se impliquen a su vez, en una clara forma de ver los toros desde la barrera.

Así, muchas personas reconocen este planteamiento como forma de vida, otras ni siquiera eso, hasta crear todo un abanico de estrategias y excusas para evitar mirar a la vida de frente, con todo lo que conlleva. Esto es, ineludiblemente, una llamada al caos donde tanto autocontrol o castración generarán una cantidad de tensiones innecesarias, además de disfunciones biológicas, y malograrán nuestro sistema nervioso.

Capítulo 3

La mirada Oriental de la Sexualidad

Oriente rescata la parte más sublime de la sexualidad. Nos invita a mirar a un tiempo donde no había televisión en los hogares, ni tráfico rodado por la calle, ni un ordenador con internet, ni tantos estímulos externos. Eran tiempos de encuentro en el fuego del hogar, con la naturaleza como escenario y donde el único sonido que escuchaban los amantes en la intimidad de su habitación era el de su propia respiración.

Nada que objetar, por cierto, con respecto a las tecnologías actuales, que también tienen su encanto...

Tanto el Tao Sexual como el Tantra y otras filosofías orientales nos avisan de cuidar los detalles y tomarnos el tiempo para disfrutar de la intimidad solos o en compañía. Nos enseñan a retomar el sexo como una práctica sagrada. Honrar cada encuentro como algo único y especial. Crear intimidad. Parar el reloj y establecer el clima adecuado para que suceda la magia del amor. No hay nada más importante en ese momento que disfrutarme en plenitud, solo o acompañado. Voy a explorar mi propio cuerpo desde la sensación, voy a explorar el cuerpo de mi pareja desde mis sentidos.

Rituales amorosos

Desde Oriente nos han llegado ceremonias que enaltecen los encuentros amorosos y los convierten en deliciosos rituales. Esas prácticas nos pueden servir de inspiración para recrearlas hoy en día con nuestros propios recursos y gustos.

En la antigua China, por ejemplo, era muy habitual hacer el amor y tomar té al mismo tiempo. Esta imagen refleja claramente que no había prisa por llegar a ningún lado, ni al orgasmo, ni a la eyaculación, ni al final de la cita. Los amantes paraban con asiduidad y tomaban infusiones, comían, interpretaban temas musicales, danzaban... y luego volvían a tocarse, abrazarse, besarse, penetrarse..., alargando el juego sexual.

El primer rito sexual que aprendí cuando me formé como profesor de Yoga fue el Maithuna tántrico de India. El Tantra es una filosofía muy profunda basada en la expansión de la consciencia y la liberación de la energía vital.

Danilo Hernández en su magnífico libro *Claves del Yoga* define brillantemente el Maithuna:

> *«...es un encuentro profundamente amoroso en el que los amantes se funden en una unidad traspasando la dualidad y la individualidad. El deseo de unidad se esconde detrás de toda actitud sexual y es por medio del Maithuna como la pareja se funde en un profundo abrazo, disolviéndose el uno en el otro, trascendiendo el tiempo y la personalidad en una experiencia que les conduce directamente al estado de meditación».*

En la relación tántrica, la mujer es la maestra iniciadora que guía la práctica y el hombre es el discípulo. La maestra trata de despertar la energía de su compañero evitando que pierda su esencia seminal. El objetivo es unir el principio masculino y el femenino dentro de cada practicante y en la pareja.

En la ceremonia intervienen varios elementos: vino, carne, pescado, cereales tostados, flores, aceites, perfumes, velas y diferentes elementos decorativos.

Es curioso como los rituales amorosos tienen elementos similares a los rituales religiosos: velas, música, flores y vino. También la palabra «pasión» es un término utilizado tanto para experiencias sexuales como místicas. ¿Hay espiritualidad en el sexo? ¿Hay sexualidad en lo espiritual?

El primer paso es limpiar y decorar la habitación y crear un altar, la representación en la materia de todos los valores de lo divino. Dicho de otro modo: en el altar estarán todos aquellos elementos que considere bellos y que me inspiren.

Después los amantes se bañarán mutuamente en un íntimo acto de purificación. Es muy habitual ungirse con aceites y perfumes. A continuación la pareja desnuda meditará, cantarán mantras y tomarán los alimentos y la bebida, previamente consagrados (como comentábamos en el capítulo 1, los encuentros amatorios vienen muchas veces precedidos de rituales gastronómicos).

Finalmente, realizarán la unión sexual en actitud meditativa, sin buscar el orgasmo, reconociendo en la pareja la manifestación de la divinidad: Shiva y Shakti.

Regalos de Oriente

Te invitamos a recrear tu propio ritual amoroso y te proporcionamos algunos elementos que pueden servirte de ayuda. Para facilitarte la labor, te damos una lista con varios artículos que pueden estimular tu vida sexual y la de tu pareja. No están todos los que son, sí son todos los que están.

- **Especias afrodisíacas:** Utilizadas en comidas, perfumes y aceites de masaje. Estas son para mí las tres más importantes:
  - **Canela**: Una de las especias más empleadas, cálida y penetrante. Antiguamente consideraban que las mujeres que tomaban diariamente un poco de canela disuelta en agua caliente tenían más iniciativa sexual. Es efectiva también para los hombres. Facilita la circulación sanguínea y aporta calor en el organismo. En mi casa no faltaba en rama y en polvo para condimentar un rico arroz con leche.
  - **Azafrán**: El pistilo de la flor del azafrán tiene connotaciones sexuales y muchas propiedades saludables. Favorece la digestión, combate la depresión y está indicado para aliviar los dolores menstruales.
  - **Curry**: El curry que podemos conseguir en Occidente es de composición variable y está formado por diferentes hierbas y especias entre las que destaca la cúrcuma,

que aporta su color característico amarillo-ocre. Es un antiséptico intestinal que potencia la circulación en la región abdominal y aumenta la libido.

- **Aceites para masajes y perfumes:** Los aceites son concentrados diluidos de flores, hojas y frutas. Los mejores son puros y extraídos por presión en frío. Pueden aplicarse en masajes para hidratar la piel, solos o mezclados con agua, alcohol o algún otro tipo de aceite. Las esencias diluidas en agua y calentadas en un quemador se evaporan y desprenden un rico aroma que se expande por las estancias. Te describo algunas de las más eróticas:
    - **Ylang Ylang**: como indicaba en el capítulo 1, esta flor amarilla con aroma embriagador y penetrante es de las más utilizadas en Asia. Imprescindible.
    - **Rosa**: la flor clásica relacionada con el amor y la apertura del corazón. Aplicada en exceso puede ser empalagosa. La variedad «rosa mosqueta» es un excelente cicatrizante y reparador de la piel.
    - **Geranio**: con aroma similar al de la rosa, es beneficioso durante la menstruación y en la menopausia. Además tonifica los músculos.
    - **Jazmín**: otra flor dulce y seductora para aplicar en la piel. Ayuda a desplegar el poder erótico femenino.
    - **Coco**: con múltiples usos, es utilizado como alimento, desmaquillante, acondicionador de cabello, tratamiento antiacné y para prevenir las estrías. Si te gusta su aroma es una fiesta para los sentidos. A mí me gusta tocarlo, olerlo y saborearlo.
    - **Pachuli**: muy concentrado y potente, indicado para tratar problemas de frigidez y disfunción eréctil.
    - **Sándalo**: con olor a madera dulce es un aceite especialmente indicado para los hombres. Es hidratante y ayuda a cuidar la piel.

- **Masajeadores:** Te presento ahora algunos accesorios relajantes y estimulantes para emplear en las sesiones de masajes y caricias.
  - **Palos de rosa de madera**: para emplear en los puntos de reflexología, sobre todo en los pies. Por su dureza pueden transmitir una presión más fuerte y firme que la de los propios dedos de las manos.
  - **Rodillos de bolas**: para aflojar la musculatura del cuello y de la espalda y disolver contracturas.
  - **Cepillos de cerdas**: para exfoliar la piel y aumentar el riego sanguíneo.
  - **Golpeadores de varillas de bambú**: habituales en las clases de Tao Yin y Chi Kung para relajar y tonificar todos los músculos y fascias y desbloquear la energía de los meridianos de acupuntura.
  - **Pindas herbales**: saquitos de tela con hierbas medicinales y aromáticas que pueden calentarse previamente y aplicarse por todo el cuerpo.
  - **Bolsas de semillas**: para masajear, golpear suavemente y como base de apoyo y sostén en algunas posiciones estáticas.

- **Objetos de jade:** Como comentaremos en el capítulo 4, el Jade es el mineral más sagrado del Tao. Dentro de las prácticas de Tao Sexual aparece de distintas formas:
  - **Huevos**: para fortalecer la vagina y el suelo pélvico y facilitar la absorción de la energía vital en el cultivo del Amor Sanador femenino.
  - **Lingam**: hace referencia al pene masculino también conocido como «tallo de jade». Es más preciso para entrenar la parte más externa de la vagina.
  - **Bolas**: las bolas de jade pequeñas, enlazadas, al tocarse entre ellas producen una vibración estimulante.

■ **Aceites lubricantes:** Para utilizar cuando hay problemas de sequedad y junto con los juguetes sexuales. También para emplear si hago el amor mientras me baño o me ducho, ya que el agua elimina la lubricación natural que producen el pene y la vagina y dificulta la penetración. Suelen tener una base de agua a la que añaden diferentes tipos de aceites orgánicos.

■ **Juguetes eróticos:** Te nombramos también algunos otros elementos que por su composición pueden usarse en las artes de la alcoba:

■ **Paños de seda natural**: para generar nuevas sensaciones en la piel. Muy empleados en el Tao Sexual para el masaje de los pechos y órganos sexuales.

■ **Plumas**: para aumentar la excitación con caricias juguetonas. Cuido que este estímulo no se convierta en una «tortura china» de cosquillas.

■ **Anillos**: para la base del pene, los clásicos eran de jade o marfil. Eran empleados en el control de la eyaculación y para mantener la erección.

La próxima vez que cumplas años o que escribas tu carta a los «Reyes Magos de Oriente» quizás puedas incluir alguno de estos artículos entre tus regalos…

Libros de Alcoba

Otro accesorio imprescindible en los amantes de la antigüedad eran los libros de instrucciones sexuales o libros de alcoba. Solían estar en los dormitorios, sobre la almohada o cerca de la cama, completamente accesibles para poderlos consultar con frecuencia.

Los más conocidos son el *Kamasutra* hindú de Vatsyayana y el *Su Nu Jing* o *Tratado de la mujer sencilla*, atribuido al Emperador Amarillo, Huang Di.

En Occidente no hay ningún libro antiguo comparable a estos dos, no hemos tenido referencias, ni indicaciones sexuales, más allá de las pautas morales y religiosas.

En el *Su Nu Jing*, el Emperador Amarillo habla abiertamente de sexo y amor con sus tres principales consejeras: la Muchacha Sencilla, *Su Nü*, la Muchacha Misteriosa, *Hsuan Nü* y la Muchacha Arcoíris, *Tsai Nü*:

> *«Huang Di preguntó a la Muchacha Sencilla: Mi energía es débil y se encuentra sin armonía. No siento felicidad en mi corazón y a menudo tengo miedo. ¿Qué podría hacer?*
>
> *La Muchacha Sencilla respondió: Toda debilidad en las personas es debida al incumplimiento del Tao del sexo entre el Yin (lo femenino) y el Yang (lo masculino). Las mujeres vencen a los hombres de la misma manera que el agua vence al fuego. Aquellos que conocen el arte de unirse son como aquellos que saben mezclar cinco sabores en la olla para componer una buena comida; como los que conocen el Tao del Yin y el Yang y experimentan los cinco placeres (las cinco músicas). Los ignorantes en este arte mueren jóvenes y consecuentemente, aún menos pueden acceder al gozo.*
>
> *El Emperador Amarillo preguntó: ¿Cómo he de seguir el Tao del sexo entre el Yin y el Yang?*
>
> *La Muchacha Sencilla respondió: Existen principios específicos del Tao del sexo que han de ser seguidos si el hombre y la mujer desean desarrollar su energía y eliminar las enfermedades. Si deseas conocer este Tao, consiste en mantener la mente en calma, armonizar las emociones y concentrar el espíritu. Uno debe estabilizar el cuerpo y controlar los pensamientos. Entonces, siguiendo una actitud relajada uno debe comenzar la penetración, profunda y lentamente».*

Los chinos consideraban que una de las causas de las enfermedades eran las relaciones sexuales incorrectas. El Amor Sanador era una vía natural para alcanzar los propósitos más elevados de la vida: salud, vitalidad y longevidad. La muchacha sencilla nos regala múltiples recetas para desarrollar el Tao Sexual.

«Huang Di preguntó: ¿Qué se obtiene por medio de la práctica del coito según el Tao del Yin y el Yang?
Su Nü contestó: El objetivo del coito para el hombre es engendrar sus energías; para la mujer, eliminar las enfermedades.
Aquellos que ignoran el método piensan que el coito puede estropear la salud. En realidad, el coito no tiene por único objetivo la diversión y el placer del cuerpo, sino también calmar el corazón y reforzar la voluntad. El sujeto no siente entonces ni hambre, ni saciedad, ni frío, ni calor; el cuerpo está en paz y el espíritu también.
La energía penetra y sale suavemente, ninguna sensación de deseo viene a turbar esa armonía; ese es el efecto de esta unión.
Si se sigue esta regla, las mujeres disfrutarán plenamente y los hombres tendrán siempre buena salud».

La muchacha sencilla, la muchacha misteriosa y la muchacha Arcoíris charlan con el Emperador Amarillo sobre Medicina Tradicional China. Le enseñan cómo equilibrar diferentes tipos de enfermedades, qué tipos de medicamentos preparar para cada caso y qué posturas realizar durante el coito para sanar cualquier tipo de patología.

Este texto de Zhang Heng, poeta y astrónomo de la dinastía Han, que vivió entre los años 78 y 139 de nuestra era, muestra la relevancia que daban en su época a estos manuscritos de consulta y a los preparativos sexuales.

«He limpiado la almohada y la cama y he llenado el pebetero con el mejor incienso.
Cerremos ahora la doble puerta con candado de oro y encendamos la lámpara para que inunde de resplandor nuestro cuarto.
Abandono mis ropas y me quito la pintura y los polvos, y despliego junto a la almohada el rollo de las ilustraciones.

A la Muchacha Sencilla tomaré por instructora para que podamos practicar todas las diversas posturas, ésas que un marido corriente apenas ha visto alguna vez».

Los rituales de hoy

La sociedad moderna ha adaptado algunos rituales clásicos a estos nuevos tiempos. Hoy en día, cuando queremos entablar una relación íntima, seguimos compartiendo inquietudes, confidencias y placeres, solo que ahora establecemos la comunicación en lugares públicos como cafeterías y a veces virtualmente, a través de internet.

Las películas sustituyen a los libros clásicos, los nuevos artículos del sex shop amplían la gama de sensaciones de los juguetes sexuales de la antigüedad, la música ha evolucionado mucho y la gastronomía es objeto de culto.

Cuando una pareja se conoce, el ritual de cortejo básico consiste en tener una cita y comer y beber juntos o disfrutar de algún gusto compartido: paseos, deportes, cines, teatros, viajes, conciertos...

Es muy habitual regar el proceso con bebidas etílicas que por un lado desinhiben y por otro lado pueden traer torpeza, impotencia y volverse en contra. Encontrar el punto medio durante la embriaguez del enamoramiento es todo un arte.

Llegados a este punto el repertorio de posibilidades para disfrutar de un ritual amoroso es inmenso y será materialmente imposible usar todos los recursos a la vez. Llega el momento de elegir qué quiero cocrear con mi pareja. Nosotros abogamos por conocer los rituales clásicos y jugar con ellos e incorporar nuevas formas de encuentro por el propio placer de experimentar.

Trato de no dejarme llevar por la moda o por la mente insaciable que quiere consumirlo todo y me dejo guiar tan solo por mi sentir y mi corazón. No imito inconscientemente lo que hacen los demás, más bien *«siento lo que hago y hago lo que siento».*

Rituales amorosos.

Pornografía: la referencia

Otro de los elementos que influyen actualmente en las relaciones de pareja es el uso cada vez más creciente de la pornografía, que genera un tipo de sexualidad muy estereotipada e ilusoria. En la mayoría de las producciones clasificadas X las personas están cosificadas, sobre todo las mujeres, que son tratadas como objetos sexuales. Muchas veces en las escenas no hay calidez, el sexo es algo distante y a veces se convierte en un conjunto de acrobacias genitales.

Otra cuestión inquietante es el modelo de cuerpo que proyectan a menudo estas imágenes. Hombres y mujeres esculturales, depilados, maquillados y operados, preparados para que toda su anatomía luzca adecuadamente para la cámara. Estereotipos alejados de la realidad común.

Por desgracia, muchas de esas películas quedan como referente de la sexualidad y educan subliminalmente a muchos hombres y mujeres que buscan repetir en casa lo que han visto en la pantalla. Ciertamente, el uso puntual de la pornografía, como un ingrediente más para avivar el fuego sexual, es una herramienta muy válida. El problema en cuestión surge cuando genera una adicción y su uso se convierte en un comportamiento patológico. El Amor Sanador nos ayuda a recuperar nuestra propia esencia más allá de cualquier cliché. Podemos vivir una sexualidad que integre todas nuestras facetas: sexo romántico, salvaje, genital, corporal, animal, trascendente... sin encasillarnos en una sola forma.

Quiero matizar que no todas las películas son iguales, algunas películas eróticas sí reflejan situaciones reales, los personajes no están centrados solamente en los genitales, los diálogos son inteligentes y naturales y pueden ser fuente de inspiración.

Culto a lo femenino

Desde Oriente nos llega también la veneración a la mujer como maestra iniciática del Amor y del Sexo. Como hemos comentado anteriormente, el respeto de la energía sexual femenina es uno de los conceptos que los occidentales podríamos importar.

Dice el Su Nü Jing:

«Los hombres y las mujeres son como el cielo y la tierra; estos dos elementos tienen vocación de unirse y se unen, siendo así eternos. El hombre que no ha comprendido este arte, muere joven. Cuando el hombre capta el arte del Tao del Yin Yang, la vía de la inmortalidad se abre ante él».

Para los taoístas, un buen amante es el que hace disfrutar a su compañera, el que abre las fuentes del placer a la diosa que hay en cada dama. Ese es el primer paso, antes que nada, proporcionar gozo para beber la esencia del Yin. Esta visión no tiene nada que ver con el cliché masculino de pensar solo en el propio orgasmo y usar a la mujer como esclava sexual, sumisa y complaciente.

Más allá del cuerpo

En el Tao y el Tantra el encuentro amoroso trasciende el cuerpo físico. Implica la energía vital, las emociones, la mente y va más allá de ella, a lo desconocido, aquello que en la nueva psicología se define como transpersonal.

Esta visión holística viene acompañada de términos que no nos enseñaron en occidente: aura, chakras, meridianos, órbita microcósmica, nadis, kundalini... Son palabras que se refieren a la anatomía sutil, energética, y para los yoguis y los taoístas son tan naturales como hablar de las piernas o de los pulmones.

El aura, por ejemplo, es la radiación energética que desprendemos todos los seres humanos. En realidad, es la suma de la radiación que emanan todos nuestros átomos. Está científicamente demostrado que cada átomo es capaz de emitir o absorber radiación electromagnética, aunque solamente en algunas frecuencias particulares, las que son propias de cada uno de los diferentes elementos químicos. Si un solo átomo desprende y absorbe energía, ¿qué radiación emiten los cuatrillones de átomos que forman el cuerpo humano?

En la Medicina China Tradicional los meridianos son los canales por los que fluye la energía vital dentro del organismo. Su existencia también está constatada e incluso hay máquinas que permiten medir objetivamente el nivel de cada uno de ellos.

En el Tao Sexual Amor Sanador queremos naturalizar estos conceptos y emplearlos. Al fin y al cabo, gran parte de la sabiduría de los maestros de Oriente ha sido ya verificada.

En este libro recalcamos que las prácticas van más allá de lo meramente genital, cuando me uno con otra persona lo hago con mi cuerpo, mi energía vital, mis emociones, mi mente y mi alma.

Tao Sexual y Amor Sanador

Uno de los objetivos del Tao Sexual es aumentar y prolongar el placer. Mantener la excitación y la actividad sexual durante mucho tiempo y conseguir aquello con lo que la mente fantasea: «noches largas de orgasmos múltiples». Muchos hombres y mujeres se acercan a esta filosofía seducidos por el encanto de las «artes de la alcoba».

Es muy importante saber que las prácticas amatorias taoístas están en un contexto mucho más amplio que la búsqueda y obtención del gozo. Los objetivos del Amor Sanador son además: generar Salud, Vitalidad, Longevidad, Equilibrio Emocional, Calma Mental y Crecimiento Espiritual.

Antes de destapar la «caja de Pandora» de la excitación sexual, es imprescindible abordar primero el equilibrio físico, emocional y mental. La energía sexual potencia todo lo que soy, mis cualidades y mis carencias. Es un catalizador, una lupa de aumento, que muestra y amplifica cualquier estado interno. Por ejemplo: si soy un hombre agresivo y tengo mucha energía sexual puedo destapar una actitud hostil, violenta incluso, capaz de herirme tanto a mí como a mi pareja; si soy una mujer con depresión puedo convertir el acto de amor en un desahogo de llanto y pena.

La prisa no es buena consejera a la hora de aprender el cultivo del Amor Sanador. El término «cultivo» nos indica la labor paciente de cualquier agricultor responsable y cuidadoso. Para conseguir ricos frutos hace falta preparar el terreno, remover la tierra, quitar las piedras que estorben, plantar la semilla, regar el campo, cuidar los brotes de los bichos y animales que puedan comérselos, eliminar las malas hierbas... y esperar a que la naturaleza haga el resto... Un campesino no tira de la espiga de trigo para que crezca más deprisa... El Tao nos enseña a realizar cada tarea con economía: «mínimo esfuerzo y máximo resultado».

La metáfora del cultivo nos sirve para ilustrar cuál es el proceso de aprendizaje más coherente y eficaz. Preparar el terreno en el caso del hombre y de la mujer pasa por comprender los principios básicos del Tao, experimentarlos y asimilarlos. Nuestros maestros Mantak Chia y Juan Li nos recomendaron comenzar este viaje realizando el curso de Iniciación al Tao o Tao Básico, un programa de información y técnicas que sirve para equilibrar todo lo que soy y me prepara para sortear los obstáculos que me voy a ir encontrando en la vida.

El Tao Sexual es una consecuencia de la práctica del Tao. No es una enseñanza aislada del resto de la filosofía taoísta. Forma parte de un mapa global.

Durante muchos años, sobre todo cuando apareció el libro «El hombre multiorgásmico» del maestro Mantak Chia, había muchas personas, chicos mayormente, que me pedían información para aprender las técnicas de Tao Sexual. Querían aprender directamente aquellas herramientas que prometían los efectos más asombrosos. Querían ser superhombres, tener multiorgasmos, controlar la eyaculación, etc. Algunos de estos hombres insistían en hacer la formación en Tao Sexual y se sentían frustrados o enfadados porque el requisito para empezar todo este camino es primero conocer las prácticas básicas del Tao, las que enseñamos y corregimos en el curso de Iniciación al Tao. Muchos practicantes estaban realizando estas técnicas por su cuenta, sin supervisión, como ellos las entendían y aparecían problemas de todo tipo: heridas en el pene y derrames de sangre, por ejemplo... porque haciendo técnicas como el alargamiento del pene u otras, se habían roto algún capilar sanguíneo. Este es un tema delicado que queremos hacer constar como aviso en este libro. Otros lectores autodidactas habían notado consecuencias a nivel emocional o mental, habían logrado retener la eyaculación y se sentían tensos, agresivos y algunos no lograban conciliar el sueño.

Es muy importante seguir las pautas y ritmos que indican los maestros. Primero es buscar un buen equilibrio emocional y una buena comunicación con todo el organismo para a partir de ahí activar la energía sexual que amplifica todo lo que está tapado, que muestra claramente todos los obstáculos.

Para nosotros es indispensable realizar el curso de Iniciación al Tao antes de desarrollar el Amor Sanador.

Iniciación al Tao

En el libro *Tao para Vivir* detallábamos los pasos a seguir para ascender por el «Árbol de Prácticas del Tao». Las prácticas fundamentales para desarrollar las raíces de este árbol son: Sentir, la Sonrisa Interior, los Seis Sonidos Curativos, el alineamiento de la estructura y la Apertura de la Órbita Microcósmica.

Este es el mayor tesoro que viene de Oriente para cultivar el equilibrio dentro de nosotros. De este conocimiento nace el resto de técnicas taoístas, incluidas las enseñanzas de Tao Sexual Amor Sanador.

Sentir

«El Tao comienza con el Sentir».

Sentir me permite comunicarme con mi cuerpo y escuchar cómo responde a cada situación. Solamente cuando me siento, estoy entrando en mí y percibiendo mis reacciones. Al sentirme me hago presente porque mi cuerpo siempre está aquí y ahora y convivo con él. Cada sensación es valiosa y me indica cómo estoy procesando lo que me sucede. Cuánto más afino mi capacidad de sentir más información recibo de lo que me está pasando en cada momento.

A través del sentir descubro si estoy tenso o relajado, enfadado o alegre, obsesionado o fluido, flexible o rígido, si lo que como me debilita o me nutre, si tengo vitalidad o estoy cansado, si estoy mirando para adentro de mí o para fuera… y todas esas sensaciones son reales, son físicas, no son inventadas, imaginadas o ilusorias. Lo que siento en cada momento es lo que estoy viviendo en cada momento.

Sentir es un acto de realidad y honestidad. El problema es que la realidad a veces puede ser muy dura y no me gusta lo que estoy sintiendo. Entonces trato de ocultar lo que siento, camuflarlo de alguna manera o simplemente anulo mi capacidad de sentir como huida de esa sensación incómoda. En ese momento estoy huyendo de mí mismo y de mi realidad. Cuanto más me alejo de mí, más me alejo de la solución. Yo soy la causa de cómo estoy y al mismo tiempo soy el recurso.

Reflexión: Bitácora Emocional

Este es un ejercicio para entrenar la capacidad de sentir y aprender a nombrar las diferentes sensaciones. Es importante reconocer que quiero percibir lo que estoy viviendo en cada momento, no imaginármelo.

Apunto cómo me siento en este mismo momento.

....

....

....

Durante el día de mañana voy a apuntar cómo me siento a cada hora desde que me despierte hasta que me acueste a dormir.

Al levantarme:

....

....

A cada hora del día:

....

....

....

....

....

....

Al acostarme:

....

....

Al día siguiente leo todo lo que he apuntado y extraigo mis propias conclusiones.

En el terreno sexual, sentir me va a servir para darme cuenta de cómo estoy y qué necesito: si estoy muy caliente, muy genital, con molestias, si noto tensiones o estrés, si fluye o no la energía vital. Voy a procesar la información y voy a transformar lo que no me nutra y a potenciar y estabilizar todo lo que me revitalice.

La sonrisa interior

«*Un corazón alegre es vida para la carne*».
—PROVERBIOS, XIV, 30.

La práctica de la Sonrisa Interior o Sonrisa Suavizante es la segunda etapa del recorrido de la Iniciación al Tao.

La sonrisa con sentimiento de cariño y gratitud relaja los órganos y estimula las emociones positivas que residen en ellos. Permite establecer una buena comunicación con los cinco elementos: Agua, Madera, Fuego, Tierra y Metal. Esta práctica también se conoce como «Enamorarse de los Órganos» y de ella surge un mayor cuidado y respeto hacia mí mismo. Además, la Sonrisa Interior nos conecta directamente con la Fuerza Vital.

La sonrisa es una de las ocho cualidades que debe desarrollar el practicante de Tao. Corresponde con el trigrama del Lago y representa la actitud de ser fluido, alegre y no tomar las cosas con solemnidad o pesadez. Sonreír me ayuda a no atascarme y enredarme dando demasiada importancia a lo que no la tiene.

Hay una diferencia considerable entre estar en modo «ceño fruncido» con concentración tensa y esfuerzo, a permanecer en un talante suave, sereno y autosuficiente.

Una vez que instalo en mí esta cualidad, me sirve para intercambiar conocimiento, comunicación y cariño con todo mi organismo: sonrío a cualquier zona donde sienta tensión, sonrío a cada uno de los chakras, sonrío a toda mi columna vertebral, a cualquier parte de mi cuerpo, sonrío a las sensaciones que aparecen y desaparecen, sonrío a mi sexo, a mi energía sexual, sonrío al recorrido de la Órbita Microcósmica… sonrío dentro de mí para relacionarme mejor conmigo.

También sonrío con cariño y gratitud hacia fuera: sonrío a la Tierra, al cielo, a la luna, a las estrellas, a las plantas, al agua, a los animales, a los alimentos, a las personas… para mejorar todas mis relaciones.

Cuando no hay destinatario, la sonrisa refleja sencillamente el estado de completa satisfacción. En armonía conmigo y con la naturaleza, comprendiendo el funcionamiento profundo de todo lo que me rodea.

La sonrisa establece una comunicación agradable y abierta. Psicológicamente muestra que quiero aprender de los demás y no me siento en posesión de la verdad. Es el ánimo de cooperación, en contraposición al personaje «sabelotodo», autodidacta y ególatra, que no quiere trabajar en equipo.

Te recomendamos practicar la Sonrisa Interior Suavizante primero con los cinco órganos y las emociones asociadas a ellos para ganar destreza y capacidad de comunicación. Dentro de un tiempo puedes ampliar la sonrisa a todo el organismo: huesos, músculos, tendones, fascias, órganos, glándulas, sangre, linfa, piel, cabello, etc.

Más adelante, entrenando el Tao Sexual Amor Sanador, utilizaremos la Sonrisa Interior especialmente con nuestros órganos sexuales, pechos, riñones y corazón.

Práctica: Sonrisa Interior Suavizante

Te proponemos visitar los órganos más importantes según la Medicina China Tradicional y potenciar las cualidades que residen en ellos. Esta es la meditación taoísta fundamental para integrar los cinco elementos dentro del organismo.

Posición del Trono de prácticas:

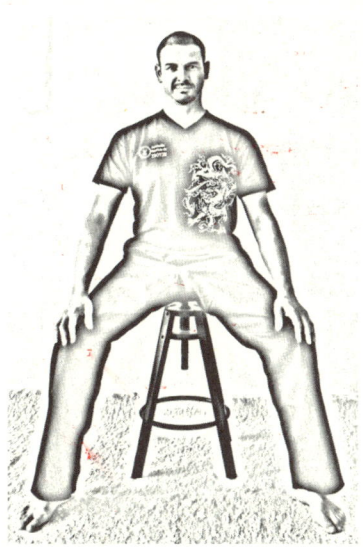

Trono de prácticas.

En el Tao realizamos las meditaciones cómodamente, sentados en una silla y con las plantas de los pies en contacto con la Tierra.

Pies separados y enraizados. Ingles abiertas. Lumbares en posición neutra. Pecho y barbilla ligeramente hundidos.

Parte alta de la cabeza hacia arriba, como si hubiera un hilo que tira de mí hacia la Estrella Polar.

Hombros relajados y manos sobre las rodillas para empezar.

Después voy colocando las manos en el abdomen y delante de cada órgano.

Conexión Tierra-Cielo:

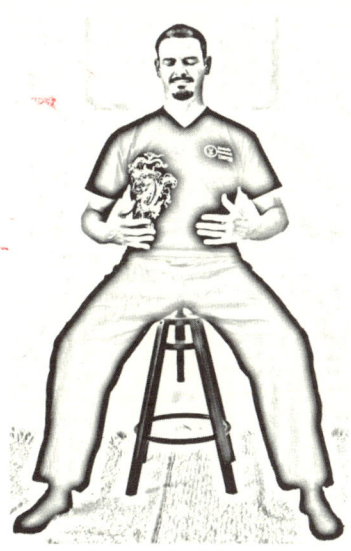

Tan Tien inferior.

Siento mi respiración lenta y abdominal.

Siento la conexión con la tierra y le sonrío con sentimiento de cariño y gratitud, invitándola a formar parte de la práctica.

Siento la conexión con el cielo y le sonrío cariñosamente, invitándole a formar parte de la práctica.

Llevo mis manos al abdomen y siento que concentro la energía en él y le sonrío, absorbiendo la energía del Cielo y de la Tierra.

Sonrisa a los órganos

Siguiendo el ciclo de nutrición de los cinco elementos voy recorriendo cada una de sus sedes:

- Comienzo sonriendo a mis riñones con sentimiento de cariño y gratitud.

Elemento Agua.

Atraigo luz azul muy oscura, casi negra, intensa y brillante con mis riñones. Siento cómo se relajan y suavizan mis riñones potenciando la ternura, la perseverancia y la creatividad.

El Agua nutre a la Madera, los riñones alimentan al hígado.

- Sonrío a mi hígado con sentimiento de cariño y gratitud.

Elemento Madera.

Atraigo luz verde intensa y brillante con mi hígado.Siento cómo se relaja y suaviza mi hígado potenciando la amabilidad y generosidad.

La Madera nutre al Fuego, el Hígado alimenta al Corazón.

- Sonrío a mi corazón con sentimiento de cariño y gratitud.

Elemento Fuego.

Atraigo luz roja intensa y brillante con mi corazón.

Siento cómo se relaja y suaviza el corazón potenciando la gratitud, la paciencia, el amor y la alegría de vivir.

El Fuego nutre a la Tierra, el Corazón alimenta al Bazo.

- Sonrío a mi bazo y a mi páncreas con sentimiento de cariño y gratitud.

Elemento Tierra.

Atraigo luz amarilla intensa y brillante con mi bazo y páncreas. Siento cómo se relajan y suavizan bazo y páncreas potenciando el equilibrio, la sinceridad, la amistad, la empatía y la reflexión.

La Tierra nutre al Metal, el Bazo alimenta a los Pulmones.

- Sonrío a mis pulmones con sentimiento de cariño y gratitud.

Elemento Metal.

Atraigo luz blanca intensa y brillante con mis Pulmones.

Siento cómo se relajan y suavizan mis pulmones potenciando el optimismo, el valor, la vitalidad y la capacidad de recuerdo.

Meditación Yin

Para cerrar la práctica y asimilar todos sus beneficios.

Coloco mis manos en el abdomen equilibrando los cinco elementos y practico la Meditación de No Hacer: «Ya está todo hecho».

Confío en la sabiduría de mi propio organismo para auto-equilibrarse e integrar la práctica de la Sonrisa Interior.

Mantengo la conciencia testigo, observadora imparcial, atenta a las sensaciones.

Pasados unos minutos salgo suavemente de la meditación Yin preferentemente con estiramientos, movimientos de Tao Yin y automasaje.

Los seis sonidos curativos

«En medio de la tierra hay una montaña:
la imagen de La Modestia.
Así disminuye el noble lo que está
de más y aumenta lo que está de menos.
Sopesa las cosas y las iguala».
—Hexagrama 15 del I Ching, «La Modestia».

Después de pulir la capacidad de sentir y mejorar la relación conmigo mismo y con mis órganos, puedo ir un paso más allá con la práctica de los sonidos curativos. Los sonidos curativos tienen dos utilidades básicas: por un lado permiten afinar y armonizar los órganos y los elementos asociados a ellos; por otro lado permiten exhalar las tensiones que cada uno de los órganos almacenan.

Sonidos curativos para afinar y armonizar los órganos

En esta forma de practicar los sonidos prima el sentir y podemos realizarla con diferentes objetivos. No hay visualización.

Igual que un diapasón de la nota para afinar un instrumento, cada uno de los sonidos curativos hacen vibrar a los órganos en su frecuencia óptima. El sonido actúa desde un plano no mental, como si fuera un masaje vibratorio que ayuda a percibir mejor el órgano. En este tipo de práctica no hace falta visualizar nada, tan solo sentir y vibrar los órganos.

Cada vez que hago un sonido curativo de esta manera puedo ponerle un propósito, como si fuera un mensaje dentro de una botella que lanzo al órgano y que este recibe y lee con rapidez. Por ejemplo, puedo sentir mi hígado, sonreírle con cariño y gratitud y poner la intención de «mejorar mi relación y comunicación con mi hígado» y después emito el sonido del hígado en la exhalación llevando la vibración al hígado, envolviéndole con ella, comunicándome con todas las células del órgano del elemento madera. Cuando tengo una buena comunicación con mi hígado puedo pedirle directamente que me diga cómo puedo fortalecerle, qué puedo hacer para nutrirle. El hígado puede enviarme un mensaje en forma de sensación, imagen o mensaje verbal.

Sonidos curativos para expulsar las tensiones internas

En esta forma de practicar nos ayudamos de la visualización creativa. El propósito es exhalar el exceso de calor y los bloqueos internos de los órganos y las emociones negativas asociadas a ellos.

Igual que una olla exprés tiene una válvula de escape para evitar que explote, los sonidos curativos dan salida a las emociones descontroladas y evitan que los órganos enfermen. En occidente hablamos de «la gota que colmó el vaso» refiriéndonos a una situación donde ya no podemos aguantar más. Así, los órganos van acumulando estrés y llega un momento en que se desborda la emoción de cualquier manera. Los sonidos nos permiten expulsar el exceso de calor y presión de los órganos para tener mayor capacidad de contención y poder cultivar las emociones positivas.

En esta meditación, al exhalar expulsamos, en forma de nube gris, la tensión de los pulmones, de los riñones, del hígado, del corazón y del bazo. Podemos sentir que con cada sonido dejamos salir la tristeza, los miedos, la ira, la impaciencia y la preocupación asociada a cada uno de los elementos: Metal, Agua, Madera, Fuego y Tierra. Añadimos también el sonido del Triple Recalentador que armoniza los tres centros vitales encargados de asimilar el fuego digestivo.

Al inhalar activamos la sonrisa interior nutriendo los órganos con energía renovada y emociones positivas: optimismo, perseverancia, generosidad, gratitud y sinceridad.

Para realizar la práctica, iremos recorriendo cada uno de los órganos siguiendo el ciclo de nutrición de los cinco elementos y le daremos a cada uno lo que requiera.

Práctica: Los seis Sonidos Curativos con visualización creativa

Recomendaciones generales

- Sigo el orden propuesto en estas pautas, que es el ciclo de nutrición de los cinco elementos.
- Es imprescindible combinar la sonrisa interior con los sonidos curativos.
- El único sonido que puedo practicar inmediatamente después de comer es el sonido del Bazo. Para los demás sonidos es recomendable esperar al menos una hora.
- Los sonidos son sordos, no fónicos, no hay vibración de las cuerdas vocales. También puedo hacerlos en silencio manteniendo la intención.
- Puedo mirar hacia el cielo mientras exhalo los sonidos.
- Me centro sobre todo en las sensaciones, atraigo colores en caso de que ello me ayude, si me cuesta, puedo prescindir de la visualización.
- Realizo un mínimo de tres repeticiones de los sonidos. Para desintoxicar los órganos aumento en número de repeticiones, realizando 9, 12, 18, 24 o 36 veces.

Posición del Trono de prácticas

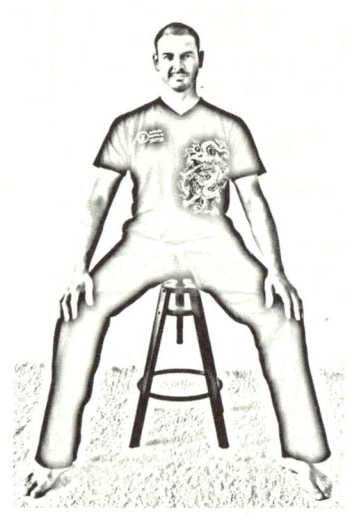

Trono de prácticas.

Me siento en el borde de una silla con la columna vertebral alineada.
Pies separados y enraizados.
Ingles abiertas.
Lumbares en posición neutra.
Pecho y barbilla ligeramente hundidos.
Parte alta de la cabeza hacia arriba, como si hubiera un hilo que tira de mí hacia la Estrella Polar.
Hombros relajados y manos sobre las rodillas para empezar. Después voy colocando las manos en el abdomen y delante de cada órgano.

Conexión Tierra-Cielo

Tan Tien inferior.

Siento mi respiración lenta y abdominal.
Siento la conexión con la Tierra y le sonrío con sentimiento de cariño y gratitud, invitándola a formar parte de la práctica.
Siento la conexión con el Cielo y le sonrío cariñosamente invitándole a formar parte de la práctica.
Llevo mis manos al abdomen y siento que concentro la energía en él y le sonrío absorbiendo la energía del cielo y de a tierra.

Los Seis Sonidos Curativos

Pulmones:

Sonrío a mis pulmones con cariño y gratitud. Tomo conciencia de ellos. Pueden atraer luz blanca.

- Al inhalar elevo los brazos hacia el Cielo siguiéndolos con la mirada. Sujeto el Cielo con mis manos. El pecho está expandido. Mandíbulas cerradas, dientes unidos, boca abierta con las comisuras de los labios hacia atrás.

- Al exhalar emito el sonido «SSSS» sordo durante toda la espiración. Siento cómo sale la tensión de los pulmones en forma de nube gris, saliendo la tristeza, la melancolía y la depresión.

- Al inhalar llevo las manos delante de los pulmones y les sonrío con cariño y gratitud, sintiéndolos. Tomo conciencia de cómo han cambiado las sensaciones. Atraigo luz blanca intensa y brillante con mis pulmones. Siento cómo se relajan y suavizan mis pulmones potenciando el optimismo, el valor, la vitalidad y la capacidad de recuerdo.

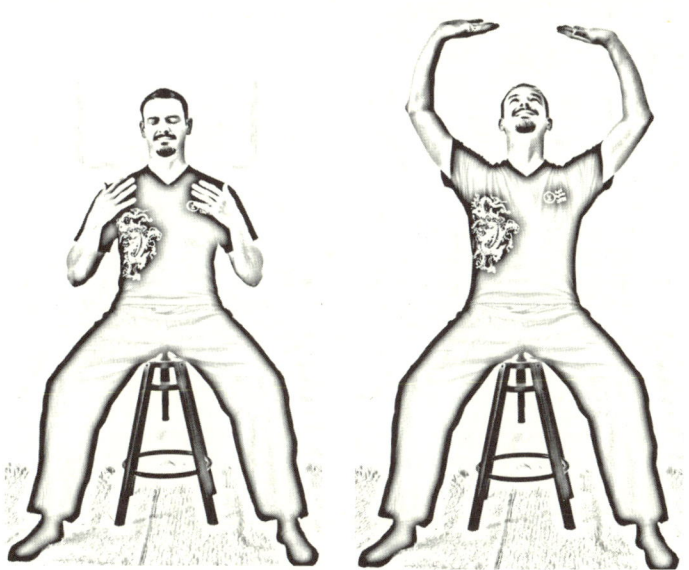

Pulmones: «Ssssss».

- Este sonido equilibra cualquier patología del elemento Metal: pulmones, intestino grueso, nariz y piel.
Realizo el sonido de tres a seis veces.

Riñones:

Sonrío a mis riñones con cariño y gratitud. Tomo conciencia de ellos. Pueden atraer luz azul oscura y brillante.

- Al inhalar uno tobillos, pantorrillas y rodillas, me inclino hacia delante y llevo las manos unidas presionando por debajo de las rodillas. La zona lumbar y dorsal está abierta, sobre todo en los riñones. Coloco los labios como si fuera a apagar una vela.

- Al exhalar emito el sonido «Chouuuu» sordo durante toda la espiración. Siento cómo sale la tensión de los riñones en forma de nube gris, saliendo los miedos y la falta de perseverancia.

- Al inhalar llevo las manos delante de los riñones y les sonrío con cariño y gratitud, sintiéndolos. Tomo conciencia de cómo han cambiado las sensaciones. Atraigo luz azul oscura intensa y brillante con mis riñones. Siento cómo se relajan y suavizan mis riñones potenciando la ternura, la perseverancia y la creatividad.

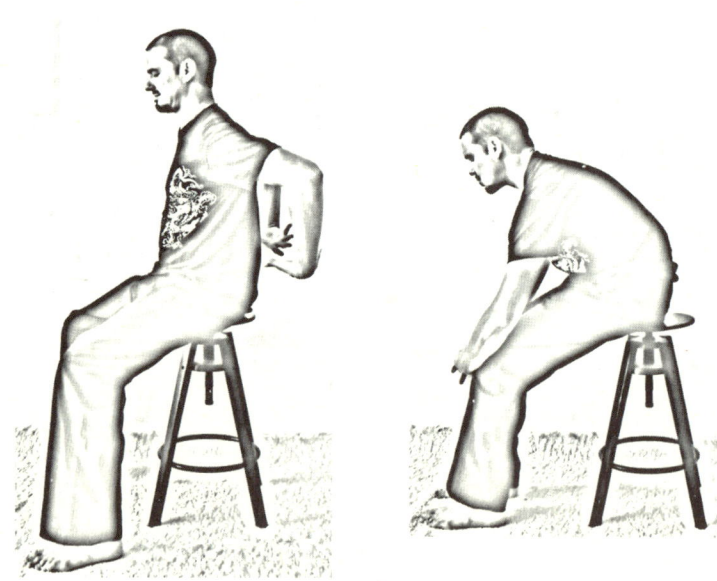

Riñones: «Chouuuuu».

- Este sonido equilibra cualquier patología del elemento Agua: riñones, vejiga, oídos y huesos.
Realizo el sonido de tres a seis veces.

Corazón:

Sonrío a mi corazón con cariño y gratitud. Tomo conciencia de él. Puede atraer luz roja intensa y brillante.

- Al inhalar elevo los brazos hacia el cielo, entrelazo los dedos de las manos y oriento las palmas unidas hacia el cielo. Me inclino ligeramente hacia la derecha notando cómo se abre el costado izquierdo. Coloco los labios como si fuera a echar el vaho de mi aliento en un cristal, con la boca abierta como para decir la vocal A.

- Al exhalar emito el sonido «Haaaaa» sordo durante toda la espiración. Siento cómo sale la tensión del corazón en forma de nube gris, saliendo la impaciencia, la ingratitud, la prisa.

- Al inhalar llevo las manos delante del corazón y le sonrío con cariño y gratitud, sintiéndolo. Tomo conciencia de cómo han cambiado las sensaciones. Atraigo luz roja intensa y brillante con mi corazón. Siento cómo se relaja y suaviza el corazón potenciando la gratitud, la paciencia, el amor y la alegría de vivir.

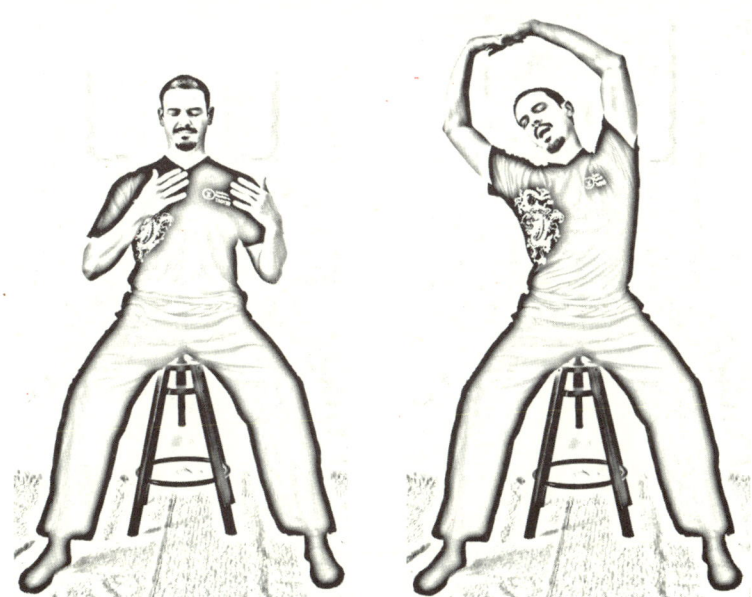

Corazón: «Haaaaaa».

- Este sonido equilibra cualquier patología del elemento Fuego: corazón, intestino delgado, vasos sanguíneos y lengua.
Realizo el sonido de tres a seis veces.

Bazo:

Sonrío a mi bazo con cariño y gratitud. Tomo conciencia de él. Puede atraer luz amarilla intensa y brillante.

- Al inhalar traigo los dedos de las manos a la izquierda del esternón, debajo de las costillas y me preparo para masajear la zona del bazo y del páncreas.

- Al exhalar emito el sonido «Jgggg» sordo durante toda la espiración mientras masajeo en profundidad todo el costado izquierdo.

Siento cómo sale la tensión del bazo en forma de nube gris, saliendo la obsesión, la preocupación y la mentira.

- Al inhalar llevo las manos delante del bazo y le sonrío con cariño y gratitud, sintiéndolo. Tomo conciencia de cómo han cambiado las sensaciones.

Atraigo luz amarilla intensa y brillante con mi bazo.

Siento cómo se relaja y suaviza el bazo potenciando el equilibrio, la sinceridad, la amistad, la empatía y la reflexión.

Bazo: «Jggggg».

- Este sonido equilibra cualquier patología del elemento Tierra: bazo, páncreas, estómago, músculos y boca.

Realizo el sonido de tres a seis veces.

Triple Recalentador

El sonido del Triple Recalentador está relacionado con los tres centros de energía del organismo: cabeza, pecho y abdomen. Hay un dicho taoísta que reza: «Cabeza fría, corazón tibio y abdomen caliente». Este sonido ayuda a eliminar el exceso de calor de cabeza y pecho y a calentar el abdomen. No está asociado a ningún órgano ni a ninguna emoción. Para realizarlo me tumbo o me recuesto en la silla.

- Al inhalar llevo los brazos por encima de la cabeza atrayendo luz violeta.

- Al exhalar emito el sonido «Hiiiii» sordo durante toda la espiración mientras mis manos descienden por delante como si acariciase mi cuerpo sin llegar a tocarlo, separando las palmas unos centímetros del cuerpo. Siento como si arrastrara con mis manos el exceso de calor de la cabeza y el pecho y lo depositara en el abdomen. Al terminar de exhalar llevo mis manos hacia la tierra soltando cualquier pequeña tensión que quede durante el proceso. Mientras espiro, noto la luz violeta pasando a través de mí.

- Al inhalar llevo las manos al abdomen, sintiéndolo y tomo conciencia de cómo han cambiado las sensaciones.

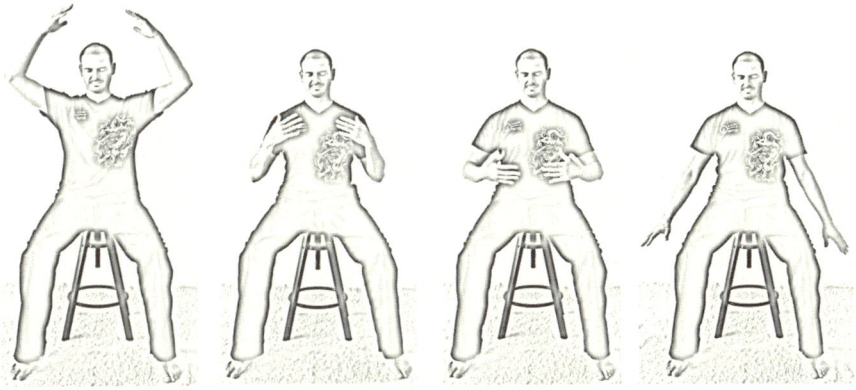

Triple Recalentador: «Hiiiiii».

- Este sonido ayuda a eliminar el estrés y el insomnio. Realizo el sonido de tres a seis veces.

Meditación Yin:

Para cerrar la práctica y asimilar todos sus beneficios.

Coloco mis manos en el abdomen equilibrando los cinco elementos y practico la Meditación de No Hacer: «Ya está todo hecho».

Confío en la sabiduría de mi propio organismo para autoequilibrarse e integrar la práctica de la Sonrisa Interior. Mantengo la conciencia testigo, observadora imparcial, atenta a las sensaciones. Pasados unos minutos salgo suavemente de la meditación Yin preferentemente con estiramientos, movimientos de Tao Yin y automasaje.

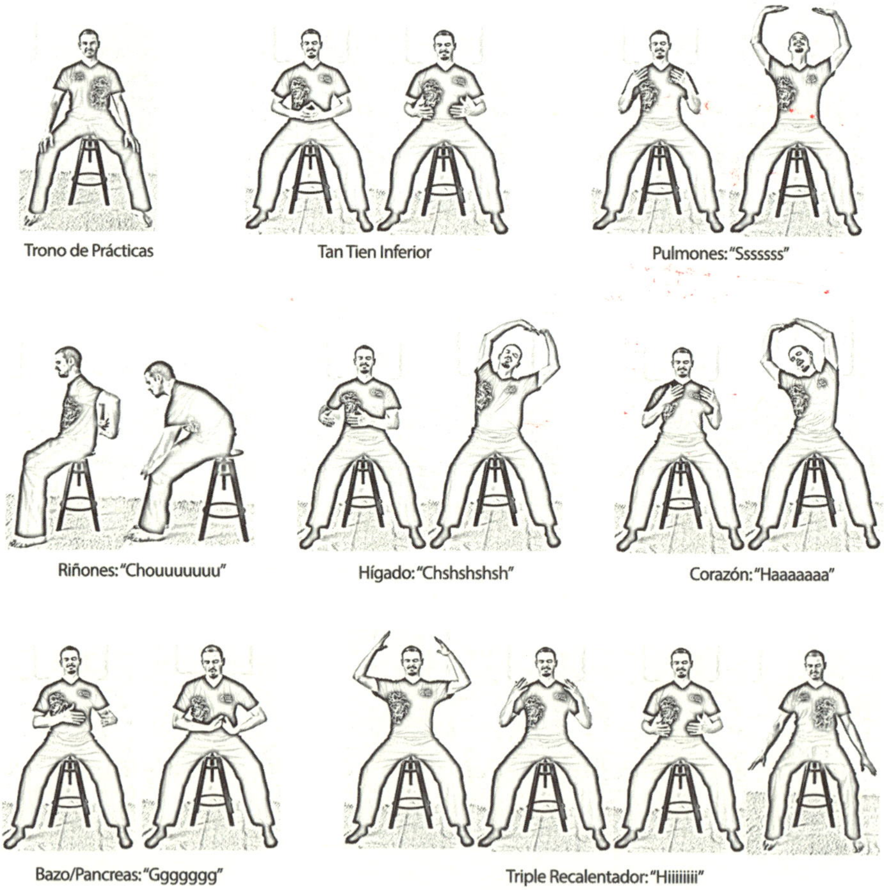

Trono de Prácticas   Tan Tien Inferior   Pulmones: "Sssssss"

Riñones: "Chouuuuuu"   Hígado: "Chshshshsh"   Corazón: "Haaaaaaa"

Bazo/Pancreas: "Gggggg"   Triple Recalentador: "Hiiiiiiii"

Meditación de los seis Sonidos Curativos.

Alinear la estructura

«Sobre la montaña hay un árbol: la Imagen de la evolución.
Así permanece el noble en digna virtud
A fin de mejorar las costumbres».
—HEXAGRAMA 53 DEL I CHING,
«LA EVOLUCIÓN», «PROGRESO PAULATINO».

Una parte fundamental del proceso de desarrollo del Tao es adoptar una estructura que facilite la libre circulación de energía por todos los canales y mantenga la mente lúcida y enfocada.

El árbol tiene esa valiosa cualidad, se conecta a la Tierra, echa raíces que le permiten nutrirse de ella y crece, vertical, hacia el cielo, del que se alimenta a su vez. Las hojas absorben la luz del Sol y la llevan tronco abajo hacia la Tierra.

La posición de Wu Chi y del abrazo del árbol alinea el esqueleto de la forma más eficaz posible, equilibrando presencia, fortaleza y relajación. Los huesos tienen estructura cristalina y actúan como antenas que captan y distribuyen las energías de la Tierra y el cielo.

Uno de los obstáculos a la hora de meditar es experimentar molestias que me descentren de mi objetivo. Los movimientos de Tao Yin, Chi Kung y Tai Chi permiten reeducar la postura y tener un cuerpo sano, flexible y fuerte que permita el trabajo de la meditación taoísta por un tiempo prolongado y sin interferencias.

Práctica: Posición de Wu Chi

La posición estática de Wu Chi es una práctica de Tao en sí misma. La práctica de Wu Chi es la base de todos los movimientos de Chi Kung. Es el neutro que precede a cualquier acción, el lienzo en blanco que precede a cualquier pintura.

Te invitamos a realizarla siempre que estés de pie y a comprobar si el cuerpo permite su realización o aparecen tensiones y molestias. Todos los movimientos de Tao tienen una absoluta precisión y esta posición es un fiel reflejo de esta máxima.

Práctica: Posición de Wu Chi

Vamos a construir toda la estructura de Wu Chi partiendo de los pies, como si fueran los cimientos del edificio y desde ahí iremos erigiendo nuestra casa planta a planta.

Posición Wu Chi.

Pies: Separo los pies a una distancia equivalente al ancho de las caderas y los coloco completamente paralelos. Coloco los nueve puntos de apoyo de los pies en la Tierra: los cinco dedos, la base del dedo gordo y la base del resto de dedos, el canto exterior del pie y el talón. Sintiendo estos nueve apoyos en el suelo conseguiré activar el punto 1 de Riñón, Yong Quan, el Manantial Burbujeante, que es la toma de tierra de todo el cuerpo.

Piernas: Rodillas flexionadas y ligeramente separadas, nunca sobresalen más allá de la punta del pie. Ingles abiertas para llevar un poco las rodillas hacia afuera. La zona sexual está abierta y relajada.

Espalda: Lumbares en neutro. Con un poco de retroversión pélvica. Pecho ligeramente hundido. Mentón entrado, estirando las cervicales.

Brazos: Ligero hueco en las axilas y brazos relajados con los codos ligeramente flexionados. Palmas de las manos orientadas hacia atrás.

Cabeza: Cabeza elevándose hacia el cielo, sintiendo como si hubiera un hilo dorado que tira de ella hacia arriba. Ojos orientados al frente, a la línea de horizonte, donde se juntan el cielo y la Tierra. Podemos mantener la posición con los ojos cerrados. Rostro relajado, sereno y sonriente. Lengua en contacto con el paladar por encima de los dientes incisivos.

Práctica: Posición de Wu Chi

Respiración

Respiro desde el abdomen y me concentro en él.

Relajación

Relajo todos los músculos que no intervienen en el mantenimiento de la posición. Sonrío amorosamente a la tierra y al cielo, con sentimiento de gratitud, para invitarles a formar parte de la práctica. Abro mi corazón a dar y a recibir.

Visualización

Me siento como un árbol. Siento las raíces que salen por cada uno de mis pies. Siento mi cuerpo como un tronco y la cabeza como la copa del árbol. Siento la sensación de soltar tensión a la tierra, hacer toma de tierra como los aparatos eléctricos y al mismo tiempo siento que me nutro de la tierra por las raíces y que absorbo energía ascendente que me hace crecer hacia el cielo. Siento la fuerza de atracción del cielo que alarga mi columna vertebral. Siento que atraigo luz dorada del sol y del cielo que entra por la cabeza y que recorre todo mi cuerpo-árbol hasta la profundidad de la tierra.

Concentración

Me concentro en las sensaciones de la conexión ascendente tierra-cielo y la conexión descendente cielo-tierra y en el abdomen como centro de gravedad y de acumulación de Chi.

Meditación

Encuentro un lugar de presencia y relajación donde mantenerme entre 15 y 30 minutos. Con la práctica podré alargar los tiempos.

Salida de la Meditación

Al terminar, estiro y masajeo todo mi cuerpo y especialmente las zonas que note más tensas.

La órbita microcósmica

«Igual que la Tierra o el Sol se desplazan por su órbita, la energía fluye en el Ser Humano por la Órbita Microcósmica».

Según la Medicina Tradicional China, la Órbita Microcósmica es la unión de los dos canales energéticos más importantes del cuerpo humano: el Vaso Concepción y el Vaso Gobernador. Son dos de los ocho vasos maravillosos por donde el Chi puede ir tanto en sentido ascendente como descendente. Estos dos canales, en esencia, dirigen la energía hacia el cielo y tienen la particularidad de que, al unirlos, uno de los dos se adapta, cambia de sentido y se dirige hacia la tierra.

- **El Vaso Concepción:** comienza en la parte anterior del perineo, asciende por delante del cuerpo y termina en la punta de la lengua.
- **El Vaso Gobernador:** comienza en la parte posterior del perineo, sube por la columna vertebral hacia la corona, la zona alta de la cabeza, desciende por la frente y termina en el paladar, por encima de los dientes incisivos.

A estos canales se les llama el *Mar del Yin* y el *Mar del Yang* porque en ellos desembocan el resto de los canales energéticos. Son dos grandes embalses de las esencias Yin y Yang.

En nuestro libro: *Tao para Vivir* detallamos cada uno de los puntos que conforman la Órbita y explicamos sus características.

Para conectar el circuito de la Órbita Microcósmica, basta con colocar la punta de la lengua en contacto con el paladar, contraer el perineo y sentir las sensaciones en todo su recorrido. En esta práctica tomamos contacto directo con la fuerza vital y su flujo a través del sistema de canales.

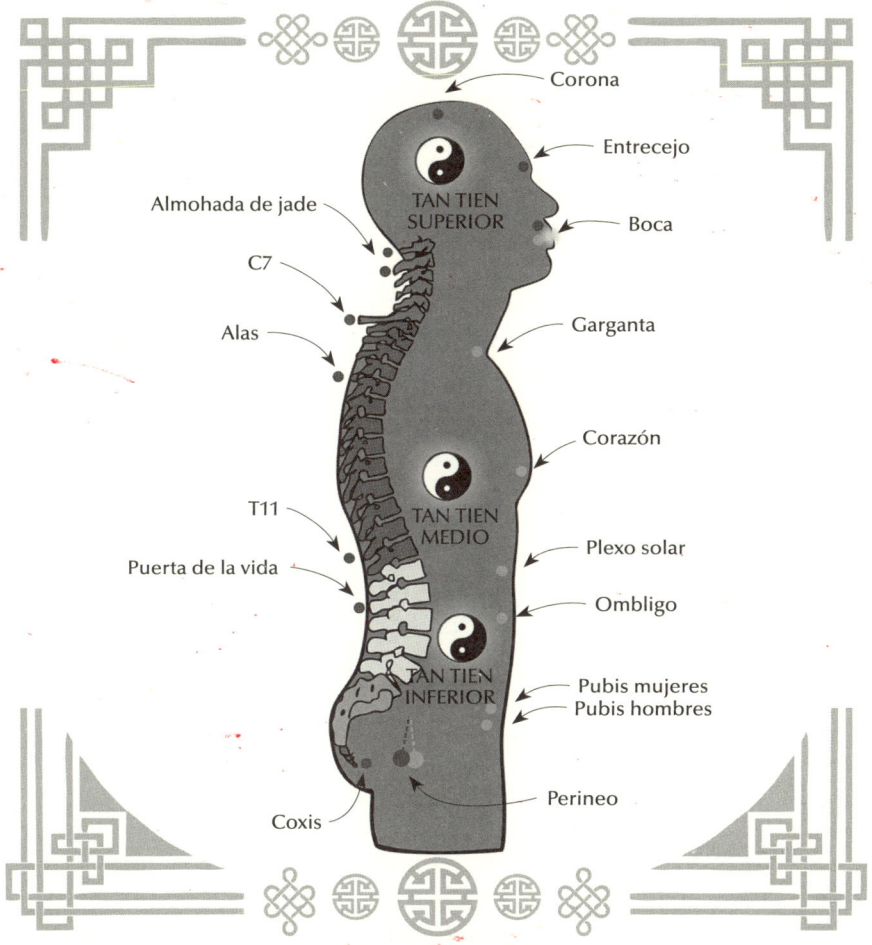

Órbita Microcósmica.

Cualidades de la Órbita Microcósmica

Hay una serie de características que hacen que la Órbita Microcósmica tenga muchos beneficios: es un circuito sin fin de retroalimentación, nutre todos los canales energéticos, equilibra el Yin y el Yang, la tierra y el cielo, fortalece el aura, recicla las emociones, potencia la capacidad de sanar a través de las manos y guía la energía sexual.

Circuito de Retroalimentación

Al mover la energía por la Órbita Microcósmica, esta no se escapa a ninguna parte, la mantengo movilizándose dentro del sistema.

La elevo hacia el cielo nutriéndose de él y la bajo a la tierra nutriéndose de ella. No busco que se fugue hacia el cielo ni hacia la tierra. Dejo que fluya de manera que cuanto más la muevo más se va alimentando y creciendo.

La finalidad simultánea es trascender y enraizarme, unir el Espíritu y la Materia. Cuanto más alto me elevo, más profundamente me enraízo. A imagen y semejanza del árbol que, cuanto más alto es, más profundas son sus raíces; o el edificio que, cuantas más plantas tiene por encima de la tierra, más hondos son sus cimientos.

Alimenta todos los canales

Mientras estoy haciendo circular la energía por el Mar del Yin y del Yang estoy dirigiéndola también a todos los canales Yin y Yang que beben de estos embalses.

Equilibra el Yin y el Yang

En esta comunicación de los dos canales llevo la energía Yin por el canal Yang y viceversa, armonizando ambas, creando una mezcla poderosa y estable. El agua y el fuego se convierte en vapor, *Chi*, energía vital que circula por todo el organismo.

Equilibra la tierra y el cielo

«Cielo y Tierra se unen: la imagen de La Paz.
Así reparte y completa el soberano
el curso del cielo y la tierra,
fomenta y ordena los dones de Cielo y Tierra,
con lo cual asiste al pueblo».
—Hexagrama 11 del I Ching: «La Paz».

La Tierra representa el plano material, el mundo físico y el cielo simboliza el plano espiritual, el mundo divino. Unir tierra y cielo significa hacer la paz entre esos dos polos complementarios y vivir en plenitud. La Apertura de la Órbita Microcósmica nos permite conectar con nuestro potencial ilimitado y manifestarlo a través de las palabras, acciones, pensamientos y sentimientos.

Para el Tao somos «seres físicos viviendo experiencias espirituales y a la vez, seres espirituales viviendo experiencias físicas».

Fortalece el aura

Al mover la energía circularmente alrededor del cuerpo me estoy convirtiendo en un electroimán. Mi campo magnético será fuerte y ordenado. Puedo también influenciar a las personas con las que estoy en contacto ayudándolas a que se conviertan en imanes.

Si mi aura está fuerte, aumentaré mi sistema inmune y será más difícil enfermar.

Recicla las emociones

El circuito está abierto para la canalización de todo tipo de energías. La ira o la tristeza, por ejemplo, pueden liberarse y ayudarme a movilizar la Órbita. Las emociones actúan como combustible extra dentro de este proceso.

El enfado, por ejemplo, es una emoción que desprende mucha energía. Invito a las sensaciones de enojo a que se movilicen por la Órbita y se reciclen, y se conviertan en energía vital.

Potencia la capacidad de sanación a través de las manos

Cuando la energía circula por la Gran Vértebra, la séptima vértebra cervical, se ramifica por los canales yang de los brazos hasta las manos aumentando la capacidad de dar y recibir a través de ellas.

Los efectos que produce la práctica de la Órbita Microcósmica hacen que sea muy útil para: personas que nos dedicamos a la sanación o a las terapias manuales, maestros de Reiki, alumnos y profesores de Tao Yin, Chi Kung y Tai Chi, simpatizantes de las técnicas de Amor Sanador y practicantes de Tao en general.

Guía la energía sexual

La apertura de la Órbita es la herramienta básica e imprescindible de las prácticas de Amor Sanador. Después de guiar todo tipo de energías por el vaso Concepción y Gobernador llega el momento de llevar por este circuito también la energía sexual en frío (sin estimulación) y en caliente.

Así pues es fundamental tener todo el recorrido abierto y en funcionamiento para poder profundizar en el Tao Sexual.

Apertura de la Órbita

Hay muchas técnicas que sirven para tomar conciencia de todos los puntos de la Órbita. Durante muchos años la práctica consistía en visualizar el recorrido y eso muchas veces la convertía en algo más virtual que real. *El Tao comienza con el sentir* y verdaderamente compruebo que al sentir la Órbita la sensación es más intensa que imaginándomela. Descubro entonces por dónde fluye mejor la energía, dónde hay congestión y cuál es el ritmo auténtico que está siguiendo. Puede ir en un sentido o en el otro, más rápido o más lento. A partir de esta toma de conciencia puedo actuar para equilibrarla y potenciarla.

Para sentir bien la Órbita puedo seguir dos caminos complementarios. Uno es entrenar la capacidad de percepción y distinguir con claridad las sensaciones más pequeñas y sutiles. El otro es aumentar el flujo de energía, con movimientos, contracciones y respiraciones, de manera que las sensaciones serán tan intensas que no voy a poder obviarlas.

La respiración y la movilización de la columna vertebral me ayudan a calentar y desbloquear cada uno de los puntos de la Órbita. Puedo realizar movimientos de Chi Kung como la Respiración Medular, la Tortuga o la Grulla para liberarlos.

También puedo estimularlos a través del contacto, con presión, fricción, roce o calor; para percibir mejor y localizar la zona exacta donde se encuentra cada punto.

Pautas del Curso de Iniciación al Tao

Sintetizo todo el conocimiento que he mostrado en los últimos apartados para dar un mapa claro de cómo desarrollar las prácticas taoístas en casa:

- Simplemente sintiendo voy a ir nutriéndome de la vida y creciendo. Sentir es practicar el Tao.
- Mantener la sonrisa ante cualquier situación ya es una práctica maravillosa en sí misma y cuando siento tensiones internas las expreso con uno de los sonidos curativos.
- Puedo sonreír y hacer los sonidos en cualquier lugar y situación. En caso de estar con más personas, en un transporte público, por ejemplo, puedo hacer el sonido discretamente de manera inaudible, interna y con toda la intención de transformar el estrés en vitalidad.
- Abrir la Órbita Microcósmica puede ser un proceso algo más complejo y lo ideal es practicarla con un instructor de Tao autorizado. Una vez que está en funcionamiento voy a hacer circular la energía vital por ella para que no se estanque y así nutrir todas mis células.
- Para alinear la estructura es también aconsejable seguir las indicaciones de un profesor de Tao o Tao Yin, sobre todo porque es difícil vernos a nosotros mismos y corregirnos a la vez.
- Cuando tengamos integradas todas estas pautas podemos entregarnos al Tao Sexual Amor Sanador con una base de apoyo excelente.

Tao Yin: Puesta a Punto

Los maestros de Oriente desarrollaron diferentes sistemas para fortalecer el cuerpo y la mente a través de movimientos. Este es otro de los legados que donaron a Occidente.

En India, por ejemplo, sabían llevar a la práctica el principio «mens sana in corpore sano». Para el sabio Patanjali, dos de las ocho etapas para alcanzar la iluminación eran asana (firmeza en la postura) y pranayama (ciencia de la respiración). Años más tarde, los yoguis tomaron del Ha Tha Yoga sus calentamientos, posturas y respiraciones.

En la filosofía taoísta la fórmula principal para mover el cuerpo, las emociones y la mente, es el Tao Yin, el Tao en acción. Es la herramienta fundamental para entrenar el principio básico de alinear la estructura y nutrir el organismo. Todo lo que aprendo con las lecturas y cursos de Tao lo puedo aplicar e integrar directamente con estos movimientos.

En el libro *Tao para Vivir: Medicina China, Tao Yin y Meditación* dedicamos dos capítulos a este arte y enseñamos cómo realizarlo (sabiendo que lo ideal es acudir regularmente a clases prácticas):

> *«El Tao Yin abarca todo el rango de movimientos posibles desde la quietud hasta la traslación. Partiendo de la respiración nos expresamos boca arriba, boca abajo, sentados, a «cuatro patas» y de pie. El Tao Yin de pie recibe el nombre de Chi Kung o Qi Gong, el Tao Yin con desplazamiento por todas las direcciones es el arte supremo del Tai Chi».*

> —TAO PARA VIVIR.

En este apartado de Tao Sexual Amor Sanador hacemos una explicación resumida de qué es el Tao Yin y por qué es tan importante para nosotros.

Historia del Tao Yin

El Tao Yin es una de las formas de ejercicios más variadas y antiguas de la historia china. Los escritos de Zhuangzi fechan estas prácticas para «nutrir el principio vital» en el siglo IV antes de Cristo. Los archivos más antiguos sobre el uso de esta práctica se hallaron escritos en fragmentos de bambú y esculpidos en piedra en tumbas ocultas. La mayoría de ellos están dentro del Canon Taoísta Daozang, una recopilación de ejercicios, prácticas, filosofía y meditaciones taoístas publicadas en la dinastía Ming (1368-1644 d.C.). Existen vasijas de bronce de la dinastía Shang (1766-1122 a.C.) con dibujos de personas ancianas practicando Tao Yin. Así que el Tao Yin existía mucho antes de que se inventase el lenguaje escrito.

Definición de Tao Yin

El Tao Yin es una enseñanza secreta que forma parte de la Medicina China Tradicional y que antiguamente solo recibía el emperador y su séquito. Tao Yin significa «canalizar la energía usando el poder de concentración de la mente y el corazón». En el terreno del amor sanador guiaremos la energía sexual para sanar los órganos y abrir todos los canales vitales.

La salud es la correcta comunicación de todo el organismo. Cuando cada músculo, cada tendón, cada órgano está cumpliendo justamente su función todo marcha correctamente. Si algo se debilita y no cumple su cometido significa que otras partes del cuerpo se sobrecargarán, estarán estresadas y desestabilizarán todo el sistema.

Los movimientos de Tao Yin sirven para: mantener la salud, prevenir los síntomas del envejecimiento, aportando larga vida y sanar dolencias y enfermedades, tanto crónicas, como agudas.

Las pautas de Tao Yin reestablecen el orden natural del organismo. Es un arte holístico, va más allá del cuerpo y abarca todo lo que somos: lo físico, lo energético, lo emocional, lo mental, lo sexual y lo espiritual y actúa en todos esos planos simultáneamente.

Equilibrio a todos los niveles

El Tao Yin me ayuda a tomar conciencia de cómo estoy y equilibrarme. Los movimientos de Tao Yin aportan:

Equilibrio físico: porque son pautas de reeducación postural, me enseñan una manera coherente de moverme, eliminando las tensiones y relajándome. Hay cientos de ejercicios diferentes para cada tipo de patología.

Recoloca las articulaciones y fortalece y flexibiliza tendones y músculos. Ayuda a disolver el exceso de grasa corporal. Tonifica los órganos sexuales. Mejora el metabolismo, la digestión y el tránsito intestinal. Libera las fascias que recubren los órganos vitales y los músculos.

Equilibrio energético: actúa como la acupuntura solo que sin agujas, los movimientos permiten la activación de la energía vital y el desbloqueo de los canales de acupuntura. Estimula todo el recorrido de la orbita microcósmica.

Aumenta la vitalidad, combate la fatiga crónica, el decaimiento y la apatía. Armoniza todo el sistema energético: potencia el chi de los canales que están con déficit y dispersa el chi de los que tienen exceso.

Equilibrio emocional: en la Medicina Tradicional China las emociones residen en los órganos. A través de movimientos, sonidos y meditaciones dejo que salga el exceso de calor que se acumula en pulmones, corazón, riñones, hígado y bazo y que provoca tristeza, impaciencia, miedo, ira y obsesión.

Armoniza los cinco elementos (Tierra, Metal, Agua, Madera y Fuego) y las emociones asociadas a ellos. Transforma la tristeza, falta de voluntad, ira, odio y preocupación en vitalidad, perseverancia, generosidad, amor y reflexión.

Equilibrio mental: la mayoría de los movimientos los realizo con ojos cerrados y en actitud meditativa, muy atento a las sensaciones que aparecen. Durante la práctica soy muy consciente de la respiración y me concentro únicamente en el momento presente. Es una práctica dinámica de atención plena.

El Tao Yin permite mantener la mente en calma y enfocada. Aumenta la conciencia corporal y me permite entrar con facilidad en estado de relajación. Estimula la secreción de endorfinas, la hormona de la felicidad.

Equilibrio sexual: una pauta de los movimientos de Tao Yin es contraer el perineo y los órganos sexuales en la exhalación y relajarlos en la inspiración, entrenando así toda la musculatura del suelo pélvico y los órganos sexuales.

El Tao Yin fortalece el perineo y el abdomen. Permite regular el Yin y el Yang, la energía Agua y la energía Fuego. Activa la energía sexual y la hace circular por todo el organismo. Conecta Sexo con Amor y nos proporciona paz, calma y relajación. Me ayuda a tomar conciencia de los órganos sexuales para ganar destreza en la musculatura genitourinaria y esto me permite enfocarme plenamente en recibir y en dar placer.

Equilibrio espiritual: El Tao Yin proporciona un sentimiento de armonía con la naturaleza y de integración con los elementos. Permite la fusión de lo femenino y lo masculino, el yin y el yang, entrando en el estado de Unidad y Paz. Genera también un estado de neutralidad, receptividad y humildad.

Aplicando los conceptos de Amor Sanador Tao Sexual nos ayuda a ir más allá del cuerpo y nos conecta con estados trascendentes de conciencia.

Tao Yin sexual

El Tao Yin es el punto de partida idóneo para iniciarse en el entrenamiento del suelo pélvico y es muy eficaz para generar un estado de coordinación con todo el cuerpo, sobre todo para hacer que la sexualidad no se quede solo en los genitales, sino que pueda recorrer y hacer partícipe a todo el organismo.

Tanto en la medicina ayurvédica como en la cultura taoísta y la medicina china, al suelo pélvico tiene un trato especial. No solo por ser el asiento de los órganos sexuales externos y esfínteres, sino por su importancia como «cierre» para evitar el escape de energía. Con esta forma de expresarlo, los antiguos se referían a un incontable número de patologías relacionadas con esta parte del cuerpo, como pérdidas de orina, hemorroides, caídas de vejiga, infecciones y disfunciones sexuales. La mayoría de estas enfermedades conllevan una falta de tono de la musculatura del suelo pélvico.

A través de los movimientos de Tao Yin podemos entrenar eficazmente el suelo pélvico. La falta de tono muscular propicia una peor irrigación sanguínea de la zona y provoca desórdenes sexuales, como la disfunción eréctil y la falta de deseo sexual. Por otro lado, un exceso de tensión y tono muscular genera diferentes desórdenes como la dificultad para la penetración y dolor durante la misma, priapismo o erección dolorosa e imposibilidad para alcanzar el orgasmo.

Queremos destacar la importancia del entrenamiento y el tratamiento del suelo pélvico en mujeres que van a ser madres o han
sido madres, como parte de la preparación al parto y como reentrenamiento funcional en el posparto. Muchas mujeres que han sido
madres sufren desprendimientos de vejiga y matriz durante meses
o años, todo por no proveer de los cuidados específicos al suelo
pélvico en un momento vital tan delicado. Por suerte, cada vez son
más los médicos y ginecólogos que abogan por técnicas de entrenamiento como el Tao Yin.

Capítulo 4

El Misterio de Ser Mujer

Ser Mujer es un camino que transitar durante toda la existencia y una fuente continua de aprendizaje. En este recorrido la sexualidad abarca la totalidad de mi vida. La raíz biológica de mis genitales es indiscutible, mis órganos sexuales me conceden ser parte del sexo femenino.

Soy Mujer

Nacer con sexo femenino, vulva, vagina, clítoris, ha sido la base y los cimientos desde donde he ido construyendo mi estructura física, emocional y mental; quién soy, cómo soy y cómo es mi relación conmigo misma y con las demás personas.

¿Sabes cuál es la pregunta típica que hacemos todos cuando vemos una mujer embarazada? Efectivamente: ¿qué es, niño o niña?; Al nacer un bebé el primer comunicado que se da a la madre y al padre es decirles su sexo. A partir de esta clasificación el trato que recibe el bebé va a ser diferente.

Desde la cuna, todas nosotras hemos sido enseñadas, instruidas y hemos aprendido a «ser mujer» basándonos en las creencias e ideologías de nuestro entorno familiar, o rebelándonos ante los decretos preestablecidos. Todos los atributos que me han impuesto por «ser mujer», son características que cada una de nosotras hemos ido heredando contra nuestra propia voluntad. Dentro de este adoctrinamiento, juegan un papel fundamental los estereotipos «femeninos» que suelen estar sujetos a criterios económicos, socioculturales y populares, y como la moda, van variando según los tiempos.

Reflexión: Cualidades de la mujer

Te invito, lectora o lector a escribir 13 atributos que describan qué representa ser mujer para ti.

1.

2.

3.

4.

5.

6.

7.

8.

9.

10.

11.

12.

13.

A lo largo de los últimos 20 años he acompañado a cientos de mujeres de diferentes culturas, edades, estamentos sociales, profesiones y creencias religiosas, a indagar en su identidad de mujer, en cómo viven su feminidad, sus necesidades, su sexualidad, sus deseos, sus fantasías. A ellas también siempre les hago esta misma pregunta: ¿qué es «ser mujer»?

La mayoría de nosotras hemos creído que para encarnar a una «verdadera mujer» es preciso ser, por ejemplo: sensible, intuitiva, empática, polivalente, emotiva, comunicativa, cariñosa, ayudadora, nutridora, cuidadora, receptiva, sensual, tierna, decidida, imaginativa, creativa, comprensiva, detallista, afectiva, asertiva, amable, generosa, bonita, delicada, comprometida… y así un sinfín de cualidades que, para más inri, es necesario desplegar simultáneamente.

Casi todas estas respuestas tienen que ver con seguir un patrón ideal de género prediseñado por la sociedad en la que nos hemos criado. Un gran número de mujeres basan su identidad, feminidad y su sexualidad, en creencias morales, y preconceptos que generalmente tienen poco que ver con sus instintos y deseos reales.

Desde hace algunas décadas, nos hemos dado cuenta de que gran parte de la comunidad no respeta nuestras necesidades, ambiciones, expectativas, inquietudes, ni nuestros deseos, gustos, intereses y sueños.

Fantasía y Realidad

Personalmente, más de la mitad de mi vida, me creí la película que me contaron sobre cómo ser una «buena niña, una buena chica, una buena mujer, una buena madre, una buena esposa» etcétera, y sinceramente, sentía que era incapaz de alcanzar ese ideal porque internamente sabía que en mí convivían otros atributos que no encajaban en esa fantasía.

Por un lado, veía que ser mujer significaba ser una Super Woman capaz de estar divina, perfecta y maravillosa, superfemenina, siempre dispuesta a cuidar de los demás, a adornar la vida de los otros, a cocinar ricos platos, a callar cuando toca y hablar de manera brillante cuando me lo indican, a abrirme de piernas y dar placer a mi pareja cuando quiera y como él quiera… este rol significa que siempre tengo que estar sonriente, alegre, educada, delgada, estilizada, físicamente perfecta, oler bien, estar depilada, tersa, bella, bien peinada, bien vestida, vital, glamurosa, sensual, sexy, receptiva, pasiva, fiel, complaciente, obediente, serena…

Por otro lado, estaba reprimiendo los atributos llamados «masculinos», como ser competitiva, líder, rebelde, tenaz, enérgica, imponente, segura, fuerte, autodeterminada, autosuficiente, dura, firme, directa, hedonista, sexualmente activa, conquistadora, promiscua, luchadora, dominante, ambiciosa…

Otro de los momentos en los que me sentía incómoda o menos mujer era cuando sentía ciertas emociones como la rabia, la ira, el enfado, la agresividad y tendía a reprimirlas, con el fin de encajar en el estereotipo de género. Privarme de mi sentir más auténtico pasaba factura directamente a mi salud física y emocional. Escondía todas aquellas emociones que me hacían sentir culpable e indigna y esta represión me generaba desvitalización, desvalorización, desconfianza, inseguridad, insatisfacción constante y vergüenza. Vivía en un estado de frustración perenne, pues lo que yo estaba sintiendo no correspondía con el ideal que me habían inculcado.

Con este panorama, prioricé ajustarme al ideal y me olvidé de mí misma. Esta decisión inconsciente me sumió en una frustración sostenida durante varios años, hasta que, gracias a una crisis, me hundí, toqué tierra y vi la realidad. No quería seguir viviendo bajo ese corsé que constreñía todas las áreas de mi vida y empecé a darme permiso para sentir y ser fiel a mi corazón.

Abrazar completamente mi naturaleza es un camino intenso, arduo y a la vez gratificante. Un recorrido constante de abrir puertas, algunas novedosas y otras revisitadas, que conducen cada vez más hacia la aceptación y tolerancia personal, reconociendo quién soy como persona, como mujer, con mi luz y oscuridad. Acoger todo lo que soy, es amarme de verdad. Esta es la relación más íntima y real que he tenido hasta el momento.

El Mapa del Tabú al Misterio

La sexualidad femenina sigue siendo hoy en día un tema tabú que aún está por salir del armario.

Retomando la pregunta «¿Qué es ser mujer?», el 85 % de las mujeres a quienes he preguntado, enunciaron la sexualidad en los últimos lugares, o bien no la mencionaron. Este es un detalle que me sigue llamando mucho la atención, cuando es justamente el sexo lo que nos diferencia claramente a hombres y mujeres. Al parecer la sexualidad femenina, o bien no es importante, o bien es un tema que es mejor no hablarlo en público.

Hoy en día, se habla poco de sexo entre las propias mujeres. Si no es un tema prioritario, entonces ¿cómo explorarlo y conocerlo? ¿Cómo aprender sobre él, si es algo que apenas se nombra?

Lo primero que quiero hacer es identificar ¿por qué la sexualidad es un tabú? ¿Por qué no se habla abiertamente de ella? ¿Por qué las mujeres nos avergonzamos de hablar sobre algo tan natural? ¿Quizás porque las experiencias han sido traumáticas o dolorosas? ¿Se consideran pecaminosas? ¿Pensamos que los deseos o fantasías son inmorales, extravagantes o irrealizables? ¿Por qué muchas mujeres no disfrutan o bien no tienen vida sexual? ¿Qué está ocurriendo?

La invitación en este libro es abordar y dar aire a este tema y normalizarlo, cuanto más expresemos, más experimentemos y más compartamos; más aprenderemos y así dejaremos de poner la sexualidad en un cuarto oscuro, olvidado y sin ventilación. Si el sexo es una experiencia traumática y no hablamos de ella y además la ocultamos, entonces ¿cómo podemos afrontar esta situación y trascenderla?

Según el Tao, la energía sexual potencia todo lo que soy, cuanta más conciencia tenga de mí misma, mejor sabré emplear esta energía para mi beneficio. Puedo ser presa de mis bloqueos o limitaciones, o crecer y expandirme libre en todas mis facetas.

Te invito a ventilar y traer a la luz todo aquello que está escondido en tus «cuartos oscuros» internos.

Reflexión : Limitaciones

¿Puedes identificar qué emociones, pensamientos, sensaciones, creencias y recuerdos te están limitando para vivir tu sexualidad satisfactoriamente?

Emociones:

....

....

Pensamientos:

....

....

Sensaciones:

....

....

Creencias:

....

....

Recuerdos:

....

....

Con este lastre a cuestas, me permito afirmar que, hasta ahora, nuestra energía creativa ha estado muy limitada y todavía no tenemos libertad para vivir nuestra sexualidad como nos plazca, sintiéndonos seguras.

Como mujeres nos corresponde apropiarnos de nuestra sexualidad, responsabilizarnos de ella y tomar las riendas de nuestro derecho al placer y al éxtasis. Aceptar nuestras propias limitaciones y tabúes e ir derribando los muros internos que nos alejan de nuestro lado más intuitivo, salvaje y hedonista.

Veo a mi alrededor que por fin lo vamos haciendo. Actualmente vivimos un momento precioso en el que estamos reinventando, o tal vez creando, nuestra propia sexualidad, la real de cada una, la verdadera y no la que nos han contado.

Vamos indagando en nuestros territorios íntimos, con cada caricia, con cada mirada, con cada orgasmo, con cada experiencia, derribamos las fronteras que acotan nuestro sentir, nuestro deseo y nuestro placer y seguimos conquistando nuestros propios terrenos geográficos comprendiendo que al despojarnos de los tabúes y al adentrarnos en el misterio y la magia de Ser Mujer hay un universo infinito con muchos tesoros por descubrir.

Encontrando el Tesoro

> *«Te diré: soy mujer cedro mujer angustia*
> *mujer como trigal como violeta*
> *como sandía y tormenta.*
> *Busco una isla para gestar en ella,*
> *para inventarme mi libertad y mi cuerpo*
> *y todos mis movimientos».*
> —KYRA GALVÁN. EL CUERPO DEL DESEO.

En el camino del amor sanador femenino, el tesoro que encontramos es nuestro cuerpo: «Yo soy mi cuerpo, mi cuerpo soy yo». «El cuerpo es el soporte físico de todo lo que soy».

Gracias a él encarnamos la existencia en la materia y es el vehículo que nos guía hacia las puertas del mundo trascendental y hacia nuestro complejo espacio interior. En este maravilloso laboratorio experimentamos pensamientos, ideas, emociones, sentimientos, sensaciones y percibimos aspectos intangibles; de esta manera se convierte en un «disco duro» en el que toda nuestra historia emocional, mental y energética queda grabada y cartografiada.

El cuerpo no miente, el organismo es muy claro y directo y se rige por normas naturales y biológicas incuestionables: si tengo frío, se me eriza la piel y me contraigo; si tengo sueño, bostezo y se me cierran los párpados.

El cuerpo está enviando mensajes constantemente a través de las sensaciones. Escucharle es la primera premisa para saber cómo estamos. Al sentirlo nos damos cuenta de lo que nos nutre y de lo que nos desvitaliza.

El grado de buena relación con nuestro cuerpo depende de la escucha que le ofrecemos y a partir de ahí seremos capaces de conectar con nuestras necesidades vitales. Si no le atendemos no podemos recibir lo que nos dice. No prestar atención al cuerpo es como tener un libro de reclamaciones y no leer los comentarios escritos por los clientes.

Nuestro cuerpo es feliz cuando le reconocemos, nos interesamos por él, le agradecemos y lo mimamos. Cualquier descuido es una falta de amor hacia nosotras mismas. Una buena relación con nuestro cuerpo nos hace estar atentas y receptivas a las señales y avisos que indican cuándo hay algo que está necesitando de atención y cuidado. El origen de la enfermedad es justamente la falta de conexión con el cuerpo: el organismo emite leves señales que al no ser atendidas van tomando más y más fuerza hasta que el síntoma se transforma en una patología. La filosofía del Tao ofrece herramientas que facilitan percatarse de esas tenues señales para actuar en consecuencia y prevenir los mecanismos que el cuerpo genera hasta desencadenar la enfermedad. Algo similar ocurriría si en un huerto no fuéramos arrancando las malas hierbas que van brotando, llegaría un momento en que estas invadirían el cultivo echando a perder la cosecha.

Esencia femenina.

Uno de los problemas actuales es que habitualmente separamos la mente del cuerpo y realizamos un sinfín de actividades mentales que nos alejan del sentir. Resulta que el sentir es la llave que abre el cofre de este tesoro que es el cuerpo. Dar espacio, escucha y voz al sentir es lo que va a alinear y unificar cuerpo-mente-corazón.

Espejito, espejito

En el Tao cada una de las partes del cuerpo es sagrada y todos los cuerpos son sagrados, sean como sean.

Hay partes del cuerpo con las que tenemos una relación directa y definida, cuando nos miramos al espejo nos identificamos claramente con nuestro rostro, cuando utilizamos las manos las reconocemos y sabemos lo que podemos hacer con ellas. Es mucho más difícil tener comunicación con aquellas partes de nuestro cuerpo que no vemos, por ejemplo, los órganos internos y la espalda, entre otros.

Esto es lo que ocurre con los órganos sexuales femeninos, están situados en el interior de nuestro organismo y solo podemos verlos con la ayuda de un espejo.

Nuestra relación con el agua tiene su origen al explorar este elemento, salpicar, jugar con ella, saborearla e incluso añorarla. La relación con los alimentos, por ejemplo, viene de olerlos, tocarlos, degustarlos y sentir las diferentes texturas y averiguar si nos gustan o no. La exploración es el inicio de toda relación.

Ciertamente, cuando queremos conocer a alguien le miramos a los ojos, le hacemos preguntas y estamos atentas a cómo reaccionamos ante sus respuestas y su lenguaje corporal. ¿Haces esto con tus órganos sexuales? La exploración de nuestros genitales ayuda a conocernos mejor y a crear un vínculo más auténtico con nosotras mismas.

El autoconocimiento íntimo es un tema que me interesa y surge en conversaciones con amigas y compañeras. Les pregunto si miran sus genitales ayudándose de un espejo. Muchas de ellas nunca lo han hecho, y no me refiero a generaciones anteriores, a mi madre o a mis abuelas, estoy hablando de las nuevas generaciones; no se miran, no saben cómo son sus propios genitales, y construyen su imagen a veces, basada en lo que sus parejas les comentan, o bien, en imágenes de genitales que aparecen en libros, fotos o películas y piensan que aquello que ven afuera, es lo mismo para ellas.

En el cuento de Blancanieves y los Siete Enanitos, la Reina Grimhilde, madrastra de Blancanieves, compite en belleza con todas las súbditas del reino. Posee un espejo mágico al que pregunta: ¿quién es la más bella del reino? Durante muchos años la respuesta es la misma: ¡Es Usted, Majestad! Hasta el día en que Blancanieves se convierte en una hermosa doncella y entonces, el espejo mágico responde que la mujer más bella del reino es Blancanieves. Esta respuesta es el factor desencadenante para que la vida de la madrastra termine trágicamente.

Esto es lo que ocurre en el reino de la fantasía. En el mundo real, el espejo refleja la imagen tal cual es, sin juicios, ni valores añadidos. Las comparaciones o competencias las atribuye quien se mira al espejo.

Utilizar el espejo para mirar nuestros órganos sexuales nos va a servir también para verlos de verdad.

Hoy en día, en la era de la información, un amplio número de mujeres pone el foco de sus miradas hacia el exterior y vive en una total desinformación íntima prescindiendo de algo tan sencillo, natural y poderoso, como es mirar hacia adentro, a sus órganos sexuales: donde se genera la vida y el origen de la existencia.

Reflexión: Autoexploración

¿Conoces tus órganos sexuales?

¿Has mirado alguna vez tu vagina reflejada en un espejo?

¿Qué relación tienes con tus genitales?

¿Cómo cuidas tus órganos sexuales?

Si la relación con tu vagina y órganos sexuales es maravillosa y placentera, ¡genial!

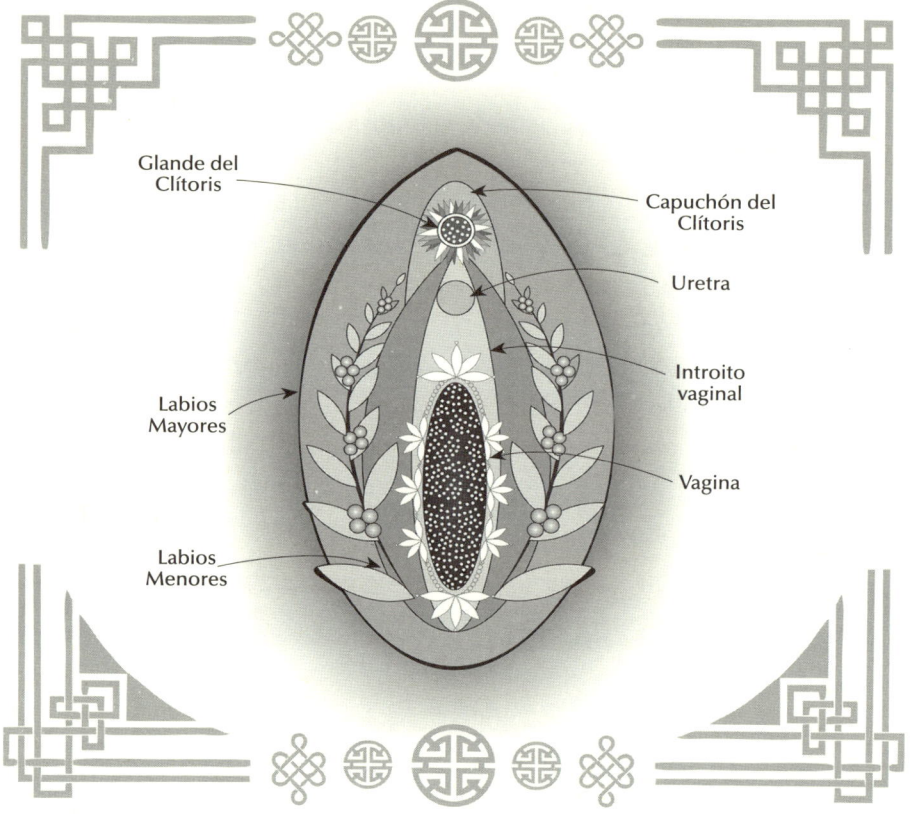

Anatomía de la vulva.

Si te sientes con ganas de mejorar la relación con tus órganos sexuales, te propongo hacer una de las dinámicas más utilizadas en talleres y terapias sexuales.

La Práctica del Espejo

Te invito y animo a abrirte a la experiencia y permitirte sentir lo que surja, a no autocensurar tus emociones, pensamientos o sensaciones, sean las que sean: agradables o no.

La Práctica del Espejo

Esta sencilla práctica te ayudará a poner conciencia en lo que vas sintiendo y pensando durante la exploración y te proporcionará información útil, práctica y directa sobre tu sexualidad.

Necesitas un espejo de tamaño mediano (20 x 20 cm aproximadamente), un lugar donde te sientas cómoda y segura, disponer de tiempo, ganas y curiosidad para este encuentro íntimo.

Puedes tumbarte o sentarte, encuentra la manera que más te convenga para sostener el espejo cómodamente y tener un buen campo visual.

A partir de este momento, te pido que prestes mucha atención a todo lo que te vaya sucediendo durante el proceso.

Empieza mirando y familiarizándote con la vulva, la parte externa de tus genitales, observa el color y la textura del vello púbico y cómo sobresalen los labios mayores.

- ¿Cómo te sientes ahora? ¿Sorprendida?, ¿curiosa? ¿expectante?, ¿tímida?, ¿avergonzada?, ¿ridícula? ¿excitada?, ¿intimidada?…

- ¿Qué es lo primero que pasa por tu cabeza al ver tus genitales?

Ahora puedes empezar a explorar ayudándote de tus manos y dedos, estos te abrirán el camino hacia tus tesoros escondidos: el clítoris, los labios internos y la entrada de la vagina.

- ¿Te gusta lo que ves?

La Práctica del Espejo

Percibe el tacto y la temperatura de cada zona, aprecia los colores y las texturas de la piel.

Observa las sensaciones al tocar los labios externos, los internos y el clítoris. Con mucha suavidad introduce un dedo o dos en la vagina, en lo profundo de esta encontrarás tu cérvix, puedes notar las contracciones del útero y tocar las paredes vaginales. Siente si está húmeda o seca, suave o rugosa, tensa o relajada.

- ¿Te gusta tocarte?

- ¿Has tocado todas las zonas? ¿Qué zonas no has tocado? ¿Por qué?

- ¿Sientes placer? ¿Sientes dolor?

Ahora puedes apreciar tus aromas y sabores.
- ¿Has percibido tu aroma? ¿Qué te ha parecido? ¿Qué te ha impedido olerlo?

- ¿Has probado tu sabor? ¿Cómo lo definirías? ¿Qué te ha impedido probarlo?

La Práctica del Espejo

Conclusión

- ¿Has tomado conciencia de algo nuevo?

- ¿Ha sido una experiencia dolorosa, molesta o incómoda? ¿Por qué?

- ¿No has sentido nada en especial, te has sentido indiferente?

- ¿Te ha venido algún recuerdo o imagen? ¿Cuál/les?

- ¿Has podido realizar la experiencia sin autojuzgarte?

- ¿Qué juicios han aparecido?

Esta experiencia conduce esencialmente al sentir. El verdadero conocimiento viene de la propia vivencia. La manera como miramos nuestros genitales, los tocamos, los olemos o los saboreamos, nos va a dar una información muy valiosa sobre nuestra sexualidad.

Cultivo en solitario.

Las sensaciones de disgusto, rechazo, o incomodidad hacia tus genitales, durante la exploración, son señales que indican la presencia de pensamientos, emociones, sensaciones o recuerdos que están obstaculizando el fluir de la relación con tu propio sexo.

Este bloqueo surgirá en cada encuentro íntimo contigo misma o con otra persona e impide la conexión completa con tu cuerpo y con el placer y el pleno disfrute de la unión sexual.

Después de comprobar cómo estás, tienes varias opciones. Una es hacer caso omiso al mensaje, mantenerlo oculto y seguir viviendo con esa «molestia» que no te está dejando abrirte a tu sexualidad, a tu propia vida. Otra es ser consecuente y aceptar que hay una dificultad y partir de ahí empezar a trabajar con lo que hay. Reconocer la realidad, ser humilde y honesta es el primer paso para poder transformar. Como venimos exponiendo en este libro y en el anterior *Tao para Vivir»*, el Tao comienza con el sentir, si lo que sientes no te gusta, es el momento de empezar a hacer cambios.

Herramientas del Tao para la Mujer

El Tao propone adquirir habilidades para aprender a transformar la energía y correlacionarnos de forma más consciente y productiva con nosotras mismas. El Tao aprovecha y recicla absolutamente TODO y lo hace basándose en dos líneas de acción muy claras: por un lado, pretende potenciar todo lo que está en equilibrio para que perdure en el tiempo. Por otro lado, permite transmutar los bloqueos y zonas de tensión para que la energía vital fluya libremente.

La energía sexual es la más poderosa, puesto que es el motor de la vida y de toda la creación; aprender a usarla para nuestro beneficio es un regalo al alcance de cualquier persona. Para abrir este presente, es necesario mejorar la relación con nuestros órganos sexuales utilizando las técnicas del Tao Sexual, Amor Sanador: la Sonrisa Interior, los Sonidos Curativos, el Masaje de Pechos, la Respiración Ovárica y el Huevo de Jade.

El autoenamoramiento

Las técnicas anteriormente descritas son ejercicios que me gusta calificar como de «autoamor» puesto que inducen al practicante hacia el camino de la autoestima, de forma directa y eficaz.

Como practicante de Tao, he podido comprobar las virtudes de estos ejercicios. Confieso que la primera vez que realicé la práctica de la Sonrisa Interior, tuve una sensación de ridículo cuando el profesor propuso que sonriera a mis riñones, aun así lo hice y observé como mi cuerpo se relajaba y sentí por primera vez amor consciente hacia mis riñones. Pensé: ¿cómo no se me ha ocurrido hacer esto antes con lo sencillo y fácil que es? Al finalizar la práctica me sentía plena, feliz, en paz, agradecida y llena de amor hacia mí misma.

En terapia utilizo estas técnicas meditativas como coadyuvantes en pacientes con muy baja autoestima o con rechazo hacia su cuerpo y los resultados son sorprendentes. Al principio realizan la práctica apenas sin creer en lo que están haciendo, simplemente siguen obedientemente las consignas. Estas pautas incluyen: sonreír a los órganos, agradecerles por las funciones que realizan, preguntarles ¿cómo están?, ¿qué podemos hacer para mejorar nuestra relación con cada uno de ellos?, enviarles luz o amor. El mero hecho de hacer la práctica y seguirla al pie de la letra, genera automáticamente en el cuerpo vibración de amor y cariño: ahí donde ponemos la atención y la intención, va la energía. El tiempo que dediquemos a practicar, es tiempo que dedicamos al autoamor.

Estas dinámicas nos animan a proponernos una cita romántica muy íntima con nosotras mismas.

La Sonrisa Interior

«La sonrisa con sentimiento de cariño y gratitud abre los órganos, los relaja y estimula las emociones "positivas que residen en ellos. Permite establecer una buena comunicación con los 5 elementos. Esta práctica también se conoce como

«Enamorarse de los Órganos y de ella surge un mayor cuidado y respeto hacia mí mismo. La Sonrisa nos conecta directamente con la Fuerza Vital».

—TAO PARA VIVIR.

La Sonrisa es una expresión del corazón. Indica estar en una actitud receptiva, abierta y amorosa. Gracias a la práctica de la Sonrisa ejercitamos la autoestima y la compasión y logramos el objetivo de amarnos cada día un poco más y mejor.

Si sonreímos a alguien que nos gusta para tratar de seducirlo, ¿por qué no sonreír y conquistarnos a nosotras mismas? En el Amor Sanador vamos a sonreír cariñosamente a todo el cuerpo y especialmente a los órganos sexuales.

Práctica: Sonrisa sexual

Seguir las pautas básicas de La Sonrisa Interior indicadas en el capítulo 3 y añadir los órganos sexuales:

- Sonrío con sentimiento de cariño y gratitud a los labios externos e internos, sonrío a mi clítoris, sonrío a mi vagina, sonrío a mi útero, sonrío a mis ovarios y a cada uno de los óvulos que se albergan en el palacio ovárico.

- Sonrío a mis pechos y a las glándulas situadas en esta zona, con sentimiento de cariño y gratitud.

Atraigo luz dorada a mis órganos sexuales y a mis pechos.

Siento cómo se relajan y suavizan potenciando la creatividad, la vitalidad, el placer y el éxtasis.

- Cierre de la práctica.

Coloco ambas manos sobre el vientre almacenando la energía.

Confío en la sabiduría de mi propio organismo para auto-equilibrarse e integrar la práctica de la Sonrisa Interior.

Mantengo la conciencia testigo, observadora imparcial, atenta a las sensaciones.

Práctica: Sonrisa sexual

Pasados unos minutos salgo suavemente de la meditación Yin preferentemente con estiramientos, movimientos de Tao Yin y automasaje.

Los Sonidos Curativos

Como comentábamos en el capítulo 3, los Sonidos Curativos ayudan a equilibrar las emociones. Recomendamos realizar la práctica completa de los seis sonidos para soltar la tensión almacenada en los órganos. También se usan estas técnicas para desbloquear los órganos sexuales. Normalmente se emplean los sonidos del agua y del fuego que representan el sexo y el amor. Si se perciben molestias, dolor, sequedad, rigidez, falta de deseo, incapacidad de apertura, tensión, o cualquier otra incomodidad de índole físico o emocional, pondremos la intención en armonizar estas molestias mediante uno de estos dos sonidos.

Masaje de Pechos

En el caso de las mujeres, los pechos siguen nutriendo a nuestro propio organismo durante toda la vida, más allá del período de lactancia y su función es de vital importancia para nuestra salud. Cuidarlos y mimarlos a un nivel más profundo que el meramente estético, es uno de los regalos que el Tao tiene para nosotras.

Nuestros pechos están directamente conectados al sistema endocrino; al masajearlos se pone en marcha la secreción de hormonas que regulan el crecimiento, desarrollo y las funciones de muchos tejidos, además de coordinar los procesos metabólicos del organismo.

Si quieres aumentar la fertilidad para quedarte embarazada, sentir más placer durante el encuentro sexual, reavivar el fuego de tu deseo, calmar los dolores de la menstruación, disminuir los efectos negativos de la menopausia o prevenir la aparición de quistes; pon tus manos a la obra.

Práctica: Masaje de pechos

Si lo deseas, puedes utilizar un aceite de almendras, coco o jojoba y añadirle unas gotas de esencia de geranio (ver Masaje Sensitivo en el capítulo 1) o cualquier otra esencia que te guste.

La mejor posición para realizar la práctica es sentada. Una vez la dinámica esté integrada, puedes hacerla tumbada, o aprovechar el momento de la ducha para hacerla.

Me siento en el borde de una silla, coloco la espalda recta, ingles y piernas abiertas ancho de caderas, pies paralelos y ambas plantas de los pies en contacto con el suelo.

A través de las plantas de los pies me conecto con el corazón de la tierra y siento cómo la energía Yin sube y fluye por todo mi cuerpo.

Desde la zona alta de la cabeza, la corona, me conecto con el corazón del cielo y siento como la energía Yang fluye a través de mi cuerpo.

Cierro los ojos, respiro y me hago presente.

Froto ambas manos unos minutos hasta calentarlas.

A continuación, masajeo el sacro hasta notar calor en la zona, luego froto las ingles, el abdomen y los riñones.

Coloco las manos encima de mis pechos y les sonrío con una actitud de gratitud y amor. Durante varios minutos, los masajeo suavemente con movimientos circulares en ambas direcciones.

A continuación, masajeo con mucha suavidad los pezones, haciendo movimientos circulares en ambas direcciones alrededor de las aureolas.

Práctica: Masaje de pechos

Mientras sigo masajeando los pechos, percibo si se han activado mis órganos sexuales: puedo notar esta activación en forma de calor, vibración, cosquilleo, palpitación, etcétera.

Ahora llevo las manos hacia la zona sexual y froto las ingles y los ovarios. Atraigo el poder de la Sonrisa y la llevo a la zona sexual. Masajeo los ovarios hasta que los sienta tibios y vibrantes.

Dejo reposar las manos sobre los muslos o las rodillas y enfoco la atención en mis senos. Permito que la energía se expanda por los pezones y desde ahí dejo que fluya directamente a los ovarios.

Ahora conecto los pechos con los ovarios, puedo hacerlo ayudándome de ambas manos guiando la energía.

Siento cómo la energía de los pechos activa la energía de los ovarios.

Sonrío a mis ovarios y los conecto con el útero. Sonrío a mi útero con cariño y gratitud. Contraigo suavemente el útero, vagina y perineo.

Masajeo los pechos y los conecto con los ovarios y el útero, siento la energía en los ovarios y la voy guiando hacia el útero.

Sonrío a mi útero y lo siento lleno de energía, dejo que este calor o energía fluyan hacia el suelo pélvico y suavemente contraigo la pelvis hacia el coxis.

Tomo consciencia de mi respiración y concentrándome en los ovarios, respiro directamente hacia ellos mientras hago leves contracciones con la vagina.

Ayudándome de las manos, llevo la energía de los ovarios hasta los pechos y viceversa. (Repito varias veces).

Sonrío y agradezco.

Cierro la práctica tumbándome en el suelo, dejando que la sabiduría innata del cuerpo integre los beneficios.

Respiración Ovárica

«Los ovarios juegan un rol en la salud y el bienestar de las mujeres que va más allá de las funciones reproductivas que realizan. Es en los ovarios donde nuestro cuerpo crea los huevos que potencialmente podrán dar lugar a otro ser humano. Este proceso dinámico toma energía vital de cada parte del cuerpo, especialmente los órganos vitales y el cerebro. Si una mujer no piensa tener niños en un futuro inmediato o ya no está en sus años reproductivos, o ha comenzado la menopausia, es muy importante que aprenda a reciclar la energía concentrada de los ovarios y la devuelva de nuevo a los órganos vitales y al sistema nervioso de donde vino».

—JUTTA KELLENBERGER.
International Healing Tao Instructor.

Práctica: Respiración ovárica

Cierro los ojos y atraigo el poder de la Sonrisa.

Sonrío a los órganos sexuales y los llenos de luz dorada.

Al inspirar dejo que el aire llegue hasta la parte baja del abdomen y a los órganos sexuales.

Empiezo la exhalación vaciando el aire de los órganos sexuales y el abdomen, ayudándome con la contracción del perineo.

En cada inspiración y exhalación veo cómo una luz dorada se va expandiendo por toda la zona sexual.

Al inspirar siento cómo los ovarios llenos de luz descienden y al exhalar ascienden.

Siento cómo la energía va en aumento con cada inspiración.

Cierro la vagina, contrayéndola suavemente y llevo la acumulación de energía hacia el palacio ovárico, situado unos cuatro dedos por debajo del ombligo. Dejo reposar mis manos en esta zona unos minutos

> ## Práctica: Respiración ovárica
>
> Sonrío y agradezco.
>
> Cierro la práctica tumbándome en el suelo, dejando que la sabiduría innata del cuerpo integre los beneficios.

Una vez la relación y el vínculo entre los órganos sexuales y los pechos está establecida, podemos pasar a la práctica o ritual con el huevo de jade.

El Huevo de Jade

Los médicos taoístas de la antigua China, observaron que el debilitamiento del suelo pélvico era uno de los orígenes de la desvitalización psicosomática y de muchas enfermedades. La musculatura del suelo pélvico se encarga de sostener los órganos internos: útero, vejiga e intestinos, además del control sobre la retención y excreción a través de la vagina.

Las antiguas mujeres taoístas desarrollaron una serie de ejercicios que trabajan y tonifican específicamente el suelo pélvico y los órganos sexuales femeninos. Para el Tao este factor es muy importante, pues tener una vagina fuerte y sana era el secreto de la eterna juventud y la longevidad. Estas prácticas son un valioso legado que aportan numerosos beneficios a la salud física, mental, emocional y energética.

La elección del huevo

Hay una amplia variedad de tamaños y materiales, lo ideal es empezar con una medida similar a la cavidad de la vagina.

Existen huevos perforados y sin perforar. Los primeros, cuentan con un agujero a lo largo del huevo, donde se inserta hilo dental (natural y no encerado). Este hilo es muy útil para extraer el huevo. Este tipo de huevos es el más indicado para las principiantes. Una vez hayas ganado el control de tus músculos vaginales, puedes pasar a un huevo sin perforar y a un tamaño más pequeño. Asegúrate de elegir un huevo de buena calidad, sin marcas ni grietas o fisuras en la superficie.

La práctica tradicional taoísta propone usar el jade puesto que es un mineral considerado como el mejor para equilibrar, regenerar y sanar el cuerpo físico y energético.

«El jade es un mineral muy apreciado en oriente, simboliza la sabiduría conseguida en tranquilidad. El jade está asociado con el chakra del corazón e incrementa el amor y los cuidados.
Psicológicamente, el jade estabiliza la personalidad e integra la mente y el cuerpo. Promueve la autosuficiencia.
Mentalmente, libera los pensamientos negativos y alivia la mente. Estimula las ideas y hace que las tareas parezcan menos complejas para que puedan ser comprendidas inmediatamente.
Emocionalmente, el jade favorece la liberación emocional especialmente de irritabilidad.
Espiritualmente, el jade te anima a ser quien realmente eres. Te ayuda a reconocerte como un ser espiritual en un recorrido humano y despierta el conocimiento transpersonal.
Físicamente, es la piedra limpiadora que facilita las funciones corporales de filtración y eliminación. Es la piedra por excelencia para los riñones. trata los riñones y las glándulas suprarrenales, tonifica los sistemas celular y esquelético, aumenta la fertilidad y ayuda en el parto.»

—La Biblia de los Cristales.
Judy Hall. Gaia Ediciones.

Beneficios de la práctica

Esta práctica favorece la toma de consciencia del conjunto de músculos situados en el interior de la vagina y del suelo pélvico. Con este entrenamiento iremos tonificando, fortaleciendo y adquiriremos destreza y dominio sobre esta musculatura. Poseer una vagina fuerte nos brinda tener más recursos durante el coito. Aprender a contraer la vagina es esencial para la práctica del Tao Sexual en pareja, puesto que ayuda a los hombres en su práctica de absorción de la eyaculación.

Al ejercitarla, se incrementa la circulación sanguínea, lo cual favorece directamente una mayor sensibilidad dentro del canal vaginal y la capacidad orgásmica.

Al activar esta zona aportamos salud a los órganos situados en la parte inferior del cuerpo y a las glándulas emplazadas en el palacio ovárico y ayudamos la producción hormonal y su equilibrio.

Esta práctica también activa el sistema inmunológico y, por tanto, se reduce la propensión a los hongos vaginales y a las infecciones de la vejiga (atención: no usar mientras haya infección).

Combinando esta práctica junto con la respiración ovárica podemos mitigar o bien hacer desaparecer las molestias del síndrome premenstrual, así como los dolores menstruales.

Es del todo aconsejable realizar este recurso tras dar a luz o durante el climaterio y la menopausia, momentos en que la musculatura de esta zona queda distendida y debilitada. Después del nacimiento de mi hijo, comprobé personalmente que, gracias a los años de entrenamiento y a la práctica posterior al alumbramiento, pude recuperar rápidamente el tono de mi suelo pélvico.

En terapia trato a pacientes que sufren de prolapso de útero. Gracias al trabajo con el huevo de jade, van recuperando fuerza y tono en su musculatura a la vez que ganando sensibilidad en sus vaginas. Los beneficios en estos casos, no solamente son físicos y orgánicos. Volver a sentir sus genitales y recuperar la capacidad del gozo y del placer, otorga a estas mujeres una nueva manera de conectarse a sus vidas, aprendiendo a sanar sus dolencias y a disfrutar de su sexualidad de forma más consciente.

Durante la menopausia, esta práctica ayuda a mantener la vagina elástica y lubricada de forma natural y evita las pérdidas de orina.

Además de todos los beneficios para el organismo, el trabajo con el huevo de jade revitaliza nuestro cuerpo energético: restablece el buen ánimo en estados de abatimiento y depresión, ayuda a reavivar y activar el deseo.

Práctica del huevo de jade

Antes de usar el huevo por primera vez, colócalo en un recipiente y cúbrelo con agua tibia. Pon el recipiente en el fuego hasta que el agua empieza a hervir, retíralo del fuego y deja que se enfríe. Después puedes energetizar el huevo, dejándolo en agua a la luz de la luna llena, o defumarlo con algún incienso, copal o salvia. Después de cada uso, coloca el huevo bajo el grifo durante unos segundos, poniendo atención en que el orificio quede libre de secreciones. Luego puedes dejarlo unos minutos en un recipiente con agua y sal. Nunca uses detergentes ni jabones y recuerda limpiarlo siempre al finalizar y al comenzar cada práctica, el hilo dental es de un solo uso y se tiene que cambiar cada vez.

Es muy importante hacer esta práctica en un lugar en el que te sientas tranquila, relajada y segura.

Autoexploración.

Práctica del huevo de jade

La primera vez es muy hermoso hacer de este momento un Ritual, conectar con tu Esencia Sagrada y con el potencial contenido en tus órganos sexuales.

Agradece la mujer que eres ahora, honra y bendice cada uno de los pasos que has dado en el pasado, en el presente y los que caminarás en el futuro.

Toma el huevo entre tus manos y transmítele tu propósito o intención; para qué vas a usarlo, qué necesitas, qué quieres sanar, qué deseas lograr. Sigue tu intuición.

Si lo deseas, puedes hacer la práctica desnuda, o bien usar una falda amplia o pareo y prescinde de ropa interior.

Puedes encender una vela o un incienso y ayudarte de música, preferiblemente instrumental.

Playlist sugerida

(cada canción está enumerada y se corresponde con los diferentes pasos del ritual).

1. *Kalena Kai* - Keola Beamer, George Winston.
2. *Beloved* – Thievery Corporation Remix, Anoushka Shankar.
3. *Solo Tabla* – Abdel Karim Saad, Lahssen Mounir, Mustapha Fouting.
4. *Taiga* - Japanese Relaxation and Meditation.
5. *From Gagarin's Point of View* – Esbjörn Svenson Trio.
6. *The Sensual Woman* – The Herbaliser.
7. *Naked Spirit* – Sainkho Namtchylak.

Ritual

1. Me coloco de pie con las piernas abiertas al ancho de las caderas y con las rodillas flexionadas. Balanceo las caderas y la cintura dejando que la cadencia suba por la espalda, los hombros, el cuello, hasta la cabeza.

Práctica del huevo de jade

Relajo el rostro, atraigo el poder de la Sonrisa y me sonrío a mí misma con cariño y gratitud. Abro ligeramente la boca liberando cualquier tensión almacenada en las mandíbulas. Me entrego al balanceo y noto como se va suavizando todo mi cuerpo.

2. El movimiento que nace de las caderas es cada vez más intenso. Dejo que el flujo del movimiento invada todo mi cuerpo, desde la cabeza hasta la planta de los pies.

3. Percuto el suelo con los pies, levantando y atrayendo la energía de la tierra y siento cómo me nutro de ella.

   Hago vibrar las caderas y dejo que la vibración invada todo mi cuerpo. Recuerdo que el movimiento surge de las caderas.

4. Dejo que el cuerpo vaya parando, respetando su propio ritmo. No ceso el movimiento en seco.

5. Me tumbo con las piernas abiertas, las rodillas flexionadas, y la planta de los pies en contacto con la tierra. Atraigo el poder de la Sonrisa Interior. Masajeo mis pechos y hago la respiración ovárica. Utilizo el sonido de Riñón y el sonido de Corazón.

   Sigo sonriendo y acariciando mis pechos y pezones. Empiezo haciendo suaves contracciones con la vagina, como si estuviera dando besitos con ella. Cada vez que lo sienta, hago el sonido de Corazón.

6. Tomo el huevo entre las manos y lo froto hasta sentir que está tibio. Con el huevo, acaricio suavemente la parte externa de la vagina, los labios, el clítoris, mientras sonrío y respiro hacia la zona sexual y exhalo haciendo el sonido de Corazón.

Práctica del huevo de jade

7.	Cuando el interior de la vagina esté húmedo, introduzco el huevo por el lado estrecho, ayudándome con los dedos y sin forzar. (Puedo usar saliva o algún lubricante natural y neutro para que el huevo se deslice fácilmente dentro de la vagina).

Contraigo la vagina suavemente y siento como el huevo sube. Puedo ayudarme del hilo para tirar muy lenta y suavemente de él mientras exhalo y voy notando como baja hacia la entrada de la vagina. Realizo varias veces este proceso.

Gracias a la contracción y la relajación de la musculatura, voy a ir sintiendo dónde se localiza el huevo. Al contraer, lo llevo hacia el útero; al relajar, lo voy empujando suavemente hasta la mitad del canal vaginal y luego hacia la entrada de la vagina. Justo antes que el huevo se deslice hacia el exterior, lo sujeto con el músculo de la entrada de la vagina y empiezo nuevamente el proceso de llevarlo hacia el útero y bajarlo.

Durante toda la práctica pongo consciencia en sonreír y utilizo el sonido del corazón para ir liberando pensamientos o recuerdos negativos.

Para terminar, relajo la zona sexual. Ayudándome del hilo, extraigo el huevo lenta y suavemente y sobre todo con mucho amor.

Cierro la práctica estirando el cuerpo completamente en el suelo, llevo las manos al corazón o al vientre. Me agradezco por dedicarme este tiempo y me relajo confiando en la sabiduría innata del cuerpo y en el poder sanador de la energía sexual.

Algunas preguntas frecuentes

- **¿Qué pasa si no siento el huevo?**

Es posible que al principio se note poco o nada el huevo. Esto es normal, con el entrenamiento irás ganando sensibilidad y podrás percibir los tres músculos en forma de anillos situados en el canal vaginal: el primero está situado a la entrada de la vagina, el segundo está en la mitad y el tercero está localizado al final del canal vaginal

- **¿Cuánto tiempo dedico a la práctica?**

Jugar con el huevo dentro de la vagina durante unos minutos al día es suficiente para crear buenos resultados. El mero hecho de introducirlo, activa automáticamente el reflejo orgánico de los músculos. Incluso dormir con él aporta beneficios. Lo ideal es hacer esta práctica durante al menos 10 minutos, tres o cuatro veces por semana.

- **¿Se puede «perder» el huevo dentro del cuerpo?**

NO, al final del canal vaginal se sitúa el cérvix que actúa como una barrera. El cérvix se abre solamente durante el parto y cada mes durante el período menstrual.

- **¿Cuál es el inicio y el límite de edad para esta práctica?**

Cada mujer decide cuándo comenzar esta práctica y no hay límite de edad. Los beneficios físicos, emocionales y energéticos favorecen a mujeres de todas las edades.

- **¿Cuándo no usar el huevo?** No lo uses en NINGUNO DE ESTOS CASOS:
  - Durante el período de la menstruación.
  - Cuando tengas una infección vaginal.
  - Cuando tienes relaciones sexuales con penetración.
  - Cuando usas el Dispositivo Intra Uterino - DIU como método anticonceptivo.
  - Durante el embarazo.

Quiero sexo y lo quiero así

Aprender a hacernos el amor en solitario y en compañía es una de las tareas esenciales para todo ser humano. El legado del Tao Sexual, Amor Sanador, nos ofrece expandir nuestra experiencia en las artes amatorias para vivir plenamente la sexualidad, experimentar el orgasmo y la multiorgasmia. Nos enseña cómo utilizar el éxtasis para nutrirnos completamente y aprovechar esta energía sanadora para llevarla donde sintamos que más la necesitamos.

Una vez integradas y desarrolladas las prácticas de cultivo en solitario, llega el momento de compartirlas en pareja. Es importante ser fiel a nosotras mismas, respetarnos y transmitir nuestros deseos y necesidades. Expresar lo que nos apetece y pedir cómo lo queremos es la manera de mostrarnos tal cual somos y de tener relaciones sexuales más auténticas y placenteras.

Entregarnos al placer y al éxtasis es una aventura, un viaje hacia la intimidad del universo.

El tao sexual para el hombre

Tras numerosas páginas, llegamos al momento de abordar el componente de la masculinidad. No pocas son las actitudes y enseñanzas que nos toca aprender para a estar a gusto con nosotros mismos, como seres humanos y como hombres. Al respecto, me asaltan unas cuantas cuestiones al respecto:

- ¿Qué es ser un hombre?
- ¿Cómo expresar nuestra esencia?
- ¿De qué maneras puedo ejercer mi masculinidad, mi hombría, de la forma más adaptativa posible?

¿Cuántas veces me habré hecho estas preguntas? Unas veces, por mi propia zozobra existencial, en momentos difíciles donde me tocaba replantearme mi postura ante la vida. Otras tantas, se me agolpaban al afrontar una relación de pareja. Vivimos una época preciosa que nos invita a reinventarnos, pues muchos de nosotros sentimos que, con las conductas heredadas o aprendidas, chocamos demasiado con la vida.

El rol de hombre nos incita a afrontar diversos retos y ser capaces de dominar nuestra combatividad en aras de transformarla en capacidad de trabajo. En este sentido, nos viene muy bien desarrollar seguridad en nosotros mismos para no vivir a la defensiva, ni percibiendo a los otros como potenciales enemigos. Siempre me viene a la mente el ejemplo de dos maravillosos deportistas como

Rafa Nadal y Roger Federer, amigos y tenistas incansables. Son dos elegantes contrincantes, que saben encauzar su agresividad en un juego deportivo potente y darlo todo, conservando una presencia y un saber estar dignos de admiración. Por otro lado, ejemplos de cómo no hacerlo bien vemos muchos en el deporte…, y en la vida.

A este tenor, recuerdo la frase de Sócrates, según la cual el hombre es bueno por naturaleza, si obra mal es por ignorancia. Me animo a creer que es así porque esto me llena de fe y de ganas de aportar mi grano de arena cada día en la consulta, cuando me llegan personas, hombres y mujeres, a quienes se les traba la vida y, con un poco de información y unos buenos ajustes, se encarrilan de nuevo.

Como hombres nos toca forjar nuestro destino, desarrollar nuestra propia carrera profesional, tal vez ser maridos y padres, empleados eficaces o jefes competentes. En definitiva, sentir que perseguimos un propósito vital. Para eso nos hace falta información que nos ayude a manejar nuestras herramientas y conocer nuestro entorno, información tanto interna como externa. Nos es preciso aprender y desarrollar nuestra capacidad de adaptación. En este sentido, resulta clave la inteligencia intrapersonal, que abarca la forma de gestionar nuestras propias emociones y recursos.

Y, sobre todo, porque esta puede que sea nuestra asignatura pendiente, ya que nos toca muy de lleno aprender o desarrollar nuestra inteligencia interpersonal, la capacidad de empatizar, comprender, ponernos en el lugar de la otra persona, caminar con los zapatos del otro, como reza el proverbio. Sin lugar a duda, esta es una inteligencia que nos facilita el mundo relacional, las relaciones y los vínculos entre nosotros, claves para todo en la vida, porque, a menos que seamos ermitaños, necesitaremos recurrir a ella constantemente.

En tal sentido, todo esto conforma la construcción del carácter, tarea que es importante que dure toda la vida para no estancarnos o sentir que ya hemos aprendido bastante, ni decir «yo soy así», frases que denotan soberbia y falta de ganas de aprender cuando, sin embargo, en el campo del autoconocimiento y del amor el camino nunca termina.

La empatía en pareja

El desarrollo de la inteligencia interpersonal, por tanto, te permitirá saber qué te está pidiendo tu pareja, leer entre líneas, qué necesidad está mostrando, a veces, escondida en el mensaje. Es posible que tu pareja te esté reclamando alguna muestra de seguridad o un refuerzo positivo. Lo más habitual, y tal vez lo más importante, que te pida tu pareja es que la escuches. En esta línea, ya hicimos referencia en nuestro libro anterior Tao para Vivir a unas sencillas pautas para mejorar la escucha y crear un momento de auténtica presencia, como mantener la mirada fija y atenta de una forma suave, restándole dureza al gesto, asentir con la cabeza, no interrumpir ni cambiar de tema, usar preguntas como ¿qué quieres decir con...?, entre otras posibilidades.

Otras veces, no obstante, tu pareja te va a pedir que te contengas, sencillamente que pares, y es que los hombres somos muy dados a coger una inercia en la que luego nos cuesta frenar y detenernos; es importante desarrollar cintura en este sentido. Me refiero, así, a estados anímicos y conductas en las que estoy empecinado en algo y me resulta difícil mirar y sondear en más direcciones. Sin embargo, es imprescindible detenernos y mirar a cada lado, pues en muchas las ocasiones veremos a nuestra pareja pidiéndonos, precisamente ahí, que aminoremos el paso y detengamos la marcha.

En otros momentos, tu pareja te pedirá que le expreses un abrazo físico y, en alguna ocasión, será un abrazo tejido de palabras y es que jugar con el tono de voz, cuando detectas esta situación, es meritorio.

En general, nos va a tocar generar un marco de confianza, sobre todo, si queremos transmitir seguridad y dar la sensación de que estamos gestionando adecuadamente cada situación, para no parecer, de otro modo, que estamos presos y navegamos a merced de las circunstancias.

A título de ejemplo, me gustaría destacar, en lo referente a leer entre líneas, el hecho de que la mayoría de la gente, cuando se siente asustada, se enfada, mientras que, en el fondo, lo que está pidiendo es sentir seguridad. Si no nos mantenemos serenos, y no somos habilidosos descifrando el mensaje de nuestra pareja, podemos tomárnoslo como algo personal, y generar un conflicto innecesario. En el fondo, se nos estaba pidiendo algo sencillo. Para lograrlo, nos toca estar y sentirnos serenos, tener bien calmado el fuego de la ira.

Cantos de sirena

Con independencia del género, en ocasiones, puede que en la vida me lleve cierto tiempo darme cuenta de cuál es mi camino, qué me gusta y qué no me agrada, qué me hace bien y descartar qué no tanto, qué sirve a mi alma, en definitiva, a la vez que discernir qué cosas solo me entretienen y me hacen perder el tiempo o estar distraído. En este discurrir vital se nos puede ir media vida, tardando eternidades en tomar realmente las decisiones importantes para nosotros.

En este sentido, reconocerlo es positivo; simplemente se trata de salir del autoengaño vital. Cuando en mi mente estoy justificándome o justificando alguna de mis conductas, me estoy sirviendo en bandeja argumentos y mentiras que necesito creer y abrazar para hacer más soportable una realidad que se antoja, ya de por sí, difícil de tolerar. En cuanto a las relaciones, si estoy alegando razones para seguir inmerso en una relación o motivos para justificar el comportamiento de mi pareja, necesito plantearme qué estoy haciendo, en qué fase de mi vida estoy y a qué destino quiero llegar, si es por el camino que deseo discurrir. Es algo que presencio, por desgracia, todos los días en consulta: personas encajonadas en una actitud que les aboca a ciertas situaciones y relaciones personales, que se empeñan en buscar el problema en el otro cuando realmente subyace todo en uno mismo.

Sin embargo, a veces, uno no se permite amar y por eso nos entretenemos en relaciones que no conducen, de antemano, a ninguna parte y que no son fluidas la mayor parte del tiempo. En este tema nos toca cometer muchos errores, para calibrarnos, para conocernos. Es bueno, asimismo, invertir todo el tiempo que sea necesario observando y sacando el juicio de la ecuación; por eso, en ocasiones, es bueno no aferrarse a lo primero que llega a nuestra vida, a menos que el corazón brote de júbilo.

Ante todo, mucha calma

A este respecto, considero que lo fundamental es no vivir con tanto drama las relaciones personales. Son demasiadas ya las personas en el mundo que se atormentan por parejas que tuvieron o tienen o, incluso, que tendrán, inmersos en una dinámica mental que pone de manifiesto la angustia con la que se vive, por no afrontar el propio vacío personal. Lo fundamental, de veras, es darnos cuenta con honestidad meridiana de si la relación que tengo alberga estos tres conceptos:

- Una buena sexualidad.
- Una buena comunicación.
- Un proyecto en común.

Esta triada representa una relación de verdad, en la que no me resigno, siento que me expreso, que escucho y se me escucha, que me levanto con ganas de vivir y, sobre todo, que me sorprende a diario.

A veces, otros lo tienen más claro y, desde un principio, saben lo que quieren; en la vida todo es un aprendizaje que requiere su tiempo. Necesito darme cuenta, escucharme, estar pendiente de mis sensaciones más profundas, no quedarme en lo que se espera de mí y en esos cantos de sirena que me engatusan para no salir de la comodidad y hacer algo que realmente no está en mi camino de crecimiento. Estos cantos pueden venir del exterior pero, sin lugar a duda, los más peligrosos, los que uno se traga como un credo sin darse cuenta, son los que brotan de dentro, de la propia mente. Uno de los objetivos más importantes en el Tao es ser consciente de mi ruido mental, de mi rumiación y ser libre, en vez de esclavo, del yugo de mi propia mente.

Así que lo importante se reduce a ser fiel a sí mismo, escuchar esa voz interior que me indica el rumbo como una brújula interna, teniendo vía directa de comunicación con la intuición personal para reconfigurarnos y dejar de «estar en el tener» para pasar a «ser», dejar de «querer gustar» para simplemente gustar, o no gustar, pero estando inmersos de paz. Con este credo se podrían ahorrar años de errores, sufrimiento innecesario y repetición de falsos patrones.

Acción-reacción

Recuerdo con nitidez la película de Los chicos del coro y esa frase de «acción-reacción», siempre con una reacción en oposición, que solía ser una bofetada. Este ejemplo ilustra el modus vivendi en el que un gran número de personas está inmerso sin ser conscientes. Ya hicimos referencia en nuestro anterior libro, Tao para Vivir, al arte de no reaccionar. Hay personas que reaccionan a todo, a las noticias del telediario, a los argumentos políticos, al que les adelanta con el coche, a la emoción del que se cruza por delante. Se encuentran, en todo momento, emitiendo reacciones de las que, desgraciadamente, son esclavos.

Y eso, sin embargo, implica estar perennemente perdido, desconectados de nuestra propia naturaleza, siempre dependientes del borbotón emocional y mental al cual está acostumbrado nuestro cuerpo al reaccionar. Y poco a poco va creciendo insondable el abismo que nos separa de nosotros mismos, generándose cada vez más vértigo cuando uno mira dentro de sí, existiendo cada vez más inercia, más desorden y alejándose cada vez más la libertad de ser capaz de elegir, la capacidad de alcanzar otro estado de ser distinto. El arte de responder tras una reflexión, de crear un estado o emoción libre tras hacer la calma y la paz dentro de uno mismo constituye un gran peldaño en la sabiduría. Así sí se puede responder; el resto no es más que una mera reacción y esclavitud.

Con respecto a esto, como en muchos otros temas, las mujeres nos llevan ventaja. Por regla general, el hombre es más impetuoso y menos reflexivo debido a que nuestros instintos nos empujan siempre a ir hacia delante. Es preciso para un hombre que quiera dejar de estar en lo predecible, salir del montón, proponerse a sí mismo desarrollar la quietud, la capacidad yin, la pausa. Todo ello hace referencia al arte de escuchar, de parar, de quedarse quieto y poder cambiar de dirección, de ser capaz de calmar el enfado o la pulsión sexual. Así, en este sentido, se va a otorgar a sí mismo la capacidad de control en la eyaculación, cualificándose como amante, haciendo de la contención un arte en todos los planos de la vida, de una forma muy transversal. Es de vital importancia no subestimar este aspecto porque es lo que va a equilibrar la balanza tanto interna como externamente, para verse a como un hombre hecho a sí mismo a base de confianza y seguridad, que es consciente y capaz de gestionar adecuadamente sus fuerzas y sus recursos.

Y es que si, además, pensamos que con nuestras cuatro estrategias y nuestro estilo de vida vamos a seducir y conquistar a una mujer estamos absolutamente equivocados. Esta actitud nos puede servir de anzuelo, únicamente y en el mejor de los casos, a corto plazo. En materia del amor, los sentimientos y la cercanía piel con piel, la mujer vive a años luz emocional y mentalmente, por eso se cansan de nosotros, de los manidos prototipos de macho o de hombre al uso. Llevan años, siglos, pidiendo y demandando constantemente algo más de nosotros.

Del buscar reconocimiento a la entrega total

En este sentido, os daréis cuenta de que hay ciertas personas que necesitan ser vistos, airear sus méritos o se expresan levantando la voz, siempre con la necesidad de contar sus hazañas y sacar a relucir sus medallas en público. Incluso, van más allá y están acostumbrados a dar la nota, hablar interrumpiendo o llamar la atención con conductas que están fuera de lugar. Además, hacen comentarios aunque sea para que se les mire mal. Este tipo de personas buscan subrayar su existencia mediante la aprobación y la atención de los demás casi constantemente. Es más, puede que nos pase un poco a cada uno de nosotros, sin embargo, hay pocas cosas que disgusten tanto a una mujer como esto, hasta el punto de provocar en ellas la desazón y el desinterés.

¿Cómo podemos reconocer que entramos en esta dinámica? Cuando tenemos ansia de hablar o queremos llevar siempre la razón, buscando tener seguridad; nos perdemos, no obstante, el poder disfrutar de una mirada en silencio ya que necesitamos llenar el vacío que se nos antoja tan incómodo. Si notamos que nos cuesta quedarnos callados y sostener la mirada, realmente tenemos la necesidad de empoderarnos, de aprender a estar en paz con nosotros mismos, de ser capaces de sentirnos, en definitiva, completos y desnudos ante la mirada de una mujer.

Se pone de manifiesto que nos pasamos el tiempo escondiendo una parte de nosotros, la más vulnerable, lo que nos hace perder el sabor y el colorido de la vida. Esto nos hace vivir con un pie fuera, enlazando relaciones que no van a ninguna parte, o sexo efímero, o insípida soledad. Hay hombres que se pasan media vida con una herida emocional que no deja de supurar, evitando a toda costa el posible dolor de exponerse sentimentalmente.

A veces, siendo unos grandes guerreros, esto es lo que más nos aturde, porque nos deja emocionalmente expuestos, con el corazón palpitante, sin armadura, sin pose, sin más…; con el alma a flor de piel, parece que todo está en juego y muchos hombres dan un paso atrás, vuelven a esconder su ternura y su fragilidad para sacar a la superficie esa amalgama de conductas aprendidas que nos regresa a sentirnos a salvo emocionalmente.

Esto nos aleja infinitamente del amor porque el amor precisamente reside en la entrega de la vulnerabilidad, en sentir nuestra fragilidad y, desde ahí, ser acogidos en el seno de una mujer, en sus brazos. Creados para los negocios, el trabajo, el fragor de la batalla de la vida, podemos sufrir la tentación de esconder nuestro lado más sensible, y volvernos rígidos y duros de carácter, temerosos y agresivos. Como hombre, sabrás que te encuentras en una disyuntiva así cuando llegue el momento, sobre todo, si te han roto el corazón con anterioridad. No lo dudes: sé valiente si tienes delante de ti a una mujer que te mira y te acepta con todo lo que eres, con toda la luz y la oscuridad que hay en ti, envolviéndote con su ternura para compartirte desde lo más hondo, para fundirte con todo su cuerpo y su alma.

Porque mirar a los ojos es perderse en el otro para poderse encontrar a uno mismo, asomándose a un alma como quien se asoma a una ventana llena de sol, parafraseando a García Lorca. Es permitirse sentir qué pasa ahí detrás. Tras esos ojos se está expresando el corazón palpitante, a través de la mirada se nos permite descubrir qué intuiciones y qué sentimientos se despiertan entre quien tengo delante y yo, entre ambos seres. Mirar a los ojos, detenerse, apartar todo por un instante para hacer el amor con mayúsculas en la quietud para así crear esa *nada* que es tanto y que me puede sobrecoger, que puede hacer que, por un momento, me asuste porque en una mirada, me estoy entregando, estoy ofreciendo mi alma, le estoy transmitiendo a la persona que tengo delante: *«eres lo más importante para mí ahora, en este preciso instante».*

La visión de una mujer

Justamente esto te dirá una mujer transparente. Hace tiempo, y desde mi curiosidad como hombre por cotejar, entender y acercarme al alma femenina, le pregunté a una amiga qué es lo que, desde su alma de mujer, le atraía de un hombre, en toda su inmensidad, personal, humana y, por supuesto, sexual. En un arranque de sinceridad y belleza, Cristina me contestó esto, que transcribo literalmente con su permiso, sin distanciarse de lo escrito en las líneas precedentes desde la orilla masculina. Al final, sexos opuestos, con polaridades energéticas distintas como el yin y el yang que nos conforman, somos como ríos que siempre acaban fundiéndose en el mar.

*«**Para un alma guerrera, fuerte y libre como la mía**, no hay nada más atrayente que hombres valientes…, valientes en toda la dimensión de la palabra, en un mundo poblado mayoritariamente por seres que enarbolan y se enmascaran bajo la bandera de la cobardía. Hombres, en definitiva, auténticos, guerreros, imparables, fueras de serie, hechos a sí mismos, curtidos en mil batallas y aprendizajes vitales, en cuyos brazos por fin pueda descansar, soltar la armadura de guerrera y quedar desnuda con la tranquilidad, la paz, la confianza ciega y la certeza absoluta de que ellos te protegerán aún mejor que a ti misma, blandiendo la espada contra el mundo con una mano, si fuera necesario, y agarrándote fuerte con la otra, sin soltarte jamás…»*

*«**Para un alma salvaje e independiente como la mía**, no hay nada más admirable que hombres que admiren, de verdad, tener mujeres salvajes y fuertes junto a ellos, que no adulen su ego masculino, que no se sometan a ellos sino que se arriesguen a quemarse en un fuego imprevisible y vulnerable, del que nunca saldrán indemnes. Que elijan la pasión siempre por bandera y cabalgar salvajemente ardientes de deseo junto a mujeres indomables con el corazón de tempestad, antes que la comodidad y la placidez que pueda otorgar una vida tranquila, con más certidumbre y seguridad, al lado de la docilidad de otras mujeres también maravillosas en su plenitud».*

*«**Para un alma de fuego como la mía**, no hay nada más ardiente que un hombre que desee vivir con el alma en llamas, en un incendio espiritual que abrase cuerpo, mente y espíritu; un héroe que sea capaz de arder en el fuego donde se sacuden los miedos internos, azuzados por el huracán que dejan al penetrar en tu vida mujeres así, que se muestran desnudas y sinceras, reales e imperfectas, terrenales y diosas…, que solo quieren ser consumidas y devoradas en una hoguera eterna».*

*«**Para un alma apasionada de vida como la mía**, no hay nada más vital que un guerrero que no tema a la muerte ante a una mujer así. Un hombre que no se deje atemorizar por sus propios miedos, esos que estrangulan el cuello y te desgarran por dentro, un hombre que desee quedarse cuando lo que se quiere es salir huyendo, con el convencimiento de que aquello a lo que teme es precisamente lo que le ayudará a sanar; el amor entendido siempre como el agua clara donde se limpian dos almas que se curan y se cuidan en una danza eterna».*

*«**Para un alma de bailarina como la mía**, no hay nada más sensual que un hombre que baile bien, que demuestre que su cuerpo vibra con el lenguaje más universal que existe, la música, porque quien tiene una sensibilidad así la demuestra siempre en el lugar horizontal donde quedan desnudas las esencias».*

*«**Para un alma hechicera como la mía**, no hay mayores cantos de sirena que los provenientes de un hombre con el aura envuelta de magia y misterio, un artista que cree música acariciando la piel, haciendo juntos del amor un arte, incomprensible e inaccesible a los demás, al compás de los gemidos, de los susurros, de los silencios, hasta llenarme de pequeñas muertes y nuevas vidas cada noche y cada nuevo amanecer…, muriendo y renaciendo como hace el amor, incansable, inagotable, transformador y eterno».*

*«**Para un alma poderosamente intelectual y revestida de una gran sensibilidad y humildad como la mía**, no existe nada más atrayente sexualmente que la admiración personal y profesional. Hombres a los que puedas admirar humanamente, que estén conectados con el corazón universal del mundo, con los latidos de las personas más necesitadas y con empatía hacia el sufrimiento inhumano de las personas con dolor crónico y, a la vez, a los que admires en su profesión, a los que puedas escuchar horas aprendiendo de ellos, maestros de vida, guías, consejeros, que sientan que poseen la inmensa fortuna de compartir su camino con una mujer tan poderosa en toda su*

inmensidad como ellos, un regazo femenino donde puedan descansar, recargarse y evolucionar espiritualmente».

*«**Para un alma con altos ideales como la mía**, no hay nada más poderoso que la sinceridad, la lealtad y la amistad. No hay mayor afrodisiaco para mí que saber que me quieren por mi esencia, que valoran mi amistad por encima de un cuerpo, más allá de un interés, de un deseo primitivo; que me quieren tal y como soy, que es como yo me amo, sin dudas ni carencias, nada más y nada menos...»*

*«**Para un alma tan espiritual e inmensa como la mía**, resultan sumamente adictivos los hombres que te pueden desnudar el alma con la mirada y con los que te sientes aún mejor no solo desnuda de ropajes sino en lo más profundo del alma, que te recorren cartográficamente a besos todos los lunares del cuerpo, sin cerrazones mentales, con la mente tan abierta y sedienta de curiosidad como la inmensidad del océano, al mismo tiempo que te besan y se enamoran, aún más, de las zonas más sombrías de tu espíritu. Hombres que se emborrachan de tu alma, que sirven a ella, al mismo tiempo que devoran hambrientos de deseo tu cuerpo y estimulan tu mente, sacando lo mejor de ti hasta crear una aún mejor versión de ti misma. Hombres así, cuando aparecen en tu vida, no los dejas jamás por más libre e independiente que seas, mujer bella, mujer de fuego, mujer indomable y hechicera, mujer poderosamente salvaje».*

—CRISTINA H.

Prototipos de hombre negativos

La vida es un camino de crecimiento constante si estamos dispuestos, si conservamos la inocencia de querer siempre mejorar, si conservamos el alma de aprendiz que otorga un espíritu joven. Vamos a polarizar dos ejemplos desadaptativos de rol masculino, para dejar claro de lo que tenemos que alejarnos como hombres maduros del siglo XXI.

El machista

Muchos comportamientos y conductas tienen una base aprendida. Esto no significa que nos la hayan inculcado a propósito, sino que es inherente a nuestro desarrollo, porque la hemos visto en nuestros padres y la hemos hecho nuestra sin ni siquiera darnos cuenta. Estos patrones adquiridos en la infancia nos acompañan, como no podía ser de otra forma, incluso durante la edad adulta y generan unas limitaciones que nos encajonan y hacen de la vida un mundo más estrecho hasta que no llega ese «darme cuenta», con su ruido, angustia y culpa. Y no, es probable que sea heredado de mi padre, de mi madre, del abuelo, y que simplemente lo he naturalizado sin intencionalidad ni consciencia.

Y, sin embargo, si no me detengo y reflexiono, no me puedo librar de ello, y, quizás, esos comportamientos adquiridos del pasado, pero que modelan mi presente, me están impidiendo vivir otras muchas facetas de la vida. Este cambio de forma de verlo, no tenerlo dentro de mí sino tenerlo delante, ya me capacita para empezar a virar el rumbo, sin culpar a nadie. Todos esos patrones forman parte de la enseñanza generacional, pero a mí, para mi vida, quizás, ya no me son de utilidad y no me conviene seguir la estela del pasado. También pueden tener una base en una sensación aprendida de temor a lo desconocido. Por ello, muchas personas critican y sienten temor hacia lo nuevo a la vez que se enrocan en sus razonamientos, creencias y costumbres.

En este sentido, sin duda, es más interesante ser flexible como un junco para ser capaces de abandonar todos esos hechos y amalgamas de creencias a los que nos aferramos con fuerza y damos categóricamente por sentado. El machismo introduce sus raíces en este tipo de creencias. No es solo un dogma y una forma arcaica y denostada, sino fundamentalmente miedo y dificultad para adaptarse a los cambios, en un mundo en constante evolución. Un machista es un tipo asustado, estancado, cuya visión acortada enfoca siempre el problema en los demás. Los hombres de hoy en día ya no tenemos excusas para seguir tomando el relevo de tan rancias herencias. Para todo cambio, uno necesita querer sentir la necesidad de frescura, tener ganas de renovarse y ponerse en movimiento. Es preciso albergar siempre esa actitud, tan propia e inteligente de los niños, de querer aprender y preguntar, escuchar, estar atento, no dar nada por supuesto. Así, nos llegarán momentos de gran presencia, que impulsarán nuestra capacidad de amar.

El consentidor

En el otro extremo, nos hallamos ante ese hombre que se pierde de sí mismo y de su voluntad, con una vocación de ayudador desmedida, que solo busca agradar y reduce su comportamiento a un «quedar bien», buscando la aprobación materna en todas las personas, en todas las mujeres, siendo incapaz de negarse a nada de lo que le pidan. Este comportamiento le genera ir acumulando, poco a poco, una ira que se va acantonando en sus huesos a punto de estallar ante cualquier espita. Este tipo de hombre adolece de todo atractivo para una mujer, pues no genera pulsión ni misterio. Y aunque lo haya pintado así de drástico, más que un nombre completo, me refiero a un rol en el que unos y otros caemos. No estoy describiendo a un hombre generoso que sabe ayudar y estar al quite para cuando se le necesita, sino a un ser que vive en ese exceso. De esas conductas debemos aprender a salir, ya que denotan en su sustrato una falta de respeto por uno mismo. Y es que una de las máximas del amor es ser capaces de amarnos primero para poder saber amar a los demás.

Adicción a la mujer

Tanto un rol como el otro, anteriormente reflejados, nos avisan de una relación patológica con el género femenino. Son dos polaridades de una adicción a la mujer que no crea igualdad ni respeto, no fundamenta el amor crecido y libre. A muchos de mis pacientes que sufren de desamor o amor desmedido, tanto hombres como mujeres, les propongo una larga temporada de ayuno sentimental. La propuesta consiste en evitar las relaciones sexuales o románticas, todas, salvo las de amistad con el sexo opuesto (o con el mismo sexo, en caso de los homosexuales). Sobre todo, si son personas que viven siempre el mismo tipo de vínculo, o lo viven con mucha carga de sufrimiento. Se comprometen a abstenerse, para erradicar impulsos adictivos, para dejar de ser atraídos por el mismo tipo de persona, para darse nuevas opciones de conocer y darse a conocer. Es favorable permitirse una temporada de barbecho sentimental, de descanso, tras una relación importante o tras muchas relaciones efímeras. Hay días que se sobrelleva con dificultad, pero como hemos visto tantas veces en consulta, merece mucho la pena. Solo pueden tener sexo con ellos mismos, para aliviar la propia tensión y conocerse mejor. Este proceso queda fantásticamente ilustrado con la leyenda del inmortal.

Leyenda del inmortal

Cuenta la leyenda que a un sabio taoísta le fue impedida la entrada al cielo porque todavía seguía teniendo mucho apego, mucho gusto y mucha atracción por las mujeres; no tenía practicado el desapego con respecto al sexo femenino así que se fue a vivir a un prostíbulo y con el tiempo se hizo amigo de ellas y las empezó a ver como a seres maravillosos, no solo como unas personas con las que gozar. Un amigo fue a visitarle y le preguntó «¿cuándo te vas a ir de aquí?» y le respondió «me iré cuando me vaya», hasta que él pudo sentir que no tenía ningún apego a la sexualidad. Se había descargado completamente, se había desapegado de la idea de una sexualidad, de una necesidad sexual y pudo salir del prostíbulo, seguir su camino y, por fin, alcanzar la inmortalidad y elevarse al cielo

El cortejo

Si nosotros, como hombres, creemos que el cortejo empieza cuando nos vamos a meter en la cama, anticipando el gran momento, y creemos que nuestra pareja debe estar dispuesta de por sí, estamos muy equivocados. La naturaleza del hombre es estar más predispuesto a cada momento ya que somos como un fogonazo apasionado. Sin embargo, la naturaleza intrínseca de la mujer hace que esta albergue una energía más a fuego lento; esto no implica que luego no sea la más ardiente, incluso con más desarrollo que un hombre, pero a la mujer le calan más los detalles, necesita más un estado anímico que la predisponga a pedirle guerra al hombre. A la mujer hay que conquistarla en cada instante, desde por la mañana, desde los buenos días. Necesitan sentir que estamos atentos a ellas, que son nuestro centro de atención para sentirse seguras y a gusto, y en ese escenario de confianza es donde brota el manantial de su sexualidad. Si las tratamos inmerecidamente, sin la educación y el respeto que se merecen, no podemos esperar que luego, a las pocas horas, estén dispuestas a participar en el juego del amor y nos vamos a dar de bruces con una realidad muy distinta de la que enseñamos desde nuestros genitales.

Yang abajo y Yang arriba.

Práctica sexual taoísta

Todo varón, que decida asomarse al sendero de las enseñanzas sexuales, puede reaccionar de distintas formas. Dos de ellas son las más habituales: una en la que, con curiosidad y deseo de controlar sus impulsos instintivos, hace que se inicie fervorosamente en las prácticas de aumento de las prestaciones sexuales, con muchas ganas al principio y poco recorrido a largo plazo, mientras que la segunda opción es la del hombre con menos ansia y más perseverancia, que no se queda en las primeras técnicas de potencia sexual sino que entiende este conjunto de prácticas como una vía de descubrimiento y aprendizaje de uno mismo, una vía inmensa de autoconocimiento.

Tanto para unos como para otros, el Tao ofrece respuestas o, mejor dicho, rutas. Es algo que nos toca recorrer con la actitud de un naturalista que pone atención a todos los detalles que van surgiendo en cada recodo del camino.

En este sentido, existen tres conceptos básicos en lo referente al tao sexual para los hombres, que deben comprenderse e interiorizarse antes incluso de zambullirse en las prácticas.

El primero de todos reside en encontrar un estado de serenidad durante el acto sexual que frene la urgencia eyaculatoria. Para muchos hombres, desde que se inicia el encuentro sexual, o incluso antes, todos los estímulos están instintivamente encaminados a copar la excitación sexual para descarrilar en una eyaculación apresurada, pronta e inevitable, como culmen del gozo, como si de una «cuesta abajo y sin frenos» se tratase.

Para los antiguos orientales, la eyaculación no supone el mayor momento de placer, sobre todo, si es de forma incontrolada. En caso de refinar los propios impulsos y crear una buena gestión de los mismos para dilatar en el tiempo el deseo, se puede acceder a cotas de placer por vías neurológicas distintas a las de la eyaculación. Ese es el primer gran cénit de la práctica sexual taoísta. Para estos eruditos chinos, la eyaculación supone una pérdida de energía esencial que nos envejece, agota y nos deja aturdidos, somnolientos y perezosos. Esta forma nueva de afrontar la propia pulsión nos sitúa ante el umbral de muchos otros placeres en la ascensión al templo del placer.

Otro concepto importante es la frecuencia con la que se eyacula, sobre todo, a partir de los 40 años, etapa en la que va siendo cada vez más importante conservar toda la energía posible, esencialmente la que tiene que ver con la esencia interna o elixir interior. Si un hombre se autorregula en este sentido, verá su vitalidad fortalecida, sentirá que el cuerpo le acompaña y no le pesará en su día a día. Se notará con más empuje a la hora de afrontar los quehaceres y su actitud cambiará hasta convertirse en un hombre proactivo y con iniciativa, joven de espíritu, fuerte, sano y longevo.

El tercer concepto clave es, como amantes, estar al servicio del placer femenino (y podríamos decir de la mujer algo similar). La energía natural del hombre es la de entregar, aportar, acompañar. Por ello, tenemos una oportunidad maravillosa de cuidar a nuestra pareja en la alcoba para que tenga el éxtasis rozándole los labios, si sabemos canalizar nuestros instintos. No significa olvidarnos de nosotros mismos, sino construir un momento presente gozoso para ambos, ¿o es que amar es otra cosa?

Amar es cuidar, acompañar, escuchar, sentir, dar y recibir, conceptos extrapolables a todas las facetas de la vida, que cobran un sentido exquisito si nos metemos bajo las sábanas.

Como aprendizaje clave, a los hombres nos toca dilatar nuestra excitabilidad para que deje de ser fugaz y poder alargarla en el tiempo, alejándonos del arrebato de la eyaculación y sabernos capaces de conservarnos excitados un tiempo indefinido. Esto nos capacita para poder separar el clímax de la eyaculación, y crear un espacio amplio donde descubriremos que orgasmo y eyaculación son dos cosas distintas y se expresan por vías neurológicas diferentes, gozando de compartir placer con nuestra compañera de múltiples maneras, sin sentir que el sexo es una cuesta abajo sin frenos.

Orgasmo masculino.

Reconocerse

Para el desarrollo de cualquier disciplina, tener ganas, conocerse y dedicar tiempo son elementos fundamentales que nos encaminan hacia la consecución de nuestros objetivos. Estar motivado y tener la curiosidad de un niño son necesarios para no encarar el aprendizaje con una actitud perezosa. Podríamos en este libro iniciar un breve tratado de anatomía y fisiología, pero vamos afrontar nuestro tema en cuestión desde otro punto de vista: desde el sentir, como vive el Tao, desde el explorarnos.

Tómate tu tiempo para mirarte desnudo en el espejo, para familiarizarte con tu cuerpo y, sobre todo, para dedicarte una mirada amorosa, con aceptación de lo que te gusta más y de lo que te gusta menos de ti mismo, pues no hace falta ser perfecto para disfrutar de nuestro cuerpo y gozar del sexo. Es más, cuanto más perfectos queremos ser, más trabas le ponemos al disfrute. El anhelo de perfección genera ruido mental y nuestro propósito es sacar del partido a la «*monkey mind*» o mente de mono, la que incesantemente crea pensamientos, en todo momento, en nuestra cabeza.

Y es que la no aceptación del presente hace que nuestro día a día sea levemente insoportable. Nuestra mente busca escapar hacia el pasado proporcionándonos una falsa sensación de seguridad que brinda lo conocido, aunque haya sido horroroso, a la vez que se dirige hacia el futuro ensoñando, anticipando o proyectando pasado en el mismo. Estas dinámicas mentales son indicadores de que albergamos cierto sufrimiento que nos impide estar en el ahora. En palabras de Eckhart Tolle:

«Si no hubieras sufrido cómo has sufrido, no tendrías profundidad cómo ser humano, ni humildad ni compasión. El sufrimiento abre el caparazón del ego, pero llega un momento en que ya ha cumplido su propósito. El sufrimiento es necesario hasta que te das cuenta de que es innecesario».

Aceptarse

Aprecia tus contornos, toca tu piel, los volúmenes de tu cuerpo con una actitud afectuosa, puedes hacerlo delante de un espejo o donde tú te sientas más cómodo, la clave es estar a gusto con uno mismo.

Haz lo mismo con tu entrepierna, observa y toca tus ingles, tus genitales, como si estuvieras explorando algo nuevo para que se integren en tu esquema corporal, ya que hay muchas personas que tienen un bloqueo físico en sus partes bajas, las eluden o les hace sentir cierto rechazo hacia ellas. Vamos a quitarnos esto, vamos a ir dejando los estorbos a un lado. Y explórate, sin buscar el placer para empezar, sino para conocerte. Revisa pliegues, texturas de los tejidos, volúmenes de una forma amigable, reconociendo la belleza que tenemos todos en nuestro cuerpo. Este es un gran punto de partida para comenzar el cultivo en solitario de las prácticas sexuales.

Respiración abdominal y genital

Encuentra un momento de calma, aparta a un lado el teléfono móvil o el ordenador, aléjate por un momento de tus obligaciones. Siéntate cómodamente y cierra los ojos. Dirige tu atención al abdomen, a la zona bajo el ombligo y siente cómo al inspirar se llena de aire. Encuentra un ritmo lento y profundo que te proporcione una agradable sensación de bienestar, en la que el aire no roce por tu nariz y tus vías respiratorias; permite que los pensamientos pasen sin sentir frustración si alguno te saca de la meditación. En ese caso, vuelve amablemente al sentir, a percibir el bombeo de tu abdomen al respirar. Una vez que tengas un ritmo respiratorio más o menos constante, permite que tu foco de atención descienda a tus genitales, siente cómo una agradable sensación de hormigueo aparece en ellos. No tengas prisa ya que puede que está sensación tarde en aparecer varias meditaciones. Es como sembrar la semilla y regarla: el brote, a veces, tarda en aflorar sobre la tierra.

Deja que esa sensación de hormigueo se expanda por los genitales, llene las ingles, el ano y ascienda por el coxis y el sacro, con la actitud meditativa de: «solo por esta vez voy a permitir que la energía fluya, acompañándola sin tratar de dominarla ni querer encauzarla».

Sentir y tonificar el músculo PC

Tras conseguir realizar la respiración abdominal con naturalidad y soltura, podemos ir un paso más allá y familiarizarnos con las prácticas de aumento del vigor sexual. Una de ellas sería la musculación o tonificación del suelo pélvico, crucial y protagonista de las prestaciones sexuales cuando está en buena forma, como de las disfunciones genitourinarias y sexuales cuando ha perdido su tono muscular y sus funciones fisiológicas.

Impotencia.

Una forma sencilla de abordar el entrenamiento de la musculatura del suelo pélvico o el perineo es contraer esa musculatura como si quisiéramos interrumpir la orina. La próxima vez que vayas al baño a orinar, interrumpe varias veces la emisión de la orina, siente la musculatura que se contrae para conseguir esto; luego podrás realizarlo fuera del baño sin tener que hacerlo durante la micción.

En las primeras etapas, sentirás que la musculatura se contrae en todo su conjunto mientras que, con el paso del tiempo y la práctica, podrás ser más selectivo en la contracción de los distintos músculos, sintiendo esa capacidad de contraer la musculatura anterior, que es la raíz del pene, o la parte posterior, que se corresponde más con la musculatura del ano. Al principio, podrás hacer las contracciones tipo mensajes de Morse. Sin embargo, con el paso del tiempo, lo ideal es que la solapes con la respiración.

Nuestra recomendación, por lo tanto, es que contraigas al soltar el aire, manteniendo la contracción durante todo el tiempo que dura la exhalación. Cuando el cuerpo te pide inspirar, afloja y deja que, a su vez, toda la musculatura se relaje de forma acompasada.

Práctica de tonificación del suelo pélvico

(igualmente válida para féminas)

■ Busca un momento de calma y un lugar donde no se produzcan distracciones o interrupciones.

■ Cierra los ojos y practica unas cuantas veces la respiración abdominal hasta que sientas que tu ritmo respiratorio es lento y profundo al mismo tiempo que consigues el aquietamiento mental.

■ Inspira una vez más y, en el inicio de la exhalación, contrae y succiona el perineo hacia arriba, manteniéndolo durante todo el tiempo que dura la exhalación, de forma suave, al principio. Si imaginas que tu perineo es como un coche, se trataría de conducir con la primera marcha metida, contrayendo como un 20 % de toda tu fuerza. Haz así seis o siete respiraciones.

■ A continuación, visualiza metiendo una segunda marcha a la vez que haces de 7 a 10 contracciones, usando una cantidad mayor de fuerza y firmeza, en torno a un 40 % de la misma, sintiendo cómo empieza a irrigarse la zona de sangre y es que el riego sanguíneo en la zona está aumentando.

Práctica de tonificación del suelo pélvico

- Al mismo tiempo que conservas la atención en el ejercicio, meterías tercera marcha, como un 60 % de fuerza, en esta ocasión, y recordando, solo al exhalar, hacer otras 10 respiraciones. Puede que sientas como un hormigueo en la zona y una leve sensación placentera o, quizás, no sea el caso y es que, a veces, las sensaciones tardan en aparecer; esto no debe focalizar tu atención y, menos aún, tu preocupación. Es a título meramente orientativo.

- Seguidamente, mete cuarta y haz las 10 respiraciones más o menos, sintiendo que estás casi al máximo de tu capacidad contráctil, así como la agradable sensación de vigor y de fuerza en la zona, dejando que tu atención se empape con esas sensaciones.

- En último lugar, mete quinta y, al mismo tiempo que estás contrayendo al 100 %, realiza otras 10 respiraciones.

Todo lo anterior constituye solo un ejemplo básico de tonificación. Con el tiempo y la práctica podrás elaborar tu forma propia de entrenar. Otra forma, a nivel orientativo, reside en meter todas las marchas a la vez en una sola exhalación, si eres capaz de respirar con mucha lentitud y profundidad, metiendo primera, segunda, tercera, cuarta y quinta marcha de forma progresiva en una única exhalación. En conclusión, lo ideal es basar el entrenamiento en tu propia creatividad ya que la imaginación es la base de la innovación, que es el sustrato necesario e imprescindible para crear y probar muchísimas cosas nuevas, a solas o en pareja.

Practicar «en frío»

Bajo este epígrafe, nos referimos al manejo de la energía sexual sin excitación y es a lo que se le denomina en el Tao practicar en frío. Tal vez a muchos lectores les choque el hecho de que se pueda practicar con la energía sexual sin excitación porque una gran mayoría de personas no sienten la energía sexual si no están excitados. De hecho, para los hombres es muy conveniente percibir y encauzar esta sensación energética debido a su poder refrescante y descongestionante de los genitales, tan habitualmente sobrecargados.

¿Cómo sentir la energía sexual en frío?

Al igual que en la mayoría de las disciplinas meditativas, la respiración así como la atención son los dos vectores fundamentales a la hora de practicar. A la práctica en frío se le llama respiración testicular.

Aspiración en frío

Una vez que ya eres capaz de contraer y relajar con soltura el músculo PC, podemos pasar a una técnica básica de reconversión de la energía sexual en vitalidad. En este extremo, te percatarás de que aquí cambia el binomio respiración / contracción, ya que se contrae al inspirar para reducir la congestión sexual y sacar energía de los genitales. Siempre que contraigo al exhalar, aumento la condensación; si contraigo, en cambio, al inspirar, descongestiono sacando la energía de la zona sexual y soy capaz de distribuirla por todo el cuerpo.

Práctica de aspiración en frío

- Comienza masajeándote tus rodillas, sobre todo, la cara interna a la vez que asciendes por el interior de los muslos, las ingles y el vientre, sintiendo y abrazando la sensación de que tu capacidad de percibir se expande.

- A continuación, roza tus testículos dibujando el contorno de los mismos al mismo tiempo que pasas por la base del pene y la zona del músculo PC. Percibe cómo aparece un suave hormigueo, señal de que la energía sexual comienza a aparecer. En este punto, tómate todo el tiempo necesario para notar y dejarte invadir por esta sensación.

Práctica de aspiración en frío

- Ahora, inspira y contrae la musculatura genital sintiendo cómo se eleva el músculo PC, el ano y los testículos; imagina que absorbes ese hormigueo, extrayendo la energía de los testículos y llevándola al músculo PC, el ano y el coxis.

- Exhala, seguidamente, y relaja la musculatura mientras mantienes la atención en toda la zona.

- Después, inspira de nuevo a la vez que contraes y succionas la musculatura, exhala y relaja. Irás sintiendo, en este momento, cómo bombeas la energía fuera de los genitales y empiezas a sentirla en el ano, el coxis y la base de la columna. Puede que esto provoque un escalofrío, es buena señal. Sigue inspirando y sacando la energía de los testículos, haciéndola ascender a lo largo de la columna, a la vez que entra en el mentón para que esta sensación energética acabe ascendiendo al cerebro.

- Continúa unos minutos hasta que sientas que la energía sale de los testículos y llega a la cabeza de forma natural, puede, incluso, que visualices algún color o veas alguna luz.

- Posteriormente, conecta la lengua con el paladar, por detrás de los dientes superiores. De esta forma, permitirás que esa energía descienda por delante desde la cabeza hacia el ombligo completando el circuito de unión del canal posterior y anterior.

- En último término, coloca las manos sobre tu ombligo y siente cómo se almacena toda la energía que has movilizado previamente.

La activación del ano es el punto crucial de esta práctica ya que es lo que catapulta hacia arriba la energía sexual. El entrar el mentón es la clave para hacer ascender la energía de la espalda a la cabeza. Así, cuando vemos que una persona tiene la barbilla muy adelantada con las cervicales muy arqueadas, esto constituye un indicador de que tiene mucha tensión en la base del cráneo y en la musculatura del cuello, por lo que será muy difícil hacer que esas maravillosas sensaciones asciendan.

Automasaje

El automasaje testicular es una excelente forma de descongestionar toda la zona genital y hacer ascender la energía sexual para nutrir el cuerpo. Por tanto, se trata de un ejercicio fundamental para la producción de testosterona, la cual, además, potencia la libido, así como la producción de esperma y de fluidos seminales, y consigue una intensa activación de la energía sexual para tener erecciones más potentes.

Para ello, en primer lugar, elige una posición cómoda sedente, bien desnudo o con un pantalón amplio que te permita hacerlo con facilidad. Frótate las palmas de las manos para calentarlas y, a continuación, pon la punta de los dedos índice, corazón, anular y meñique de cada una de las manos bajo los testículos y procede a masajearlos con vigor, haciéndolos rodar unas 36 veces en cada dirección. Seguidamente, contrae varias veces el músculo PC y finaliza la práctica con la respiración abdominal profunda.

También, puedes masajearte entre los testículos con un movimiento de bombeo, utilizando el pulgar y el resto de los dedos. Es importante masajear la base, tirando hacia abajo y prolongando los movimientos durante tres minutos y extrapolándolos a zonas accesorias, hasta un total de 10 minutos al día, preferiblemente, a primeras horas de la mañana o últimas de la noche. Lo ideal es estirar la piel de los testículos tres veces por semana, sintiendo cómo se alarga la misma.

De igual forma, también puedes rodear la base testicular con el pulgar y el dedo índice apretando hasta que se peguen uno a otro encima de tu pulgar y de tu índice, al mismo tiempo que los masajeas con la otra mano haciendo una leve presión sobre ellos. Repite estos movimientos durante cinco minutos sin parar hasta conseguir que queden estirados y, también, visualmente, parecerán tener un mayor tamaño de lo normal por el incremento del riego sanguíneo en la zona. Sería conveniente realizar este ejercicio un mínimo de cuatro veces a la semana, aunque, si lo realizas diariamente, obtendrías aún mayores beneficios en aras de tu salud sexual.

Finalmente, otra forma interesante de masaje taoísta es el denominado golpeo de las perlas del dragón, que es como se conoce en el Tao a esta parte del cuerpo. Este golpeo ligero de los testículos es necesario para estimular la energía del riñón. Para ello, basta con sentarte en el borde de una silla o, si lo prefieres, también puedes estar en bipedestación con los pies separados. Al igual que en las veces anteriores, comienza siempre calentando ambas palmas de las manos entre sí a la vez que sostienes el pene con una mano y lo levantas hacia arriba. Con las puntas de los dedos de la mano que sigue libre, golpea ligeramente los testículos haciéndolos rebotar con muchísima suavidad, despacio, sin sentir nada de dolor pero sí con la fuerza necesaria para que los golpes se sientan en el bajo vientre. Deberás repetirlo durante 36 veces, de forma aproximada, con cada mano. Igual que en las veces precedentes, acaba contrayendo y relajando el músculo PC acompañado de respiraciones de gran profundidad.

No dudes de que todas estas prácticas taoístas masajeando esa zona no solo te reportarán grandes beneficios descongestionantes sino que también podrás hacer acopio de una gran energía y potencia sexual, siendo capaz de convertir la misma en energía curativa capaz de activar los puntos taoístas del amor y mejorar tu sexualidad, como así quedan reflejadas en el libro de *Reflexología Sexual*, escrito por Mantak Chia y William U.Wei, por si te interesara seguir profundizando en ellas y mejorar tu consiguiente rendimiento sexual.

Respiración medular

En este sentido, no son pocos los hombres que me encuentro en consulta con el movimiento pélvico muy limitado, teniendo muy poco o nulo control sobre el mismo. Son dos los problemas que presentan: rigidez y falta de control neuromotor. Con estas cartas, la partida sexual va a ser muy pobre. A todos ellos les recomiendo y les enseño el ejercicio de la respiración medular, para aumentar la flexibilidad de toda la columna en aras de recuperar el control motor y, así, volver a dominar el movimiento pélvico.

La respiración medular es un sencillo ejercicio de chi kung encaminado a mantener la columna vertebral fuerte y flexible. Ya sabemos que es contraproducente pasar muchas horas sentado, incluso hay profesionales de la salud que hablan del síndrome sedente o síndrome de sedestación que engloba toda una serie de disfunciones corporales relacionadas con pasar muchas horas en esta postura al día. Estar sentados ocho o diez horas cada día tensa la musculatura paravertebral de la espalda, grandes músculos como trapecios, cuadrado lumbar y psoas ilíaco, haciendo que el diafragma termine moviéndose con un rango cada vez más limitado, se ralentice el funcionamiento de nuestros intestinos, y se propicie el estreñimiento. Si, además, nos encorvamos hacia la pantalla del ordenador o el móvil, aumentamos, sin ser conscientes, la carga que deben soportar nuestra columna y nuestros huesos. Esto, por desgracia, hace que elementos como las vértebras y los discos intervertebrales que hay entre ellas pierdan su posición fisiológica y su correcto alineamiento y se favorezcan los desequilibrios musculoesqueléticos. Para adaptarse, la musculatura de la espalda se va a tensar, obligada a realizar un sobresfuerzo prolongado, con la consiguiente aparición de las habituales contracturas como mecanismo de adaptación.

Por tanto, el mantenimiento de una postura así durante mucho tiempo es un trabajo muscular isométrico desalineado, que desencadena fatiga en la musculatura de la espalda y el cuello. Si esto se mantiene en el tiempo, el cuerpo, además de las contracturas, va a empezar a desarrollar adherencias, exceso en la formación de tejido conjuntivo, para fijar la postura y ahorrar energía muscular, que pueden acarrearnos el padecimiento de tensiones, dolores así como sensación de rigidez en la columna y su consiguiente pérdida de movilidad.

Si sientes que, pasado un buen rato sentado, se te empieza a cargar el cuello, las lumbares o incluso las dorsales, este ejercicio puede ser recomendable para ti. La respiración medular no es solo un ejercicio global de flexión y extensión de columna, es un trabajo de sincronización del movimiento corporal con la respiración. Como en muchos ejercicios de Chi Kung y Tao Yin el movimiento se realiza al compás de la respiración, siempre bajo la premisa del no dolor.

Práctica de la respiración medular:

- Al inspirar, abro pecho, flexiono los codos 90° y los llevo hacia atrás, acerco las escápulas y dirijo los hombros hacia atrás y hacia abajo, subiendo la barbilla ligeramente. La pelvis está ligeramente en anteroversión con el coxis hacia atrás. Dejo que el aire se expanda por todo el tronco, relajo abdomen y perineo. Busco la sensación de proyectar el esternón hacia el frente.

- Al espirar, basculo la pelvis en retroversión, con el coxis hacia delante. Llevo el ombligo hacia adentro, abriendo, sobre todo, las vértebras lumbares. Cierro el pecho, llevando los codos hacia adelante, uniendo codos y antebrazos. Los hombros van hacia adelante y hacia abajo separando las escápulas. Relajo el cuello y la cabeza.

Concentración:

Practico la Respiración Medular como una meditación dinámica. Con la mente enfocada, me concentro en las sensaciones que emergen de mi cuerpo, tratando de sentirlo por completo.

Variantes para potenciar los efectos de la Respiración Medular:

Al exhalar, contraigo el perineo, ano y genitales y, al inhalar, los relajo. En el momento de la exhalación, contraigo el ombligo hacia adentro mientras que, en la inhalación, relajo el abdomen.

Práctica de la respiración medular:

Pautas destacadas:

Coordino siempre respiración y movimiento. Escucho a mi cuerpo y regulo la intensidad de los movimientos: puede ser muy suave, puro aire en movimiento y puede ser muy intenso, con mucha activación muscular. Evito presionar la parte posterior del cuello al inhalar, tan solo elevo ligeramente la barbilla. Si noto algún dolor agudo, detengo la práctica y consulto con un profesor de Tao cualificado.

Es una práctica que puedo realizar también sentado en una silla.

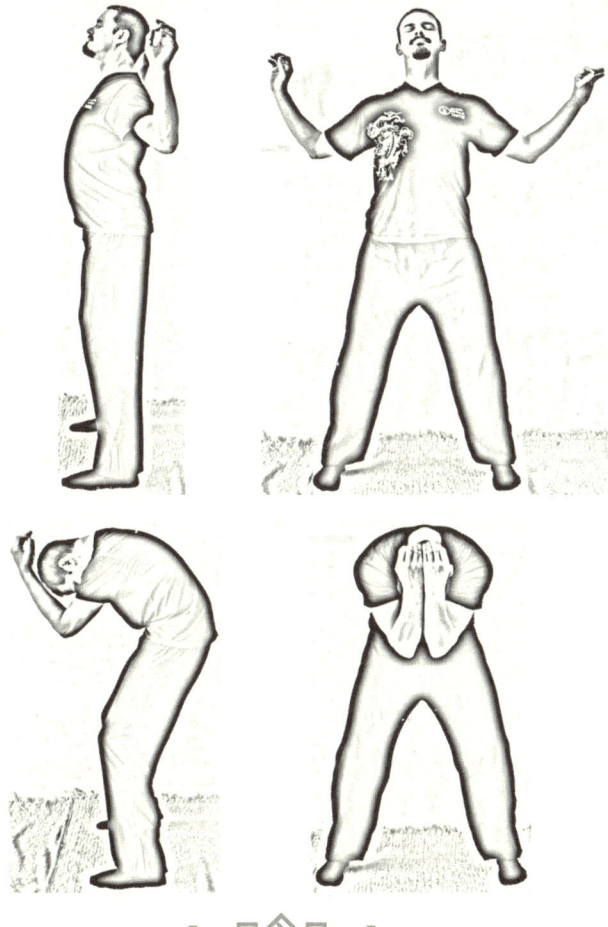

La técnica de los nueve empujes

Bajo esta rúbrica se esconde una de las más famosas recomendaciones amatorias de los maestros taoístas y que se engloba en la técnica que presentamos a continuación. Consiste en realizar nueve penetraciones superficiales y una profunda, nueve superficiales y una profunda, con esta cadencia rítmica. Luego se puede ir pasando, progresivamente, a ocho superficiales y una profunda, siete superficiales y una profunda, hasta llegar a una superficial y una profunda y poder, de este modo, volver a subir. Al principio, puede resultar mecánico y lo crucial es leer siempre a tu compañera, interpretar su deseo y leer, también, tus propias sensaciones, sentir el ritmo del encuentro y notar cuándo ir haciendo las variaciones. Igualmente, puedes hacer nueve repeticiones rápidas y una lenta, luego ocho rápidas y una lenta, y así ir disminuyendo o, asimismo, se pueden realizar nueve lentas y una rápida, ocho lentas y una rápida, en una secuencia de placer donde las variables son infinitas.

Otras técnicas

Los maestros describieron infinidad de variantes en el coito, en cuanto a posturas, velocidad y ritmo de las penetraciones. Otras opciones de penetración consisten en introducir solo la punta del «tallo de jade» nueve veces. Las siguientes nueve veces, se introduciría algo más, y así, sucesivamente, cada nueve veces hasta llegar a introducir la totalidad del pene. Igualmente, se pueden realizar cambios de ángulo tratando de incidir suavemente sobre las paredes laterales de la vagina, estimulando los puntos de la reflexología sexual vaginal, o crear un movimiento de fricción circular, manteniendo el pene introducido, tratando de estimular la vulva con el pubis.

Siempre, en todo momento, lo más importante es que te permitas jugar y ser como un niño, donde las reglas se someten al imperio de la anarquía de la cama.

- ¿Cuánto hace que no juegas?
- ¿Te permites hacer el tonto y reírte de ti mismo?
- ¿Te tomas demasiado en serio? ¿Cuánto hace que no dejas que la vida te sorprenda y rompes tus esquemas mentales, dejándote fluir? ¿O es que, para ello, necesitas beber alcohol, estar en una situación especial u otros coadyuvantes?
- ¿Qué dificultades tienes para jugar?
- ¿Qué requisitos le pones?

Manejo de la energía sexual en caliente

En esta ocasión, nos toca dar paso a ser capaces de gestionar nuestra masculinidad en excitación, de sentir que dominamos el caballo encabritado que galopa nuestra entrepierna y, para ello, debemos crear la sensación de que podemos disminuir nuestra pulsión, reduciendo la marcha para aumentar capacidad de control. Es recomendable que empieces a trabajar en solitario con tu excitación sexual, ya que en pareja se hace más complicado al principio. Evita en todo momento recalentar mucho tu cabeza, a través de imponerte a ti mismo o dejando tu energía sexual demasiado tiempo en el cerebro. Por eso, es importante que aprendas a hacer descender tu energía sexual en frío desde la cabeza hacia el ombligo por delante.

En todo momento, trata de mantener una sensación de que estás equilibrado y con vitalidad, de que te sientes emocionalmente estable cuando vas a practicar. Recuerda que el sexo es un amplificador de la sensación emocional que tú tengas en ese instante, por eso no es recomendable hacer estas prácticas cuando uno está enfadado o triste, ya que no se trata de una vía de escape a una sensación angustiosa e insoportable. Evita también los momentos de cansancio y las últimas horas de la tarde o la noche, si es posible, y nunca pierdas de vista la actitud de aprendizaje desde el disfrute, sin exigencias ni prisa. A su vez, trata de estar sentado, un poco recostado mejor que tumbado, y déjate invadir por las sensaciones.

- Encuentra un momento de disfrute, cierra los ojos y date gusto; siente cómo te gustaría que te tocaran y te estimularan, de una forma progresiva, evitando llegar al éxtasis, alargando en el tiempo el estímulo, sintiéndote cómodo estirando en el tiempo la meseta del placer.
- Cuando sientas que estás como a un minuto de desencadenar el impulso de eyacular, detente, respira hondo y contrae el músculo PC.
- Inspira y succiona la carga sexual desde el pene y los testículos hacia el ano y la columna contrayendo los glúteos, creando pulsos de contracción con cada inspiración, dejando que la pelvis vaya hacia adelante y atrás mientras tanto.
- Siente que la energía va ascendiendo por la columna, expande tu nuca y entra el mentón, dejando que la energía empape tu cerebro, mirando hacia arriba con los ojos sintiendo, al mismo tiempo, cómo la energía alcanza tu coronilla.
- Siente cómo tu erección deja de estar tan vigorosa; ahora es cuando puedes volver a estimularte realizando esta dinámica de tres a seis veces más.
- Deja que la energía circule por tu cerebro y se expanda, siempre con sensaciones agradables, creando espirales en un sentido y en otro, familiarizándote con esta sensación de gran placer y recarga.
- Asegúrate de que tu lengua toca el paladar y permite que descienda la energía suavemente por la garganta y el pecho hasta almacenarla en el ombligo mientras exhalas, dejando que salga el aire por los laterales de la boca, rodeando la lengua.

■ Disfruta de esta sensación, sin expectativa, poco a poco irá siendo más natural elegir no eyacular.

En último lugar, masajéate los muslos, los genitales, las ingles y, sobre todo, el sacro; mueve la pelvis dejando que las sensaciones se asienten y te sirvan para llenar de vitalidad tu cintura y tus caderas.

Y es que, a modo de conclusión, un aspecto que nos anima a seguir profundizando en estas prácticas es la sensación de vitalidad que las acompañan, signo de progreso. Ahora estás inmerso en una andadura de empoderamiento y salud, en la que abres una nueva vía para canalizar las pulsiones de los instintos, sin la sensación de sublimar tu sexualidad. Tu esposa o compañera sexual será la que te anime a seguir progresando, al sentir que te nota más cariñoso y cercano, más atento y abierto, más conectado con tu esencia interna y con la búsqueda insaciable del placer.

Capítulo 6

El tao de las relaciones:
Soberanía personal

«La vida son relaciones
y a través de las relaciones aprendo a vivir».
—ÁNGEL GARCÍA.

Las relaciones amorosas no están basadas únicamente en los encuentros sexuales. A la cama me llevo todo lo que soy. Me llevo mi relación conmigo mismo y con mi pareja. Acarreo todo lo que he aprendido en mi vida y todo lo que tengo sin solucionar.

Todos mis afectos los voy creando y fortaleciendo en el día a día, en las actividades cotidianas, en todos los momentos compartidos, en los cuidados diarios. Mi manera de comportarme con los demás va a depender primero de cómo me amo a mí mismo.

En el libro *Tao para vivir* desarrollaba la filosofía de la Soberanía Personal y en esta obra quiero extenderla al Amor Sanador, al Tao Sexual y a las relaciones de parejas.

En mi reino mando yo

La Soberanía Personal me recuerda que en todo momento estoy eligiendo qué crear y cómo. Soy el actor, director y guionista de mi vida. Tengo un tremendo poder creativo que a veces está sin desarrollar.

El concepto Soberanía Personal tiene que ver con ser el rey o la reina de mi propio feudo, que es mi vida y la rijo desde mi corazón. En la filosofía taoísta el corazón es el emperador, es la residencia del Guía Interno, el Maestro Interior, el fuego de la conciencia que me permite evolucionar hasta alcanzar el Tao. En él residen el amor, la paciencia, la gratitud y la alegría de vivir.

Es fundamental abrir el corazón y conectar con él para seguir el camino del amor y el sentir y por eso te propongo realizar la siguiente meditación taoísta.

Práctica: Meditación de apertura del corazón

Esta técnica está inspirada en las prácticas de la sonrisa interior y de los sonidos curativos y me permite mejorar la comunicación con el corazón y soltar todo lo que me impide amar. (Basada en el libro: «*Despierta la luz curativa del Tao*», de la editorial Mirach, de los maestros Mantak y Maneewan Chia).

Posición del trono de prácticas

Similar a la que he descrito en el capítulo 3 de este libro para realizar las meditaciones de la Sonrisa Interior y de los Seis Sonidos Curativos. En este caso cambiaré la posición de las manos, que estarán ubicadas delante del corazón.

Me siento en el borde de una silla con la columna vertebral alineada.

Pies separados y enraizados. Ingles abiertas. Lumbares en posición neutra. Pecho y barbilla ligeramente hundidos. Parte alta de la cabeza hacia arriba, como si hubiera un hilo que tira de mí hacia la Estrella Polar.

Relajo los hombros. Uno las palmas de las manos y coloco los pulgares apoyados ligeramente en el centro del corazón.

Práctica: Meditación de apertura del corazón

Conexión tierra-cielo

Siento mi respiración lenta y abdominal.

Siento la conexión con la tierra y la sonrío con sentimiento de cariño y gratitud, invitándola a formar parte de la práctica.

Siento la conexión con el cielo y le sonrío cariñosamente invitándole a formar parte de la práctica.

Sonrío a mi corazón

Sonrío a mi corazón con cariño y gratitud dejando que se relaje y se expanda. Siento que se llena de energía amorosa y se abre como una flor. Sonrío al corazón despertando las virtudes de amor, alegría y felicidad. Dedico todo el tiempo que necesite. Recuerdo mi mejor experiencia de amor y lleno el corazón con esta sensación. Dejo que mi corazón se abra al amor.

Sonido curativo del corazón

Hago el sonido del corazón todo lo que dura mi exhalación: «HAAAAAA». Cada vez que lo hago, siento que arde una llama en el corazón que va creciendo.

Al inspirar, sonrío y traigo esencia amorosa rojo rubí al corazón. Al exhalar, siento que libero energía grisácea expulsando cualquier negatividad, cualquier tensión que tenga en el corazón.

Hago de seis a nueve sonidos del corazón avivando el fuego de la llama.

Potencio la energía del corazón

Ubico frente a mí una fuente de luz que representa la energía cósmica dorada presente en la naturaleza. Abro el corazón y sonrío a la fuente con cariño y gratitud atrayendo la energía hacia mí y dejando que fluya como si fuese una cascada hacia la glándula timo y el corazón.

Práctica: Meditación de apertura del corazón

Soy consciente del amor universal, como si fuese una neblina roja que está por encima de mí y me rodea, la fuerza del cosmos que se corresponde con la energía positiva del corazón. Respiro esta agradable esencia sanadora roja hacia el corazón. Siento cómo el corazón es cada vez más rojo y fuerte. Sonrío al corazón. Poco a poco siento que en él se abre una rosa roja, exhalando una fragancia de amor pura y fresca. Al mismo tiempo, dejando meñiques y pulgares en contacto, separo los dedos anular, corazón e índice; en el mudra de la flor de loto.

Mudra de la flor de loto.

Práctica: Meditación de apertura del corazón

Soy consciente de la llama que hay en mi corazón. Siento su calor y su luz y dejo que active la energía amorosa del corazón: alegría, felicidad, respeto y humildad. Inhalo y atraigo más amor universal desde el cielo hasta el corazón.

Me relajo y siento el amor incondicional creciendo y creciendo dentro de mí. Dejo que se expanda e irradie en todas las direcciones, hacia todos los seres de la creación. Emano la fragancia del amor.

Afirmaciones

Refuerzo mi corazón repitiendo estas frases:

«*Respeto: no pierdo nada; con el tiempo lo gano todo. Falta de respeto: no gano nada; con el tiempo lo pierdo todo*».

«*Humildad: no pierdo nada; con el tiempo lo gano todo. Arrogancia: no gano nada; con el tiempo lo pierdo todo*».

Cierre

Mantengo el mudra de la flor de loto el tiempo que quiera, emanando Amor en todas las direcciones. Cuando me apetezca cerrar la práctica, simplemente uno las palmas de las manos de nuevo delante del pecho e inclino la cabeza con humildad y respeto.

Meditación Yin

Me relajo en el suelo y practico la meditación de no hacer: «*Ya está todo hecho*».

Confío en la sabiduría de mi propio organismo para auto-equilibrarse e integrar la práctica de la apertura del corazón.

Mantengo la conciencia testigo, observadora imparcial, atenta a las sensaciones.

Pasados unos minutos salgo suavemente de la meditación Yin preferentemente con estiramientos, movimientos de Tao Yin y automasaje.

Encantado de conocerme

Como he comentado anteriormente, todas las relaciones están basadas en la relación que tengo conmigo mismo: con mi cuerpo, con mis emociones, con mi sexualidad, con mis pensamientos, con mis sensaciones... Si no me amo primero a mí, ¿Cómo voy a amar a los demás?

¿Y qué significa amarme? Significa que me conozco y me doy lo que quiero y necesito. Cuando amo a alguien trato de cuidarlo, de darle gusto, de complacerle, de colmarle de cariño, de emplear tiempo en su compañía, de tocarle, de masajearle, de prepararle exquisitas comidas y bebidas... ¿Hago eso por mí? ¿Me cuido, me doy gusto, me colmo de cariño, disfruto de mi tiempo conmigo, me toco, me masajeo, me preparo ricas comidas y bebidas?

Cada vez que hablo de cuidarme y quererme, en mi caso, me dan ganas de estar en contacto con la naturaleza, respirar aire puro, bailar, comer y beber sano, estar relajado, hacer lo que me gusta, parar el mundo y descansar... Y me doy cuenta de todas las veces que no me escucho y no hago ninguna de estas cosas... Soy consciente de que a veces no me quiero...

El cuerpo, con su gran sabiduría y en su gran afán de comunicarse conmigo, me va a decir claramente lo que es cuidarme. Si me siento vital, relajado, no tengo tensiones, ni contracturas, duermo profundamente y de un tirón y gozo de la vida, es que me estoy escuchando y queriendo. En contraposición, si me falta vitalidad, tengo bajones de ánimo, contracturas, tensiones, insomnio y estrés, es que no estoy atendiendo a mi organismo y me estoy forzando o tal vez abandonando.

Si quiero conocerme, simplemente voy a prestarme atención y a descubrir cada una de mis facetas. Soy cuerpo físico, soy energía vital, soy emociones, soy pensamientos, soy sentimientos, soy movimientos, soy voz y soy sexualidad. Cuando miro para adentro y hago turismo interior veo todos mis paisajes, contemplo lo que me agrada y lo que me molesta, zonas soleadas, bien iluminadas, y lugares oscuros que me cuesta reconocer. El concepto de la «atención plena» está presente en todas las culturas que se ocupan del desarrollo de la conciencia desde miles de años antes de que se inventara el término «mindfulness».

Reflexión: Revisión general

Te invito a enfocar tu atención en todo el cuerpo y en todas las sensaciones que pueden aparecer en él.

En el capítulo 1 de este libro te compartía la meditación de percepción, te propongo usar esta técnica para revisarte regularmente, apuntar esta vez tus impresiones y extraer tus propias conclusiones.

¿Cuál de estas sensaciones descubres en tu cuerpo y en qué partes?

Calor:

Frío:

Palpitación:

Vibraciones:

Hormigueos:

Corrientes:

Contracción:

Expansión:

Tensión:

¿Hay alguna parte de tu cuerpo que no percibas? ¿Cuál? (Presto atención también a los órganos internos)

¿Te sientes con vitalidad, cansancio, sueño, hambre, sed o en estado neutro?

¿Qué emoción predomina en ti en este momento?

Reflexión: Revisión general

¿Cómo estás mentalmente? (Acelerado/a, calmado/a, neutro/a...)

¿Qué tipos de pensamientos predominan en tu diálogo interno ahora?

¿Aparece alguna imagen en tu pantalla mental?

Para mejorar mi relación conmigo empiezo por habitar mi cuerpo y escucharle, comunicándome con él. Después voy a darle lo que precisa, en el buen sentido. Le proporcionaré algo que le nutra y que sea provechoso a largo plazo; no es cuestión de facilitarle adicciones que sean tan solo un placer momentáneo y que luego terminen perjudicándome. Tomar azúcar en exceso, por ejemplo, es algo que puede darme gusto y sé que, al mismo tiempo, perjudica mi salud. En el Tao un acto es elevado cuando es beneficioso para mí, para todas las personas que me rodean y además sus efectos perduran en el tiempo.

El gusto es mío

«Hago lo que disfruto y disfruto lo que hago».
—ÁNGEL GARCÍA.

Así que el primer ejercicio de autoestima en la Soberanía Personal es sentir mi cuerpo y disfrutarme. El Tao incide una y otra vez en la importancia de tener un físico fuerte, flexible y saludable. Mantenerme en forma es el primer indicador de Amor Propio. Mi organismo es un instrumento con el que puedo interpretar las más bellas melodías, si no lo tengo desafinado y abandonado. Os recomendamos gozar del cuerpo a través del juego de dos formas diferentes y complementarias:

Opción 1: Disfruto de la libertad de expresión

Realizar movimientos libres, creativos, explorando las infinitas posibilidades que ofrece el organismo, con respiración libre, sin ningún tipo de juicio mental, inventando, por el propio gusto de mover el cuerpo y liberarlo.

Pongo mi música preferida, cierro los ojos y siento como la danza sale de mí. Cuando me apetezca abro los ojos y sigo bailando con el espacio que me rodea.

Playlist sugerida

- «*The world is sound*», Talvin Singh.
- «*Thank you for hearing me*», Sinead O'Connor.
- «*N'Dini*», Nickodemus, Ismael Kouyaté.
- «*Se me van los pies*», Susana Baca.

Si quieres dejarte sorprender por más músicas y propuestas y nutrirte de la energía del grupo, te invitamos a probar las sesiones de FreeyourselfDance.

Opción 2: Disfruto de la repetición de un movimiento

Realizar movimientos precisos, reiterativos, coordinados con la respiración, con mucha conciencia corporal, integrando el Yin y el Yang, sintiendo que entreno la expansión y la contracción, la acción y la relajación.

En este caso hablo de la práctica de Tao Yin y Chi Kung. Pautas de reeducación postural que van a abrir mis canales haciendo circular la energía vital a través de ellos. Son ejercicios médicopreventivos que van a mejorar mi salud.

Playlist sugerida:

- Álbum *Dewa Che*, Dechen Shak-Dagsay.
- Álbum *Zen escape*, Dan Gibson y Daniel May.
- Álbum *Earth Spirit*, Carlos Nakai.

Trato de encontrarle el gusto a la reiteración. Repetir los movimientos me va a permitir perfeccionar la técnica y extraer cada vez más beneficios. Busco maneras de disfrutar, como es usar la meditación de la Sonrisa Interior, sonriendo con cariño y gratitud, regocijándome en esta forma de cuidar mi cuerpo. Elijo sacarles el gusto a las prácticas de Tao, así me va a resultar mucho más fácil realizarlas. Está claro que si disfruto de algo, me apetece repetirlo y si lo sufro, genero resistencias y voy a tratar de abandonarlo...

Práctica: Respiración circular

Esta sencilla práctica de Chi Kung es mi preferida para entender el funcionamiento de la respiración y el poder de la intención. Es suave, sutil y ayuda a despejar la conexión entre la tierra y el cielo y el camino complementario de vuelta del cielo a la tierra.

En muchos cursos de Tao pregunto: «¿Qué es lo fundamental para vivir?» Recibo muchas respuestas: el aire, el agua, la luz del sol... Sin duda todo esto es necesario para mantenerme con vida, porque lo más básico precisamente es estar vivo y tener energía vital.

En la Fase 1 de este movimiento atraigo la vitalidad de la tierra y la elevo más allá de mi cuerpo hacia el cielo. Cuánto más veces repito la secuencia, más me estoy recargando. Es imprescindible sentir que tengo combustible para moverme y materializar mis sueños. Cuando estoy cansado o enfermo me cuesta mucho crear algo.

Práctica: Respiración circular

Una vez que tengo mi vehículo con el tanque lleno, ¿qué hago? ¿A dónde voy? Esta es la Fase 2 de este movimiento. Traigo luz dorada del cielo y la guío con mis manos para que aclare mi cerebro, mi mente, mi corazón y todo mi cuerpo. Traigo conciencia para usar mi vitalidad de una manera sabia, para emplearla en un propósito elevado que sea de gran beneficio para mí, para todas mis relaciones y que además sea provechoso a largo plazo.

Al final de la práctica, uno tierra y cielo, vitalidad y conciencia en el centro de mi pecho, equilibrando ambas fuerzas e irradiando esta armonía a mi vida y hacia todos los seres de la creación.

Te describo ahora técnicamente la realización de la respiración circular:

Posición de Wu Chi

La posición estática de Wu Chi es una práctica de Tao en sí misma. Es el neutro que precede a cualquier creación. La práctica de Wu Chi es la base de casi todos los movimientos de Chi Kung, en este caso es el punto de partida de la respiración circular.

Te invito a realizarla siempre que estés de pie y a comprobar si el cuerpo permite su realización o aparecen tensiones y molestias. Todos los movimientos de Tao tienen una absoluta precisión y esta posición es un fiel reflejo de esta máxima.

Voy a construir toda la estructura de Wu Chi partiendo de los pies, como si fueran los cimientos del edificio y desde ahí edificaré toda la construcción planta a planta.

Práctica: Respiración circular

Pies

Pies separados a una distancia equivalente al ancho de las caderas y completamente paralelos. Coloco los nueve puntos de apoyo de los pies en la tierra: los cinco dedos, la base del dedo gordo y la base del resto de dedos, el canto exterior del pie y el talón. Sintiendo estos nueve apoyos en el suelo conseguiré activar el punto 1 de riñón, Yong Quan, el «manantial burbujeante», que es la toma de tierra de todo el cuerpo.

Piernas

Rodillas flexionadas y ligeramente separadas, nunca sobresalen más allá de la punta del pie. Ingles abiertas para llevar un poco las rodillas hacia afuera. La zona sexual está abierta y relajada.

Espalda

Lumbares en neutro. Con un poco de retroversión pélvica. Pecho ligeramente hundido. Mentón entrado, estirando las cervicales.

Brazos

Ligero hueco en las axilas y brazos relajados con los codos suavemente flexionados. Palmas de las manos orientadas hacia atrás.

Cabeza

Cabeza elevándose hacia el cielo, sintiendo como si hubiera un hilo dorado que tira de ella hacia arriba. Ojos orientados al frente, a la línea de horizonte, donde se juntan el cielo y la tierra. Puedo mantener la posición con los ojos cerrados. Rostro relajado, sereno y sonriente. Lengua en contacto con el paladar por encima de los dientes incisivos.

Práctica: Respiración circular

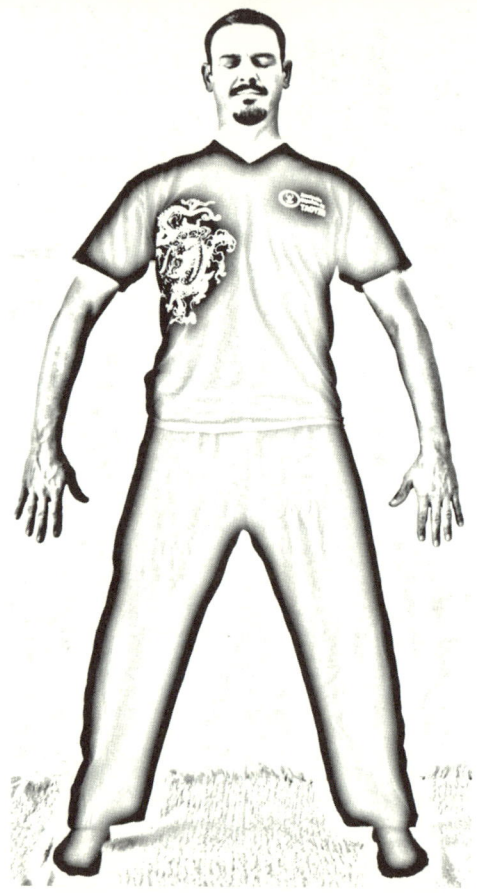

Posición de Wu Chi.

Respiración

Respiro desde el abdomen y me concentro en él.

Relajación

Relajo todos los músculos que no intervienen en el mantenimiento de la posición. Sonrío amorosamente a la tierra y al cielo, con sentimiento de gratitud, para invitarles a formar parte de la práctica. Abro mi corazón a dar y a recibir.

Práctica: Respiración circular

Visualización

Me siento como un árbol.

Siento las raíces que salen por cada uno de mis pies. Siento mi cuerpo como un tronco y la cabeza como la copa del árbol. Siento la sensación de soltar tensión a la tierra, hacer toma de tierra, como los aparatos eléctricos, y al mismo tiempo siento que me nutro de la tierra por las raíces y que absorbo energía ascendente que me hace crecer hacia el cielo.

Siento la fuerza de atracción del cielo que alarga mi columna vertebral. Siento que atraigo luz dorada del sol y del cielo que entra por la cabeza y que recorre todo mi cuerpo-árbol hasta la profundidad de la tierra.

Concentración

Me concentro en las sensaciones de la conexión ascendente tierra-cielo y la conexión descendente cielo-tierra y en el corazón como centro de conciencia y residencia del Guía Interno.

Tomo conciencia de cómo estoy a todos los niveles: físico, energético, emocional y mental. Después de realizar la respiración circular, revisaré los cambios que ha producido.

Realización de la respiración circular

Fase 1. Elevando la energía de la tierra

Sonrío con amor y gratitud durante toda la práctica.

Uno los dedos índice y pulgar de cada mano.

Al inspirar elevo las manos casi unidas por delante del cuerpo siguiendo el eje tierra/cielo.

Siento cómo asciende el combustible de la vitalidad a través de mí hacia el cielo. Elevo el ánimo y las ganas de vivir.

Práctica: Respiración circular

Respiración circular - Fase 1 - Inhalación.

Al espirar, dejo que las manos se separen, descendiendo por los lados a la posición inicial.

Siento como si fuera una fuente de energía que mana y se expande hacia los lados, empapando de vitalidad todo a mi alrededor.

Respiración circular - Fase 1 - Exhalación

Fase 2. Atrayendo la luz del cielo

Al inspirar elevo las manos por los lados hacia el cielo, terminando el movimiento en el eje, por encima de la cabeza.

Siento que tomo luz dorada del cielo.

Práctica: Respiración circular

Respiración circular - Fase 2 - Inhalación.

Al espirar, dejo que las manos desciendan por delante del cuerpo siguiendo el eje cielo/tierra hasta la posición inicial.

Siento que la luz dorada entra por mi cabeza, aclara mi cerebro, desciende por todo mi cuerpo, como si fuera un escáner interno, iluminando todas mis glándulas, órganos, células... hasta bajar a la profundidad de la tierra a través de mis pies.

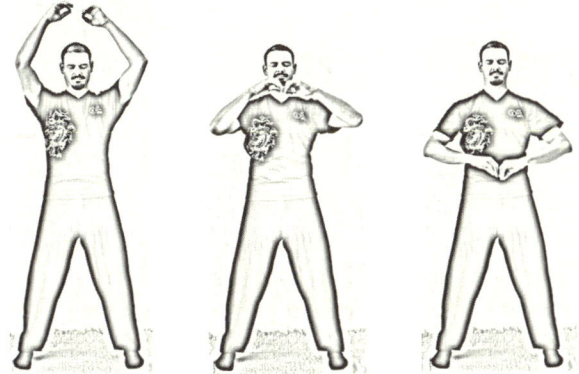

Respiración circular - Fase 2 - Exhalación

Práctica: Respiración circular

Equilibrio y cierre de la práctica

Fase 3. Unión tierra-cielo y cielo-tierra

Al inspirar acerco el pie derecho al izquierdo dejándolos separados unos tres centímetros y paralelos. Al mismo tiempo llevo los brazos por los lados hacia el cielo y junto las palmas de las manos por encima de la cabeza. Las rodillas continúan un poco flexionadas.

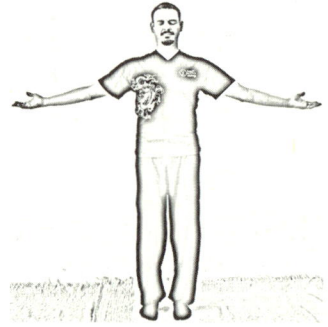

Respiración circular - Cierre - Inhalación.

Al espirar, bajo las manos unidas siguiendo el eje del cuerpo hasta colocarlas delante del centro del pecho con las palmas unidas.

Siento que el cielo y la tierra se unen y complementan en mi corazón.

Respiración circular - Cierre - Exhalación

Práctica: Respiración circular

Fase 4. Irradiando equilibrio

Me mantengo en esta posición sintiendo el equilibrio tierra/cielo, materia/espíritu, Yin/Yang.

Irradio esta sensación en todas las direcciones, compartiéndola con todos los seres. Disfruto del momento.

Inclino la cabeza cerrando la práctica con gratitud y humildad.

Tomo conciencia de cómo estoy ahora a todos los niveles: físico, energético, emocional y mental. Reviso los cambios que han generado estos movimientos de Chi Kung.

Reitero que tanto en los movimientos de Tao Yin como en los de Chi Kung es fundamental mantener la Sonrisa Interior amorosa. Gozar de la práctica y de la vida es una elección y una gran herramienta de autoestima.

En el Tao Sexual Amor Sanador disfruto de mí plenamente y distingo cuándo me revitalizo y cuándo me desgasto, cuándo el goce perdura y cuándo es momentáneo y pasajero.

Reconozco que hay muchas cosas de las que no disfruto porque tengo un prejuicio que me impide hacerlo. Los juicios de valor colorean las experiencias hasta el punto de generar rechazo, si el juicio es negativo, o deseo, si el juicio es positivo.

La fórmula de la felicidad

Está claro que cuántas más cosas valore como positivas más posibilidades tengo de gozar. Es obvio que si me gustan las verduras, la carne, el pescado, la fruta, las legumbres, los cereales, los lácteos, lo dulce, lo picante, lo salado... puedo ir a comer a cualquier lugar y deleitarme con lo que me pongan.

La «fórmula de la felicidad» corrobora esta teoría:

$$F = (E)x(+)$$

«F» es «felicidad», la «E» es «emoción» y el signo «+» tiene que ver con las valoraciones positivas. La traducción completa de esta teoría es que todas las emociones que catalogo como «positivas» me aportan felicidad.

Por contraposición, esta sería la fórmula del sufrimiento:

$$S = (E)x(-)$$

Toda emoción que catalogo como «negativa» me conduce al sufrimiento. En el libro *Tao para vivir* expliqué cómo los juicios de desaprobación generan rechazo. Cuando trato de evitar una situación y no lo consigo, sufro.

Así que tengo cuidado de cómo interpreto mis emociones, el propósito es desarrollar la ecuanimidad, a fin de cuentas:

«Gozo es todo lo que me sucede, menos mi opinión sobre ello».

El regalo de la emoción

Hay una serie de emociones que comúnmente catalogamos como positivas: alegría, optimismo, confianza... y en seguida las percibo como indicador de felicidad.

¿Y qué pasa si siento las llamadas «emociones negativas»? En la filosofía del Tao estas emociones son la tristeza, el miedo y la ira. Según la Soberanía Personal, detrás de todas las emociones que catalogamos comúnmente como negativas hay una enseñanza.

La tristeza

La tristeza me invita a parar y a reflexionar sobre una situación. Surge cuando considero que algo ha fallado y lo primero que hace es desvitalizarme, para no volver a errar.

Cuando lo que sucede no es como yo quiero, me siento triste. En las relaciones de pareja hablamos de «fracaso» en la relación. ¿Qué hice mal? ¿Qué falló? Yo quería obtener otro resultado y no ha sido así... Me siento alicaído, con falta de energía, sin ganas de hacer nada...

Desde la Soberanía Personal este mecanismo es muy eficaz para tomarme el tiempo de meditar sobre la situación y aprender de ella. Está claro que si no tengo vitalidad, no voy a poder emplearla en crear algo con ella y por consiguiente va a ser muy difícil que vuelva a errar. Es pura lógica: si no me arriesgo a hacer algo, no me sale mal.

El problema surge cuando me desvitalizo más y más, caigo en la depresión y ya no tengo ganas de vivir. La tristeza puede durar un corto espacio de tiempo en el que aprendo lo suficiente para volver a darme una oportunidad. La lectura positiva sería: «Ya sé una manera en la que esto no funciona. Voy a probar a hacerlo de una forma diferente». Por desgracia, a veces la tristeza acompaña toda la vida y ya no aparecen las ganas de experimentar de nuevo.

Esta emoción va muchas veces acompañada de un grado de auto-exigencia y perfeccionismo extremo. No soporto fallar, me humillo y me castigo expulsándome a mí mismo del terreno de juego.

¿Cuándo compré la idea de ser siempre infalible? ¡Qué presión! Me imagino siendo un bebé y aprendiendo a caminar: me caigo, me levanto, me caigo, me levanto. Si en ese momento me diera vergüenza fallar y me quedara en el suelo triste, sin volver a intentar caminar, me perdería usar las piernas para correr, jugar, escalar...

La Soberanía Personal nos anima a volver a ser niños y usar el cuerpo para conquistar capacidades que aún no tengo. Esto es extensible a las prácticas de Tao Sexual Amor Sanador que os animamos a intentar realizar... Con el intento ya rompo la inercia que me invita a estar quieto, con el entrenamiento adecuado y la perseverancia suficiente, conseguiré mis objetivos.

El miedo

El miedo me muestra un terreno donde me limito y que todavía no he conquistado, me enseña en qué lugares puedo crecer y ganar confianza. El miedo congela, atenaza, paraliza e impide tomar decisiones. Esta sensación me advierte del peligro que conllevan mis actos y se adelanta a los acontecimientos.

Cuando cambio la palabra «miedo» por «desafío» ya realizo parte de la alquimia transformadora de los miedos, suavizo en parte la presión. Un desafío es un miedo que se convierte en reto y me anima a progresar, me saca de la inmovilización. Cuando utilizo los miedos para aprender de ellos y crecer, dejan de ser un problema, para ser un indicador. Cuando no alimento a mis miedos, poco a poco se van disolviendo y soy más libre.

Si digo: «Tengo miedo a decir lo que siento», me quedo paralizado. Si lo cambio por: «Mi desafío es decir lo que siento», me lo pongo como objetivo, me reto a mí mismo para aprender a expresar lo que siento, en este caso.

La ira

La ira me da fuerza para cambiar una situación que no acepto. Es una energía de impulso para modificar algo que está pasando. ¿Cuántas decisiones importantes he tomado gracias al enojo? ¿Cuántas cosas he movido de sitio porque ya no aguanto más que estén como están? Gracias a la ira he tirado muchas cosas de la casa que ya no me sirven, por ejemplo, y me he permitido sanamente hacer «lo que me da la gana».

Cuando surge esta emoción lo primero que me planteo es si el foco del cambio soy yo o es ajeno a mí.

Yo puedo cambiarme a mí mismo y puedo cambiar a mi alrededor todo lo que tenga que ver conmigo al 100 %. Si lo que quiero es cambiar a las personas que me rodean o algo que tiene que ver con ellas, voy a violar la ley del libre albedrío. Solo tengo poder para actuar sobre mí y mis circunstancias, querer cambiar a los demás es un acto de soberbia y una invasión.

Cuando la ira me surge en condiciones adversas, externas, no me queda otra que aceptar que ese espacio de transformación no es mío y ahorrar energía.

La primera ley del espíritu

La aceptación incondicional, valga la redundancia, es la primera ley del espíritu. Así que una persona no es más espiritual por poseer titulación de profesor, usar lenguaje esotérico, viajar a países exóticos o vestir ropas étnicas. Una persona es más espiritual cuanta más capacidad tiene de aceptar lo que le sucede. Puede que la persona más espiritual que conozca sea el portero de mi casa y no mi maestro de Tao.

Aceptar es tomar todo lo que la vida me ofrece. Eso no significa que sea sumiso o conformista. Puedo transformar lo que esté en mi mano, si previamente lo agarro.

El camino de la aceptación es un sendero muy bello de aprendizaje, lleno de pruebas, obstáculos y tesoros.

Alineamiento

«Digo y hago lo que siento y pienso».
—ÁNGEL GARCÍA.

En este viaje de autoconocimiento de la Soberanía Personal me descubro muchas veces dividido entre lo que pienso, lo que siento, lo que digo y lo que hago. Es como si hubiera varias partes dentro de mí tirando en distintas direcciones. La sensación es de confusión y frustración, una especie de lucha entre todas estas facetas de mí mismo.

Si escucho a mi corazón soy consciente de lo que quiero. Cuando le pongo cabeza empiezo a analizar todas las consecuencias de mis actos, pienso en cómo pueden afectar mis decisiones a los demás, que pasaría si me equivoco y entro en conflicto con lo que siento. Si doy más valor a todos mis pensamientos, traiciono a mi corazón y dejo de confiar en él. A partir de esa división mis actos dejan de estar claros, porque no los realizo desde la totalidad de mi Ser y entonces lo que digo tampoco va a ser coherente. Es muy habitual que mi mensaje cambie en función de a quién me dirijo. Si hablo con alguien con franqueza voy a expresar lo que siento, si hablo con temor voy a ocultar parte de la información y me voy a preocupar de decir lo que creo que la otra persona quiere oír.

En mi fuero interno, donde reside mi Guía Interno, sé lo que quiero atraer a mi vida, lo expreso, lo actúo y pongo mi mente a su servicio. A veces no es tan sencillo y necesito dar voz a las diferentes partes de mí para llegar a un acuerdo sano entre todas ellas.

La paradoja humana

> *«Reconozco que amo y al mismo tiempo,*
> *me da miedo amar».*
> —ÁNGEL GARCÍA.

Durante muchos años de mi existencia traté de resolver el conflicto humano, busqué la fórmula para enfocarme tan solo en la luz y disipar de un fogonazo todas las sombras.

Un día oí a mi maestro Michael Nervosh decir: «No nos queda otra opción que aceptar que somos paradójicos. No podemos luchar contra ello. Si nos resistimos, no fluiremos en paz». Michael, entre risas, con su gran sentido del humor, decía que «las personas por un lado queremos enamorarnos para perder la cabeza, ser espontáneos y entregarnos con pasión y, al mismo tiempo, tenemos miedo a enamorarnos porque perdemos la cabeza, somos espontáneos y nos entregamos con pasión». ¡Vaya, así de sencillo! Puedo sentir simultáneamente dos fuerzas complementarias, el empuje y el freno y vivir con ello, sin pretender que sea de otra manera.

Algo en mi interior me dice que podría vivir con más calma, con más paciencia, con más amor, con más vitalidad, con más alegría...

esa certeza interna es la semilla de mi potencial, es la fuerza que me lleva a salir de la inercia y explorar nuevos territorios, es el impulso que me invita a evolucionar.

Simultáneamente, oigo una voz interna que me dice que podría vivir peor, estar todavía más estresado, enfermo, triste y que al fin y al cabo «más vale lo malo conocido que lo bueno por conocer». Hay algo en mí que resiste al cambio y que tiene «poderosas razones» para no arriesgar. «¿Y si pierdo lo poco que tengo?»

Entonces hay una parte de mí que quiere salir de mi zona de confort para crecer y otra que se está resistiendo el cambio, por miedo a que vengan tiempos peores. Esas dos voces interiores coexisten a la vez:

«Quiero desarrollar todo mi potencial y al mismo tiempo me da miedo hacerlo».

Tengo motivos para arriesgar y motivos para no hacerlo. Me siento dividido. ¿Qué hago? Aceptar que soy paradójico me ayuda a tomar todo lo que soy, con mis luces y mis sombras. Luego está en mi mano elegir qué camino quiero transitar: ser proactivo o ser reactivo, seguir a Guía Interno o dejarme boicotear por mi ego. Si escojo cultivar mis cualidades me tomo con humildad mis errores, pues son la otra cara de la moneda. ¡Qué cansado es tratar de ser perfecto! Como comentaba anteriormente, si niego lo que no me gusta, voy a estar peleándome de manera estéril con mi propia sombra.

La humildad es el primer ingrediente del aprendizaje. Por eso en todas las culturas agachamos la cabeza para reconocer que siempre hay algo más grande por encima de nosotros, que hay muchas cosas que no podemos entender con la razón, que somos muy pequeños en comparación con la inmensidad del Universo.

El propósito de la vida

> «*El sol se eleva sobre la tierra, la imagen del Progreso.*
> *Así el noble ilumina por sí solo sus claros talentos*».
> HEXAGRAMA 35 DEL I CHING, «*EL PROGRESO*».

Amarme no es solamente darme una buena vida sexual, es darme una buena vida en todos los aspectos, es emplear mi tiempo con amor. Conozco muchas personas a las que no les gusta lo que hacen cada día. Van a sus puestos de trabajo con pesar y es como si estuvieran cumpliendo una condena en lugar de desarrollándose humanamente.

Si no disfruto de mi labor, ni me siento realizado con ella, ¿con qué ánimo vuelvo a casa? ¿Hago lo que me apetece o me considero esclavo de mi trabajo? Normalmente dedico muchas horas de mi vida y mucha energía a mi profesión y es fundamental disfrutar de ella.

El maravilloso libro *Las 7 leyes espirituales del éxito* del autor de best Sellers mundial Deepah Chopra (editorial EDAF), nos invita a reflexionar sobre nuestro dharma o propósito en la vida. «¿Qué harías si no tuvieras que ganarte la vida?» Esta pregunta me acompaña desde la primera vez que la leí y suelo reformularla en los cursos de Soberanía Personal. «Si tuvieras una renta fija que te permitiera pagar tu casa y todos tus gastos: ¿en qué emplearías tu tiempo?»

Reflexión: El propósito de la vida

Te invito a contestar a estas preguntas para definir qué es lo que te gusta hacer y en caso de no estar realizando estas acciones, quizás puedas reorientar tu tiempo y darles cabida. ¿Qué harías si no tuvieras que ganarte la vida?

Reflexión: El propósito de la vida

¿Cuáles son las actividades que más disfrutas?

....

....

....

¿En qué acciones se te pasa el tiempo volando de lo a gusto que estás?

....

....

....

Si las respuestas que has dado son actividades que resultan de gran beneficio tanto para ti, como para las personas de tu entorno, como para toda la Humanidad, incluso; sin duda esas acciones son tu dharma o propósito en la vida. De ti depende caminar hacia la realización de tu destino o «distraerte» por otros senderos.

Al poner como condición que la actividad sea de beneficio para todo el mundo descarto respuestas tales como: «holgazanear», «estar de fiesta», «viajar»... a no ser que constituya una agencia de viajes o una empresa de organización de eventos.

En mi experiencia, el trabajo puede afectar de muchas maneras a la vida sexual. A veces puede ser un desasosiego constante que no me deja gozar ni de mí ni de mi pareja, si además no tengo una buena economía, parte de mi vitalidad va estar preocupada en la subsistencia. En otros casos, lo que sucede es que pongo todo el fuego de mi sexualidad en una adicción al trabajo y no tengo ni una gota de energía cuando llego a casa.

Recuerdo que durante un Retiro de Amor Sanador una pareja joven heterosexual me confesó que tenía problemas sexuales.

El chico declaró que le faltaba fuego. Me sorprendí mucho al escucharle, llevaba unos días conmigo entrenando Kung Fu sexual masculino, practicando Chi Kung, echando una mano en cualquier tipo de trabajo y yo sentía que poseía una energía sexual muy potente. Al preguntarle en qué empleaba su tiempo me dijo que trabajaba con varios grupos de chicos adolescentes con diferentes problemas: drogas, desarraigo, delincuencia... Sostenía un grupo por la mañana, salía corriendo para trabajar con otro a mediodía y atendía otro grupo más por la tarde, de manera que llegaba de noche a casa. Después de oír eso mi respuesta fue: «Me parece que tienes mucho fuego, el dilema es que lo estás empleando durante todo el día en el trabajo».

El Tao nos invita a generar energía y también a evitar las fugas. Soy consciente de si me nutro en el trabajo o me desgasto.

Soberanía Personal en pareja

«Una pareja es más fuerte
cuando los dos integrantes
pueden ser quienes son».

Una vez que tengo más claro cómo me relaciono conmigo mismo puedo investigar cómo me relaciono con los demás: mi pareja, mi familia, mis compañeros, amistades, socios...

Averiguo si mis relaciones son armoniosas o beligerantes, si estoy en paz o en guerra, si me expando con alguien o me contraigo... y me doy cuenta de cómo estoy alimentando estos encuentros. Quizás esté echando «leña al fuego» y respondiendo al conflicto con más conflicto aún.

Parto de la base de que todas las relaciones grupales son en esencia relaciones a dos. Cuando hablo de la relación con mi familia, por ejemplo, sumo todas las relaciones que tengo con cada uno de los miembros del clan.

Dos naranjas suman más que dos medias naranjas

«Si te quiero es porque eres
mi amor, mi cómplice y todo
y en la calle codo a codo
somos mucho más que dos».
—MARIO BENEDETTI.

¡Qué daño ha hecho la expresión de buscar la media naranja! Hallar el complemento, como si me faltara alguien y no fuera completo tal cual soy. El escenario de ser la mitad de un todo, es una invitación a fomentar la carencia y la dependencia. Un corazón a medias no da para que gocen en plenitud dos personas.

Vivir con medio corazón es subsistir con el corazón partido.

En la Soberanía Personal trato de ocupar el 100 % de mi espacio y procuro relacionarme con personas que habiten el suyo. Esta es la manera más sana de compartir.

Si no tomo mi lugar en el mundo, nadie lo hará por mí. Cuando dejo un espacio vacío puede ser que ese hueco esté siempre sin rellenar o también puede suceder que se lo ceda a alguien para que haga con él lo que quiera. Dice el refranero español que «el que se fue a Sevilla, perdió su silla».

Por ejemplo: si soy el rey de mi reino y lo abandono, abro las puertas al caos; puede que mi pueblo pase hambre, que haya conflictos, enfermedades... o que venga un monarca conquistador y se instale en mi territorio.

Cuando tomo solo un 50 % de mi poder y estoy delegando el otro 50 %, soy candidato a ser invadido. Si estoy a medio gas no lograré manifestar todo mi potencial, me costará mucho llevar a cabo mis planes de vida y dependeré en extremo de los demás.

Cada vez que consulto a alguien y dependo de su aprobación para realizar cualquier acción estoy encarnando mi personaje de «invadido». Doy autorización para que el poder de decisión lo tome mi pareja. Busco la confianza que no tengo fuera de mí. Pregunto constantemente qué hacer...

Muchas personas viven sin ocupar totalmente su espacio y otras muchas reinan totalmente en ellas mismas y además quieren imponerse a los demás. En este caso estoy hablando del personaje «invasor». Si actúo como tal, no solo ejerzo mi autoridad en el 100 % de mi reino, sino que además tengo tantas ganas de poder que quiero colonizar a las personas que tengo alrededor y gobernar sobre ellas, como si fueran mis propias sucursales.

Para que este tipo de relación enfermiza se lleve a cabo es imprescindible que se unan «invasor» e «invadido». El invadido pide a gritos que le invadan y el invasor está deseando mandar. Si se juntan dos invasores sin duda van a luchar entre ellos por salirse con la suya y llevar la razón. Si se emparejan dos invadidos, les va a costar tomar decisiones, van a dudar constantemente de ellas y van a sentir que les falta confianza y autoridad.

Estos roles pueden aparecer en cualquier tipo de relación: en una pareja de amantes, entre padres e hijos, en una empresa, en una relación de amistad... Mientras que el invadido se deje invadir, la sociedad va a perdurar, hasta que rompa las reglas del juego, tome su espacio personal al 100 % y deje al invasor sin lugar para ocupar.

Como decía anteriormente, en Soberanía Personal las relaciones de pareja son sanas cuando las dos personas ocupan el 100 % de su espacio, ni más, ni menos.

Cada vez que hablo de lo que siento estoy ocupando mi espacio. Cuando hablo de los demás estoy invadiendo el espacio de los demás. Cuando permito que los demás hablen de mis asuntos estoy dejándome invadir. El uso del lenguaje consciente es fundamental para definir qué tipo de relaciones quiero cultivar.

Lenguaje consciente

Casi todas las relaciones están basadas en la comunicación oral o escrita. A través del lenguaje me comunico con los demás y cada una de las palabras que uso tiene un significado único.

El lenguaje consciente es una manera de expresarme desde mí para responsabilizarme de mi vida. Empleo mi palabra con conciencia para darme cuenta de si, al expresarme, me autolimito o crezco; respeto a los demás o trato de dominarlos.

Hablo de mí

La responsabilidad es la habilidad de responder ante una situación. En Soberanía Personal utilizo siempre el «yo» como sujeto de la oración. Soy consciente de que cada vez que expreso algo lo hago a través de mi experiencia y dejo claro que es así. Solo me ocupo de lo que estoy viviendo cuando hablo desde el sujeto «yo», el resto es «echar balones fuera». Si en el sujeto de mis oraciones pongo a mi pareja, por ejemplo, dejo de estar yo presente, me encargo de la vida de mi compañero o compañera en lugar de la mía. Dejo de responsabilizarme de lo que me pasa a mí por ocuparme de ella.

Muchos conflictos de pareja empiezan con un: «porque tú»... Cuando uso este principio de frase lo que viene después es un juicio, una interpretación de la realidad del otro, dicho de una manera directa, una invasión. Es normal que me sienta incómodo cuando alguien me juzga y cataloga y es muy natural que alguien se ofenda si le juzgo.

Hablo de lo que siento

Otra forma clásica de generar conflictos es opinar, hablar desde mi mente limitada y condicionada. «Los pantalones se planchan con raya al medio de toda la vida». Una opinión llama a otra opinión y desde mi programación mental quiero «llevar razón» porque mis razones son inteligentes y poderosas. Si la otra persona me lleva la contraria empieza el combate dialéctico, que puede durar muchas horas, sobre todo si mi posición es rígida y si lo único que busco es que el otro reconozca mi planteamiento. En mi ansia de salirme con la mía puedo usar tonos agresivos, descalificativos o lo que haga falta y cuando me doy cuenta estoy poseído por la emoción de la rabia o la frustración.

Opinar es abrir el debate y en Soberanía me planteo si quiero debatir, imponerme o simplemente expresar mi visión. La manera de plasmar que mi mirada siempre es subjetiva y que está pasada por mi filtro emocional es hablar desde mi sentir. Si por ejemplo expongo: «me siento triste», esta afirmación no es motivo de debate, es mi realidad. Si en vez de eso opino: «la tristeza es inútil», pongo una etiqueta a la emoción y desde ese punto de partida puedo entrar en el terreno de la crítica y generar bandos, los que están de acuerdo conmigo y los que no.

Pongo otro ejemplo de usos de lenguaje. Planteo que mi pareja me invita a ir al cine y analizo tres respuestas diferentes: «no me apetece ir al cine», «el cine de hoy no vale para nada» y «siempre hacemos lo que tú quieres». La expresión «no me apetece» es un sentir que me conecta con mi realidad presente. La frase «el cine de hoy no vale para nada» es un juicio personal basado en la experiencia de las películas que he visto (y supongo que no he visto todas las películas del mundo como para hacer esa afirmación general). La oración «siempre vamos dónde tú quieres» es un juicio directo a la otra persona, una falta de soberanía personal y de alguna manera, un reproche. ¿Qué sensación te produce cada una de estas contestaciones?

Cuando afirmamos que *el Tao comienza con el Sentir* nos referimos también al sentido del lenguaje.

Relación de libertad o de esclavitud

Dar libertad a la pareja es ofrecerle la capacidad de elegir, de decir «sí» o «no», de proponer qué prefiere en cada momento. Cuando uso expresiones obligativas como: «tienes que», «hay que», «deberías de», estoy exigiendo una sola opción y cerrando cualquier otra posibilidad. Estoy esclavizando a mi pareja, obligándola a hacer lo que yo considero, no la estoy respetando.

Cuando hago la pregunta abierta: «¿qué quieres hacer?» le brindo un abanico ilimitado de respuestas y estoy cuidando su libre albedrío.

Si observo las expresiones que utilizo, me doy cuenta de si quiero manipular y someter a los demás o estoy abierto a dejarme sorprender por sus respuestas.

Ordenar o pedir

Un concepto habitual en el Tao de las Relaciones es cuidar que las relaciones sean igualitarias, en el sentido de respetar el valor de todas las personas. Las jerarquías crean conflictos y desigualdades.

Es este sentido, el uso de imperativos me pone a mí en una posición de superioridad y obviamente, coloca a la otra persona por debajo de mí. La orden es la manera más rápida de conseguir algo sin negociarlo: «Masajéame la espalda». La persona que escucha esto es un peón a mi servicio que sumisamente obedece.

La manera de respetar la voluntad de los demás es simplemente pedir o preguntar: «¿Me haces un masaje en la espalda?». Evidentemente hacer una pregunta conlleva una respuesta y esta contestación, desde la libertad de elección, puede ser afirmativa o negativa. ¿Qué pasa si me dice que no? Es muy habitual vivir el no como una pérdida, como que no he conseguido mi objetivo. En realidad no pierdo nada, me quedo como estaba al principio, sin el masaje en la espalda.

Cuando pregunto, prevalece la relación común sobre mi interés personal. En la Soberanía Personal es más importante mantener un proceso de comunicación respetuoso que conseguir el objetivo a toda costa. Cuando mi pareja me dice «sí» es porque le apetece y si me dice «no» es que realmente no quiere hacerlo. Tan importante como hablar de una forma apropiada es saber escuchar, sin interrumpir y aceptar las contestaciones. Respetar el libre albedrío en la pareja es un camino de ida y vuelta en el cual yo también expreso lo que me place en cada momento.

La cocreación

Dos naranjas completas dan el doble de zumo que dos medias naranjas. Cocrear es asociarme con otra persona para ir más allá de mi propia individualidad. Como comentaremos también en el capítulo 9, en pareja puedo ir más lejos que solo. Estar con alguien es motivo de inspiración y estímulo y me permite lograr más objetivos que en solitario.

El ideal es crecer juntos y establecer acuerdos sanos desde el principio ganar-ganar. De nuevo va a ser muy importante conectar con las propias necesidades y saberlas llevar a la pareja, sin tener la sensación de sacrificar la propia identidad o prostituir mi esencia para buscar la aceptación.

Un caso típico del encuentro ganar-perder es el planteamiento perverso: «hoy me fastidio yo y mañana te jorobas tú». Este acuerdo de ida y vuelta sacrifica a un componente de la pareja por el bien del otro. La relación entre dos que genera más insatisfacción es la de perder-perder: ninguno de los dos miembros hacen lo que quieren y no consiguen ser felices.

Cocrear es sumar corazones.

Amor sanador en pareja

«Las relaciones son experimentales
y duran lo que dura el experimento».
—ALEJANDRO JODOROWSKY.

Según la Real Academia Española, experimentar es «probar y examinar prácticamente la virtud y propiedades de algo». Cuando me uno a otra persona en el terreno sexual es porque ambos queremos saborearnos mutuamente e investigar algo en común. El experimento puede ser un encuentro esporádico de una noche, un romance de verano, una familia con hijos para toda la vida, un noviazgo de siete años, una pareja de hecho...

Esta cocreación perdurará hasta que uno de los dos sienta que la experiencia ha llegado a su fin, por la causa que sea. Me gusta definir las relaciones de pareja desde esta visión, todos los días podemos renovar nuestros acuerdos y reconocer que nos juntamos libremente porque queremos vivir nuestro amor a la par.

Yin y Yang

«El Yin y el Yang tienen vocación de unirse y fundirse
el uno en el otro para alcanzar el Tao».
—ÁNGEL GARCÍA.

El símbolo del Tao es el Yin y el Yang unidos en una danza complementaria. El Yin impulsa al Yang y el Yang estimula al Yin en un movimiento continuo en el que ninguno de los dos gana o pierde, ambos se nutren mutuamente.

Estas fuerzas están presentes en todo momento en la naturaleza: en las transiciones entre el día y la noche, en los cambios de las estaciones, en la respiración, en el bombeo de la sangre en el corazón y generan la vida tal y como la conocemos.

En el Tao ancestral, la mujer enseña al hombre el Yin y el hombre enseña a la mujer el Yang. En este capítulo vamos a ceñirnos a la enseñanza tradicional taoísta y abordaremos, sobre todo, el modelo de la pareja heterosexual, en el que la mujer representa el máximo Yin y el hombre, el máximo Yang.

Agua y fuego

Los textos tradicionales del Tao Sexual Amor Sanador definen la energía femenina como agua y la energía masculina como fuego. El fuego es expansivo, rápido, libera mucho calor y consume mucha energía. Los órganos genitales de los hombres son externos y su tendencia es ir hacia fuera de manera rápida e impulsiva. El agua se adapta al recipiente y también es un elemento muy poderoso que puede presentarse en forma sólida, líquida y gaseosa. Es la fuerza de la vida y se mueve como las emociones: en olas gigantescas, en ondas de estanque, en cascadas vaporosas, en nubes etéreas, en lluvias torrenciales... Así es la mujer, con cientos de expresiones, con toda la magia de la naturaleza, guardiana de los misterios de los ciclos, recibe y da, fecunda la vida, nutre a los bebés, cobija el amor...

*«Me derramas en tu curso trepidante
y fluyendo confiada, te navego*

para flotar, adormecida, en tus remansos
y zambullirme sin temor, en tus descensos.
En un delta intemporal me desembocas
como gota que ha colmado tus anhelos
y arramblando un mar que es todo plenitudes,
desbordamos, amor, al momento.
Agua que conduces y derivas,
agua que has de beber.
Agua que te sane las heridas,
ha de correr...»

—Canción de Carmen París,
Agua que ha de correr, del disco *Incubando*.

En la alquimia de la pareja el hombre ayudará a calentar a la mujer y la mujer refrescará y calmará el fuego del hombre. El resultado común es generar vapor, «Chi» y mantener la caldera a pleno rendimiento para que el agua caliente fluya por todo el organismo.

Las dos fuerzas son complementarias y es todo un arte que permanezcan el equilibrio. Si el fuego dura poco, puede ser que no dé tiempo a calentar el agua. Si el agua es débil, habrá poca vitalidad. Si el fuego es muy fuerte, tal vez evapore toda el agua y queme la olla. Si el agua está muy fría, quizás apague el fuego.

Los hombres nos aproximamos de una manera y las mujeres de otra. Según el Tao, los hombres aprendemos a amar a la mujer que nos excita y las mujeres aprenden a excitarse con el hombre que aman.

La mujer está conectada con la Tierra y recibe su complemento Yang del cielo, se abre desde la cabeza a los órganos sexuales, después de pasar por el corazón. Si quiere compartir su sexualidad, primero encuentra un hombre agradable de mirar que le «entra por el ojo», después analiza si es un buen candidato, si pasa los requisitos mentales sin que salte ninguna alarma. Cuando la mujer está convencida de su elección, da el siguiente paso, se abre con confianza a ese hombre y, finalmente, se activa su energía sexual. Soy consciente de que este proceso no siempre acontece tal cual lo he contado y que acabo de describir un estereotipo. Algunas mujeres tienen un patrón más Yang y ponen menos filtros a la hora de establecer un encuentro sexual. En las mujeres hay una presión añadida para disfrutar libremente de su sexo, el riesgo de embarazo no deseado, por eso es fundamental tomar precauciones.

El hombre es Yang, está en conexión con el cielo y el complemento Yin de la Tierra entra directamente por los órganos sexuales. Esto quiere decir que puede sentir una pulsión sexual fuerte y directa sin necesidad de tener ningún vínculo afectivo, ni mental. Eso no significa que no amemos a nuestras compañeras, tan solo afirmo que, a nivel sexual, estamos generalmente más disponibles.

Desde esta visión, para que una mujer acceda a un encuentro sexual necesitaría: un lugar, un momento idóneo, unas circunstancias que le hagan sentirse cómoda, unos requisitos con ella misma (como sentirse atractiva) y unas condiciones adecuadas en su amante; mientras que un hombre necesitaría simplemente un lugar. En general, la mujer establece muchos más filtros que un hombre para acceder a un encuentro íntimo en pareja.

Ante esta polaridad energética, el camino de en medio en el que nos encontramos los hombres y las mujeres es el corazón. El Amor Sanador trasciende el instinto y es un encuentro afectivo y sexual para conectarnos de alma a alma y alcanzar estados de éxtasis.

Dar y recibir

Otra forma universal de describir la polaridad Yang y Yin es el concepto de dar y recibir. Biológicamente, la mujer recibe al hombre y el hombre se da a la mujer; ella acoge el pene de él en su vagina.

Ambos pueden profundizar en cada una de estas fuerzas hasta alcanzar el máximo de Yin y de Yang y en ese punto, como sabemos por los principios de la Medicina China Tradicional, invierten su polaridad. En la Naturaleza ocurre exactamente igual, cuando el sol alcanza su mayor altura, en el solsticio de verano, inicia un nuevo recorrido y se aleja hacia el otro hemisferio.

«Al conocer lo bello como bello
todos conocen la fealdad en el mundo.
Todos saben que el bien es el bien
y entonces conocen el mal.
Ser y no-ser se engendran uno a otro.
Lo difícil y lo fácil mutuamente se integran.
Ancho y angosto se forjan uno a otro.
Voz y tono se armonizan recíprocamente».

—TAO TE CHING.

De esta manera, el hombre, que recorre el sendero del Yang, si no eyacula, si no pierde su energía, encuentra el camino de vuelta al Yin, se convierte en agua y pura receptividad. La mujer, mientras tanto, calienta sus aguas internas, despierta su fuego Yang y pasa a ser la dadora. Cada uno de estos viajes cíclicos puede ir acompañado de uno o varios orgasmos, que liberan y potencian la energía sexual.

El Yin engendra al Yang y el Yang engendra al Yin en una danza creativa infinita. Cuando los dos danzantes exploran ambas fuerzas pueden elegir invertir las polaridades a voluntad. Entonces el hombre puede comenzar a hacer el amor desde el Yin y la mujer desde el Yang. Con tiempo y práctica ambos se convertirán en puro Tao y dar y recibir serán lo mismo. A través del contacto íntimo nos permitimos entrar en simbiosis con la pareja y disolvernos en ella.

La dinámica de Tao Sexual Amor Sanador más sencilla, para cualquier tipo de encuentro, es la de dar y recibir. Os proponemos una práctica para que uno de los dos amantes identifique un deseo, lo pida y lo reciba de su pareja, que se lo va a dar como un bello regalo de amor.

Práctica: El guion del deseo

Cuando conectamos con nuestra necesidad, surge el deseo: las ganas de obtener aquello que nos apetece. El deseo nos lleva a buscar la manera de complacernos, a crear un contexto o a realizar una acción que nos satisfaga. El deseo es impulsor y fuerza creadora.

Práctica: El guion del deseo

A veces lo que ocurre durante el encuentro íntimo o sexual es puramente espontáneo. Otras veces el encuentro puede ser algo pactado con todos los detalles preestablecidos, con el fin de cumplir un objetivo común de la pareja. En esta ocasión te proponemos un juego para explorar el deseo de uno de los dos amantes y que el otro esté al servicio y disposición del «deseante», siempre y cuando le plazca estar en ese lugar y le apetezca estar tal y como este lo pida. En caso de que surja una negación, es básico tener claro que el «no», no es «no a la persona», sino a la propuesta en concreto y también puede ser un «no» a la propuesta ahora, no por siempre.

El objetivo es conectar con un deseo de ámbito sexual y proponer a tu amante que te ayude a hacerlo realidad. Este juego aporta nuevas propuestas a la pareja. Investigar los deseos abre puertas a la creatividad y propicia que sucedan nuevas situaciones que enriquecen a los dos.

Te damos algunas pautas para que no se te escape ningún detalle.

Elegir un deseo

Quizás albergues un deseo desde hace tiempo en tu interior, este es el momento de compartirlo con tu pareja. Tal vez tomes como tuyo un deseo que alguien te contó y desde que lo oíste lo sientes vibrar dentro de ti. A veces cuesta identificar qué se desea, puede ayudar cerrar los ojos, respirar, conectar con el cuerpo, sentir si hay alguna necesidad y meditar sobre qué te gustaría hacer en este momento, qué te apetece experimentar ahora mismo con tu pareja.

Es posible que tengas una gran lista de deseos o que de momento te cueste identificarlos. Te animamos a investigar y reconocerlos como grandes motores de la existencia que son.

Práctica: El guion del deseo

Pautar el deseo

En este punto buscamos tener claro cuál es el deseo y cómo queremos llevarlo a cabo. Este ejercicio es importante puesto que ayuda a ordenar y aclarar mentalmente la petición antes de expresarla a la pareja.

Escribir el guion

Anota cómo es el inicio y el final del deseo. Cuanto más clara, concreta y detallada sea la solicitud, mejor será la comunicación entre ambas partes. Recuerda incluir: tiempo de duración, lugar, attrezzo.

Pedir el deseo

Durante la petición, proponemos que tanto tú como tu amante prestéis atención a los pensamientos que os pasan por la mente, las sensaciones físicas y las emociones que afloren. No hay nada que esté bien o mal, es simplemente observar qué ocurre en el momento justo antes de empezar a hacer la petición, mientras se está haciendo y al finalizar el pedido. Es fundamental aclarar posibles dudas y constatar que quien recibe la petición ha entendido correctamente la solicitud.

La respuesta

Si es afirmativa, es un «sí» a todo tal cual se ha pedido.

Si es un «no», puede ser un «no a toda la propuesta» y no hay trato, o puede ser un «no a algunos detalles» y negociar si puede haber acuerdo.

Os invitamos a observar qué ocurre en vuestro interior sea cual sea vuestra respuesta.

Práctica: El guion del deseo

Ajustes en el guion

Podéis negociar, por ejemplo, el tiempo de duración del deseo o pequeños detalles. Daros cuenta de qué ocurre en cada negociación y en qué medida los ajustes afectan al deseo original.

El acuerdo

Comprueba que los dos estáis de acuerdo en todo y que os comprometéis a seguir el guion.

Te damos un ejemplo a modo de orientación.

Guion del deseo:

Deseo que me quites la ropa, que empieces por la camisa y termines con los zapatos.

Que lo hagas muy despacio.

Cada vez que retires una pieza de ropa, quiero que te tomes unos instantes para mirarme a los ojos.

Tus manos sólo intervienen para quitarme la ropa, no quiero caricias, ni besos, ni contacto físico.

Tú permaneces vestido/a el tiempo que dura mi deseo.

Una vez desnudo/a, quiero que soples aire por todo mi cuerpo, sin tocarme.

Quiero que empieces por los brazos.

Yo me iré moviendo para que tú puedas llegar a los sitios que quiero que soples.

Luego quiero que te sientes en una silla, y yo me sentaré enfrente tuyo.

Duración:

Mínimo 15 minutos, máximo 30 minutos.

Lugar:

El salón.

El Tao del hombre en la pareja

«El goce de la mujer, el no debilitamiento del hombre,
ese es el buen resultado».
—Su Nü Jing.

La cualidad básica que debe desarrollar un practicante de Tao Sexual masculino es no eyacular, para no perder vitalidad y hacer disfrutar a la mujer tanto como ella necesite.

¿Cómo seríamos los hombres sexualmente si no nos desvitalizáramos con la descarga del semen?

A propósito de este tema el Emperador Amarillo, Huang Di, pregunta a la Muchacha Sencilla, Su Nü, cuál es la ventaja de realizar el acto sexual sin eyacular y esta le responde:

«Si un hombre realiza el acto sexual
sin eyacular fortalecerá su cuerpo.
Si lo realiza dos veces, su oído será fino y su vista aguda.
Si lo hace tres veces, todas las enfermedades desaparecerán.
Con cuatro veces, gozará de paz de espíritu.
Con cinco veces, su corazón y su circulación mejorarán.
Con seis veces, sus riñones se robustecerán.
Con siete veces, sus nalgas y sus piernas ganarán en potencia.
Con ocho veces, su hígado estará totalmente depurado.
Con nueve veces, alcanzará la longevidad.
Con diez veces, será como inmortal».

En el capítulo 3 recordamos la importancia de las técnicas básicas del curso de Iniciación al Tao para equilibrar las emociones, abrir la Órbita Microcósmica y desarrollar las habilidades del Tao Sexual Amor Sanador. En el capítulo 5, además, compartimos algunas herramientas para guiar la energía sexual en frío y en caliente y absorber todo el poder de la eyaculación. Si desarrollamos estas habilidades podemos gozar más de nosotros y de nuestras parejas.

Lo primero que haremos los hombres es entrenar en solitario. Tengo en cuenta que mi práctica individual va a crear un hábito. Si me masturbo siempre rápido y con respiración acelerada me estoy programando para ser eyaculador involuntario. Esta costumbre será una rémora para cuando me quiera unir con mi pareja.

El término «masturbación» tiene un carácter peyorativo. Según la Real Academia Española uno de los significados de la palabra «turbación» es: «confusión, desorden, desconcierto», así que la masturbación nos confundiría mental y emocionalmente. Por eso dicen que «si te masturbas mucho, te vuelves tonto».

En el Tao Sexual Amor Sanador cuando me masturbo no lo hago solamente para descargar el semen y gozar unos segundos; me autoerotizo para mover la energía sexual por todo mi organismo, para tener mis órganos sexuales saludables y con un propósito espiritual.

De todas formas, el disfrute de mi pareja no gira exclusivamente en torno a mi pene. Como comentábamos en el capítulo 1, las caricias, los besos y el contacto de la lengua con la piel conducen igualmente al orgasmo.

En este sentido te compartimos ahora algunas pautas de sexo oral para disfrutar en éxtasis junto a tu compañera.

El arte del cunnilingus

No existe una sola receta para este arte; hay tantas combinaciones como las personas implicadas quieran experimentar. Lo básico es que a ambos les apetezca hacerlo.

Algunas parejas heterosexuales lo practican como un mero calentamiento previo a la penetración. Te proponemos convertir el sexo oral también en una oportunidad de gozar complaciendo a tu compañera y realizarlo con ese objetivo. En consulta, un gran número de mujeres me expresan que les gustaría que sus amantes lo hicieran por la pura satisfacción de hacerlo, sin prisas y no con el único objetivo de lubricar la vagina, porque cuando ocurre así, se sienten utilizadas. Por este motivo, la buena comunicación es fundamental: decir qué gusta, o qué no. Esperar que tu amante adivine tus deseos es arriesgado, en caso de que no acierte, un momento de placer a raudales puede convertirse en un desastre.

Algunas pautas básicas para hacer de esta práctica una fuente dc gozo son:

- Una buena higiene.
- Conocer la anatomía de los genitales de la mujer. En caso contrario puedes ver la ilustración «Anatomía de la vulva» del capítulo 4. Si tienes dudas, la mejor guía será tu compañera de juegos amorosos, pregúntale a ella directamente.
- La boca, los pechos y la vagina de la mujer están interconectados energéticamente. Bésala, acaricia y lame sus pechos, juguetea con tu lengua en sus pezones. Antes de ir a la vagina, recorre todo su cuerpo, con caricias, lamidos, pregúntale cuáles zonas de su cuerpo le dan placer, descubre sus zonas erógenas, asegúrate de excitar mucho a tu compañera.
- Trata el clítoris con sumo cuidado, es una de las zonas con más terminaciones nerviosas del cuerpo, por tanto, es hipersensible. Explora los labios internos y externos, aventúrate en este tesoro íntimo.
- Juega con tu lengua y prueba diferentes ritmos y presiones, con mucha creatividad.

En la siguiente imagen damos algunos ejemplos para que juguéis con este arte y, sobre todo, para que disfrutéis mucho.

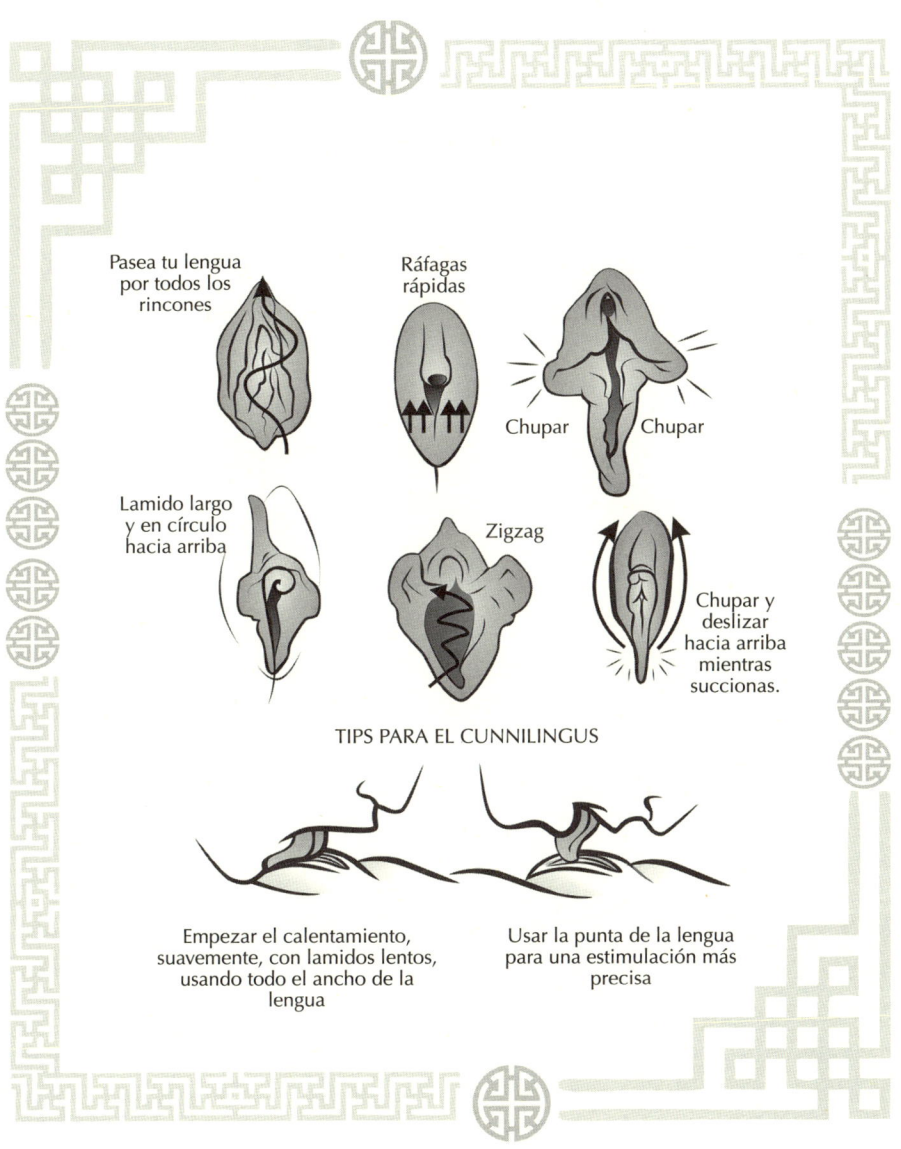

Pasea tu lengua
por todos los
rincones

Ráfagas
rápidas

Chupar   Chupar

Lamido largo
y en círculo
hacia arriba

Zigzag

Chupar y
deslizar
hacia arriba
mientras
succionas.

TIPS PARA EL CUNNILINGUS

Empezar el calentamiento,
suavemente, con lamidos lentos,
usando todo el ancho de la
lengua

Usar la punta de la lengua
para una estimulación más
precisa

El arte del cunnilingus.

El Tao de la mujer en la pareja

¿Qué cualidades necesitamos desarrollar las mujeres para adentrarnos en el Tao de la pareja?

Las mujeres ya tenemos el don de la sexualidad. El camino consiste en eliminar todas las capas adquiridas que nos impiden disfrutarnos plenamente. Cada paso de este sendero nos lleva a adentrarnos más en el gozo y a reconocer que el éxtasis nos renueva. En este sentido, las mujeres solo necesitamos mirar hacia adentro y encontrarnos con nosotras mismas:

- Recordar nuestra esencia: esto lo conseguimos a través de sentir y pasar todo por el corazón y saber que nuestro útero ya está conectado, por naturaleza, con la Tierra. Cuando las mujeres nos compartimos en círculo e invocamos el poder sagrado femenino, recuperamos la memoria de las generaciones anteriores y nos descubrimos simultáneamente.
- Reconocer nuestra verdad: el Guía Interno nos dice claramente qué es mentira y qué es amor.
- Confiar en la intuición: para salirnos de los condicionamientos y normas y crear nuevas pautas de vida sexual.

Desarrollar estas cualidades nos permiten tomar el rol de guía sexual de nuestras parejas. Este es otro desafío para llevar a cabo con mucho amor y comprensión.

Las mujeres somos las grandes sacerdotisas del Amor Sanador, cuando tomamos nuestro poder creamos magia y ayudamos a nuestro amante a volar con nosotras. Las mujeres regulamos el Yin y el Yang; activamos el fuego en nuestro interior y lo mantenemos caliente y ayudamos a los hombres a refrigerar su energía para que se mantenga más estable y duradera.

Cuando el hombre reconoce el poder sagrado de la mujer y esta lo toma con compasión a beneficio de los dos, la pareja vive en armonía.

Tipos de orgasmo

A veces las relaciones sexuales giran en torno a la búsqueda del orgasmo como un fin en sí mismo y no todos los orgasmos son iguales, sobre todo en los hombres. Más allá de definirlos por su localización: clitoriano, vaginal, prostático, etcétera; queremos diferenciarlos por el tipo de sensación que producen y por el movimiento de energía que generan.

- **El orgasmo genital:** está enfocado en los órganos sexuales y produce una descarga energética intensa. Es el más básico de todos. En la mayoría de los hombres está asociado a la eyaculación. Si hay descarga seminal, desvitaliza.
- **El orgasmo que recorre la columna vertebral:** comienza en los genitales y se transmite por el cóxis hacia arriba, indica que la energía se está abriendo paso por el canal de vitalidad de la órbita microcósmica.
- **El orgasmo que llega al cerebro:** conecta con el cielo, expande la conciencia y se vincula con los planos más sutiles y espirituales. Puede ir asociado a una sensación de expansión en la zona de la cabeza.
- **El orgasmo con todo el cuerpo:** a través de la órbita microcósmica se propaga por los meridianos y llega a todas las células. Es como si el organismo al completo renaciera y se revitalizara. A veces provoca una sensación parecida a la disolución del cuerpo físico. Para algunos esta especie de fusión es muy placentera y liberadora, para otros es inquietante.

■ **El orgasmo cósmico:** va más allá del cuerpo físico, derriba todas las barreras limitantes, se expande por todo el universo, es una irradiación de vitalidad, luz y amor.

Cuando los dos amantes consiguen tener orgasmos sin pérdida de vitalidad se convierten en una pareja multiorgásmica. El orgasmo puede ser simultáneo, puede ser una ola que va y viene del uno al otro o puede ser un estado sostenido de éxtasis.

La pareja multiorgásmica

En el Tao Sexual Amor Sanador utilizamos la energía del orgasmo con diferentes propósitos:

■ **Sanar todos los órganos y sistemas del cuerpo humano:** Este es el propósito principal, si no estoy sano y equilibrado no tendré energía para hacer el amor o la perderé rápidamente. Los amantes toman todo su poder vital y el de su pareja para armonizarse recíprocamente. Si no hay fugas de energía, ascienden diferentes cumbres orgásmicas y se elevan hasta alcanzar el Tao.

■ **Potenciar la circulación de la órbita microcósmica:** Como hemos comentado en el capítulo 3, la órbita microcósmica es el canal individual por el que circula la energía. Cuando dos personas hacen el amor, unen sus órbitas y se estimulan mutuamente. En este sentido el Tao afirma que la mujer vuela con su orgasmo y el hombre se conecta a ella y le acompaña.

■ **Utilizar la energía creativa para materializar proyectos comunes:** El encuentro de pareja es un momento mágico de energía creativa, que puede ser usado para concebir un hijo o materializar un proyecto en común.

El hombre y la mujer se abrazan y vuelan juntos en éxtasis.

Anticonceptivos naturales

Podemos utilizar las enseñanzas del Tao Sexual Amor Sanador para engendrar un hijo, con conciencia y también para evitar el embarazo.

En la antigüedad, las parejas que no conocían estas técnicas usaban preservativos naturales fabricados con vísceras de animales.

Las maestras de Tao regulaban hormonalmente su cuerpo y decidían también cuándo tener descendencia, podían incluso detener su ciclo menstrual y la ovulación.

Las mujeres nacen con 200 o 300.000 ovocitos, estos ovocitos son semillas de seres humanos en estado embrionario, células inmortales latentes esperando a ser fecundadas. Mientras estas células no se fecundan, generan una energía poderosísima en el interior de la mujer. En cada menstruación se libera un óvulo y, en términos taoístas, hay una fuga energética que debilita a la mujer.

La práctica conocida como *«el arte de cortar la cabeza del dragón rojo»* hace que la mujer deje de menstruar a voluntad y por tanto evita la pérdida de energía. Este proceso es, además. un eficaz método anticonceptivo, sin efectos secundarios nocivos, más bien todo lo contrario, la mujer no pierde vitalidad y por consiguiente su organismo se mantiene más joven.

El temor al riesgo de un embarazo no deseado es uno de los hechos que en alguna medida coarta la libertad sexual de la mujer. ¿Cómo sería la vida sexual de las mujeres si no tuvieran el riesgo de quedarse embarazadas? Me imagino que el mundo sería completamente diferente y el sexo se convertiría única y exclusivamente en una fuente de infinito placer.

El embarazo

La vida sexual en las relaciones de pareja conlleva muchos cambios, uno de los momentos donde estos son muy pronunciados es durante el embarazo y tras el parto. Comprender que el embarazo, la maternidad y la paternidad, alteran la relación de la pareja resulta fundamental. Calificar estos cambios como «negativos» o «positivos» por cada uno de los miembros de la pareja, tiene que ver con el grado de aceptación hacia lo nuevo. Pretender seguir haciendo la misma vida que antes es una fantasía que suele hacer mucho daño a la relación porque crea mucha insatisfacción y frustración. La resistencia a los cambios crea conflicto e infelicidad. El embarazo, la maternidad y paternidad constituyen nuevamente otra oportunidad de evolución y crecimiento como individuos y como pareja. Esta nueva etapa es una aventura con territorios sexuales por descubrir para ambos.

Mantener relaciones sexuales durante el embarazo es muy beneficioso y seguro durante todas sus etapas, a menos que haya una prescripción médica que manifieste lo contrario.

El proceso hormonal que genera el embarazo afecta positivamente a la libido de la mujer, puesto que hay un aumento de lubricación y sensibilidad en la zona genital femenina, que implica altas probabilidades de obtener más placer e incrementa la experiencia orgásmica. Los encuentros íntimos durante la gestación mantienen el tono de la musculatura del suelo pélvico lo que favorece la recuperación tras el parto, además, a nivel emocional, hacer el amor durante el embarazo consolida el vínculo afectivo entre la pareja, porque es un momento en el que ingredientes como la ternura y el cariño toman gran protagonismo.

Hay mujeres y hombres que no se sienten a gusto al mantener relaciones durante el embarazo. En este punto, volvemos a subrayar la importancia de hablar abiertamente para encontrar nuevas maneras que propicien encuentros íntimos satisfactorios.

Tras el parto, los tiempos de descanso son imprescindibles, así como tener la paciencia suficiente para adaptarse a los nuevos ritmos y labores. Si por fortuna el bebé duerme bien, los padres podrán beneficiarse de un buen descanso para disfrutar del nuevo ser que ha llegado a sus vidas y también de ellos mismos. Los cambios de rutinas y los nuevos hábitos suelen desvitalizar a la pareja, lo cual dificulta el autocuidado individual y, por supuesto, la atención y el mimo a la relación de pareja.

En estos momentos es donde los actos de amor más sencillos pueden ser los más profundos, como tomar el relevo del cuidado del bebé, propiciar que la madre, sobre todo, pueda tener tiempo para ella y descansar; ya que la crianza, además de alegría y satisfacción, también implica un gran esfuerzo físico.

Lo más probable es que tras los primeros meses del parto, la mujer no sienta deseo de mantener relaciones sexuales, es en estos momentos cuando las muestras de amor, cariño, cuidado y atención por parte de ambas personas se convierten en los lazos que sostienen la buena salud de la relación. Es muy común que en esta época la madre se sienta desbordada y la pareja se sienta apartada, de hecho, durante el primer y segundo año de crianza, se dan un gran número de separaciones. En este sentido, es importantísimo volver a crear, lo antes posible, espacios de intimidad en pareja. Como comentamos en el capítulo 9, es de gran ayuda tener una red de apoyo de familia y amigos para delegar puntualmente el cuidado de los hijos.

Posturas del Tao Sexual

Siempre que leo algún artículo o libro que incluya el término «posturas sexuales» me pica mucho la curiosidad y no me resisto a mirarlas. El juego de las diferentes posiciones me parece muy divertido. Algunas son posturas de yoga muy avanzadas, como si hubieran surgido espontáneamente jugando al «enredo» (ese esparcimiento en el que llevo pies y manos a diferentes círculos de colores hasta terminar enrollado a alguien o de bruces en el suelo).

Según el *Su Nü Jing* hay nueve posturas diferentes para realizar en pareja, os damos las instrucciones de cómo realizarlas:

El dragón giratorio

«La mujer se tumba sobre la espalda y alza la puerta de jade para ser penetrada por el tallo de jade. El hombre intercala ocho impulsos leves con dos muy profundos. Después, él debe voltear las caderas de un lado para otro para estimular el borde superior de la puerta de jade. Este método refuerza la salud y la mujer goza de alegría».

El tigre al acecho

«La mujer se coloca en postura de gatear con la cabeza hacia abajo y los glúteos hacia arriba. El hombre penetra la puerta de jade ocho veces lo más profundamente posible. Repetir cinco veces. La mujer no estará nunca enferma y el hombre, más fuerte que nunca».

El mono peleón

«La mujer se acuesta sobre la espalda y coloca sus piernas sobre los hombros del hombre que hunde su tallo de jade. La mujer es la que se mueve, la secreción mana como un torrente, cuanto más penetra el tallo de jade, más se levanta. El acto dura hasta que la mujer alcanza el clímax. Este método cura todas las enfermedades».

La cigarra trepadora

«La mujer se tumba boca abajo mientras que el hombre se coloca sobre su espalda. Después de que el tallo de jade penetre nueve veces, la mujer levanta un poco los glúteos y el tallo golpea la perla roja (clítoris). Repetir seis veces el proceso. Se debe finalizar tan pronto como la mujer haya alcanzado el orgasmo. Este método curará los siete tipos de dolores».

La tortuga remonta

«La mujer se tumba boca arriba y dobla las piernas con las rodillas hacia el pecho. El tallo de jade penetra a media profundidad y luego hasta el fondo. El acto termina cuando la mujer llega al orgasmo. Este método permite al hombre ponerse en forma y recuperar sus fuerzas».

El fénix vuela

«La mujer se tumba con las piernas levantadas y el hombre se coloca sobre ella con las manos contra el suelo. El tallo de jade penetra ocho veces profundamente. La mujer entonces gira la pelvis. Repetirlo tres veces o parar cuando la mujer llegue al orgasmo. Este método aleja todas las enfermedades».

El conejo chupa el pelo

«El hombre se tumba boca arriba con las dos piernas estiradas y la mujer se sienta sobre él dándole la espalda. El tallo de jade frota la parte anterior de la vagina. Cuando el embalse de la mujer se desborda, el acto se detiene. Este método tiene un papel preventivo».

Los peces frotan sus escamas

«El hombre se tumba boca arriba mientras la mujer se acuclilla de cara a él. El tallo de jade penetra a poca profundidad y la mujer gira sobre él. Guardar la posición todo el tiempo posible. Este método cura las enfermedades relacionadas con la excesiva acumulación de mucosidades».

Las cigüeñas bailan con el cuello

«El hombre se sienta y la mujer se acuclilla sobre sus muslos rodeando el cuello del hombre con sus manos. El tallo de jade frota los labios vaginales. El hombre agarra las nalgas de la mujer para ayudarla a girar. El acto termina cuando el manantial de la mujer fluye. Este método cura el agotamiento de la energía renal».

¿Cuál de ellas te resulta más familiar?

Entiendo que deduces qué es el «tallo de jade» del hombre y qué es la «puerta de jade» de la mujer...

Cocreación íntima en pareja

Para profundizar en vuestra intimidad, os invitamos ahora a realizar un ejercicio que tiene la intención de abrir un diálogo con tu amante o futuro amante sobre algunos tópicos referentes a la sexualidad. El cuestionario os ayudará a conoceros más íntimamente y a abordar, de forma directa y ligera, algunos temas de los que posiblemente aún no habéis hablado. Estad preparados porque es posible que algunas preguntas disparen el botón «vergüenza» o el botón «miedo», también otras activarán el botón «humor» y el de la «risa».

Antes de empezar, es básico conversar para qué queréis hacer el ejercicio. ¿Cuál es el objetivo? y ¿cuáles son vuestras intenciones? Igualmente, es fundamental verbalizar el compromiso de ser completamente honestos y respetar las respuestas del otro. Pactar de qué forma vais a contestar las respuestas; por escrito, verbalmente o ambas. Sea cual sea la fórmula, la idea es no intervenir ni interrumpir a quien se esté expresando. Podéis llegar al acuerdo de responder a todas las preguntas, o bien establecer cuántas podéis dejar sin contestar. En todo caso, al finalizar el ejercicio os recomiendo hablar de cómo os sentisteis con las preguntas que dejasteis sin responder.

Dependiendo del tipo de relación, edad y momento vital, en el que estéis, podéis encontrar que algunas de las preguntas no sean relevantes o no encajen en vuestras vidas. En este caso, podéis saltarlas, o adecuarlas a vuestra experiencia.

Algunas de las preguntas hacen referencia a encuentros sexuales con personas diferentes a las que estáis haciendo el ejercicio, cabe la posibilidad que algunas respuestas disparen el comando «celos». Os propongo hablar, antes de empezar, sobre cómo manejar esta situación. No contestéis pensando en la «respuesta correcta», expresad vuestra verdad, apropiaros de ella, reclamadla, liberaos y ofreceos la oportunidad de ser auténticos el uno con el otro.

El humor y la broma son parte de este ejercicio, algunas preguntas os harán reír, ¡genial!, eso sí, es importante ser consciente de no usar el humor como «escape» o para evadiros de ser verdaderos y tocar vuestra propia intimidad.

Sed cuidadosos con las reacciones hacia las respuestas de la pareja, no juzguéis, estad atentos a que las respuestas no sean superficiales o evitativas. Observad también el tono de voz, los gestos y el lenguaje corporal.

Si mantenéis una actitud receptiva, abierta, respetuosa y amorosa, esta será una experiencia que os vinculará de manera íntima y positiva, en caso contrario, será una fuente de lucha y enfrentamiento

La palabra sexualidad aparece donde mucha gente usa el término sexo. El propósito es abarcar los diferentes aspectos de la sexualidad: deseo, sensualidad, erotismo, genitalidad y coitalidad.

Daros tiempo para procesar el ejercicio: ¿Qué preguntas os divirtieron?, ¿cuáles os afectaron?, ¿cuáles os llevaron a conversar o discutir? Agradeceos por vuestra valentía, honestidad y el deseo de aprender más sobre vosotros. Si tomáis este ejercicio seriamente a la vez que con ligereza, aprenderéis cosas que no sabéis o que no sabíais el uno del otro, o de vosotros mismos.

Algunas informaciones serán maravillosas y otras no os harán sentir fantásticos en absoluto. Se trata de aprender a comunicarse y abrirse sin criticar y no utilizar la información en contra del otro.

Entregaos a los abrazos y besos, llorad, haced el amor, follad. Tomaros el tiempo que necesitéis y llevad el ejercicio a lugares que enriquezcan la relación.

Mantened este ejercicio a buen recaudo como algo bien sagrado íntimo y real.

1. ¿Recuerdas la primera vez que te excitaste sexualmente?
2. ¿Cómo fue tu primera experiencia sexual a solas?
3. ¿Cómo fue tu primera experiencia sexual en compañía?
4. ¿Qué es lo que más te gusta del sexo?
5. ¿Qué es lo que menos te gusta del sexo?
6. ¿Has experimentado con juguetes sexuales contigo?

7.   ¿Has utilizado juguetes sexuales con alguien más?

8.   ¿Qué significa para ti ser bueno/a en la cama?

9.   ¿Con qué asiduidad miras pornografía?

10. ¿Eres honesto sobre el uso que haces de la pornografía o te sientes avergonzado por ello?

11. ¿Cuándo fue la última vez que tuviste un sueño erótico?

12. ¿Has hecho algo sexualmente de lo que te arrepientes?

13. ¿Qué es lo más morboso que has hecho y no te arrepientes?

14. ¿Del 1 al 10 cómo puntúas tu mente morbosa?

15. Aparte de lo que ya hacemos los dos, ¿qué te gustaría hacer conmigo que no hemos hecho todavía?

16. Nombra tres cosas que nunca has intentado y que te encantaría hacer.

17. ¿Qué te pone caliente automáticamente?

18. ¿Qué te enfría o «corta el rollo» automáticamente?

19. ¿Qué tipo de beso es el que más te gusta?

20. ¿Cómo sabes que alguien te está amando?

21. ¿Cómo te sientes si sabes que tu pareja se masturba?

22. ¿Cada cuánto te masturbas?

23. ¿Me dejarías ver cómo te masturbas?

24. ¿Te gustaría ver cómo me masturbo?

25. ¿Qué parte de mi cuerpo es tu preferida?

26. ¿Cuál es la parte de tu cuerpo con la que te sientes más inseguro/a?

27. ¿Cuál es la parte de tus genitales de la que te sientes más inseguro/a?

28. ¿Con que asiduidad sueles fantasear?

29. ¿Qué hace que se dispare tu fantasía?

30. Describe una fantasía que se pueda llevar a cabo.

31. ¿Qué es lo más vergonzoso que puedes compartir conmigo?

32. ¿Te preocupa que yo pueda juzgar tu sexualidad?

33. ¿Cómo puedo comunicarte mi incomodidad cuando haces algo sexualmente que me disgusta, o quiero que pares o quiero que cambies?

34. ¿Qué necesitas para sentirte completamente seguro/a conmigo sexualmente?

35. ¿Cómo ha sido tu mejor orgasmo?

36. ¿Qué tipo de trauma sexual has experimentado? (abarca desde sentimientos heridos/insultos/hasta el abuso)

37. ¿Alguna vez te han forzado a algo sexualmente?

38. ¿Cómo sabes que te estoy permitiendo entrar en mi intimidad para experimentar alguna nueva práctica sexual?

39. ¿Cómo sabes que te están deseando?

40. Imagina que pudieras nacer con el sexo diferente al actual. ¿Cuál crees que sería la mayor ventaja?

41. Si te identificas como heterosexual. ¿Has pensado alguna vez tener relaciones con alguien de tu mismo sexo?

42. Si te identificas como homosexual. ¿Has pensado alguna vez tener relaciones con personas de distinto sexo?

43. ¿Te gustaría compartirme con alguien?

44. ¿Qué práctica sexual no estás dispuesto/a a hacer?

45. ¿Qué es lo mejor de ti que traes a la cama?

46. ¿Qué crees que necesitas para mejorar tus habilidades en la cama?

47. Define: follar, hacer el amor, tener sexo.

48. ¿Crees que es necesario conocer detalles de nuestras anteriores experiencias sexuales o es mejor mantenerlas en el pasado?

49. ¿Cuánta intimidad puedes soportar?

50. Si has estado embarazada o has estado con alguien que lo estaba, ¿cómo afectó el embarazo a vuestra sexualidad?

51. Si has experimentado dar a luz, o has estado con una compañera que ha sido madre, ¿cómo ha afectado este hecho a tu sexualidad?

52. Si tienes hijos, ¿cómo ha afectado la maternidad o la paternidad a tu sexualidad?

53. ¿Sexualmente hablando, qué es lo que más te gusta hacer conmigo?

54. ¿Qué es lo que más te gusta que te haga?
55. ¿Te interesa el Tao Sexual?
56. ¿Te gusta hacer el amor en silencio?
57. ¿Te gusta hablar o que te hablen mientras haces el amor?
58. Me gustaría que me compartieras cinco canciones sensuales.
59. ¿Exteriorizas tu placer con gritos, gemidos, palabras?
60. ¿Reprimes tu expresión verbal cuando gozas?
61. ¿Cómo afectan los cambios hormonales (menstruación, menopausia, andropausia) a tu sexualidad?
62. ¿Cómo afecta el paso del tiempo o el envejecimiento a tu sexualidad?
63. Si lleváis varios años en relación, ¿cómo ha cambiado la energía sexual a lo largo del tiempo?
64. ¿Cómo ha cambiado tu sexualidad desde la primera vez que tuviste un encuentro sexual?
65. ¿Cuándo te sientes sexy?
66. ¿Ha habido algún periodo de tiempo en el que no has tenido deseo sexual?
67. ¿Sabes cuál fue la razón?
68. ¿Qué crees que es lo mejor que yo aporto a tu sexualidad?
69. ¿Qué tipo de cita puedo preparar que te haga sentir feliz, sexy y en conexión conmigo sexualmente?

Consejos para la pareja

Los seres humanos tenemos la facultad de utilizar nuestra energía sexual de una forma sagrada y trascendente. Para ello es necesario que nos reeduquemos con nuevos hábitos de relación. Compartimos, a modo de resumen, algunas pautas que nos adentran en el Amor Sanador en pareja:

- El sexo no solo tiene que ver con lo genital, sino con la total aceptación y disfrute de la proximidad y el contacto corporal con la pareja.
- Expresamos nuestro placer con libertad.
- Nos mantenemos «aquí y ahora». Mirarnos a los ojos nos ayuda a estar presentes y no distraernos.
- Es importante estar atentos al «*feedback*» de la pareja, si se le eriza la piel, si se tensa, si suspira, si gime, si se relaja...
- Soltamos las expectativas y nos dejamos sorprender. Nos olvidamos de cualquier objetivo preconcebido.
- Creamos un espacio sagrado.
- Tratamos de estar relajados y en calma. La prisa no es una buena compañera del amor.
- Respetamos nuestro ritmo y el de nuestra pareja y encontramos la armonía entre ambos.
- Vivimos el encuentro como un juego. Disolvemos la autoexigencia y los ideales de perfección.
- Nos entregamos mutuamente.

Técnicas para la pareja

Dentro del Tao Sexual Amor Sanador disponemos de muchas herramientas para equilibrar el Yin y el Yang de los amantes. El masaje mutuo es de las más sencillas de realizar.

Masajes de movilización de la energía genital

Un principio básico del Chi Kung y el Tao Yin es que «donde va la mente, va la energía». Como comentábamos en el capítulo 1, las manos ayudan a sentir mejor el organismo y despertarlo. Los masajes permiten mover las sensaciones hacia adentro o hacia fuera del cuerpo.

Las mujeres ayudan a los hombres a dispersar su energía sexual y hacerla circular desde los genitales. En este sentido, acarician la zona púbica masculina hacia fuera, para que las sensaciones desciendan por el interior de sus muslos hacia los pies y así no estén tan focalizadas en su pene y testículos. Esta técnica sirve para refrigerar al hombre y evitar que haya congestión en su sexo. Los hombres podemos realizarla también en nuestras prácticas en solitario para evitar el molesto dolor de testículos.

El objetivo de los hombres es complementario, acarician el cuerpo de la mujer en dirección a su sexo para concentrar la energía. En este caso el masaje ascendería desde los pies por la cara interna de los muslos hasta el pubis femenino, para activar su fuego.

Masajes de movilización de la órbita microcósmica

Otra forma de compartir la energía sexual con el resto del organismo es guiarla por la órbita microcósmica. Tanto hombres como mujeres acariciamos el sacro de nuestros amantes y friccionamos la piel en sentido ascendente, por la columna vertebral hasta la cabeza. Activamos la bomba sacra y craneal para abrir el canal posterior conocido como «vaso gobernador».

A nivel energético, el primer objetivo del Tao es elevar la energía sexual a la cúspide del cráneo. Una vez que consigo esto, el siguiente paso es guiarla por delante del cuerpo de vuelta a los órganos sexuales, acariciando la frente, la garganta, el pecho y el vientre, por el canal anterior conocido como «vaso concepción».

Si los dos amantes han sido iniciados en las prácticas básicas del Tao, será mucho más sencillo ayudarse mutuamente a desarrollarlas. El entrenamiento de los músculos del perineo es fundamental para adquirir esta habilidad.

Soberanía sexual

Retomamos el concepto de Soberanía Personal del capítulo anterior para compartir algunas pautas que nos sirvan para profundizar en las relaciones sexuales.

El Poder del Ahora

Disfruto del presente. El pasado forma parte de mi aprendizaje y el futuro es una ecuación que voy resolviendo día a día. Cuando me entrego al placer, lo hago en plenitud, con todo mi ser y si comparto con alguien me mantengo muy consciente, viviendo todas las sensaciones que tengo.

Si me fijo en el pasado puedo generar añoranza y melancolía, magnificar traumas y hacerme sentir culpable por las cosas que considero hice mal. Si traigo «heridas de guerra» a mis relaciones les pongo un peso difícil de sostener. Miro al pasado únicamente para aprender y tomar impulso y me centro sobre todo en el «ahora».

Vivir en el futuro provoca ansiedad y me proyecta a un mundo ilusorio de fantasías. En el terreno sexual lo ideal es no precipitar los acontecimientos, ni generar expectativas.

Como hemos reiterado en esta obra, sentir mi cuerpo es la mayor herramienta para estar presente, pues mi cuerpo nunca abandona el espacio y el tiempo. Mi mente puede desplazarse a otro momento o lugar. Mi cuerpo siempre es el ancla para volver a las coordenadas de la realidad física. Si no habito mi cuerpo, ¿qué cuidado le estoy dando? Es como si quisiera mantener mi casa limpia y ordenada sin entrar en ella. Una zona deshabitada se convierte en una zona oscura, enferma. Cuando entro en mi cuerpo le llevo vida y salud.

Si habito el tiempo presente puedo descubrir que en cada momento me apetece una cosa, que mis necesidades de ahora pueden ser diferentes de las de hace un rato, que puedo usar todo mi poder de elección cada segundo con libertad. Ser consciente de esto me aporta creatividad y flexibilidad. Decir «sí» en un momento no significa «sí siempre».

Tengo mucho cuidado con mis predisposiciones mentales. Que mi pareja se excitara ayer cuando le mordisqueé el cuello no significa que hoy le pase de nuevo.

Cocreación sexual

Cada encuentro sexual es una cocreación única e irrepetible. Si estoy en pareja, es la suma de la creatividad de los dos.

En Soberanía Personal respeto tanto mi libertad como la de mi amante. Genero encuentros sexuales que sean satisfactorios para ambos, respeto cuando recibo un «no», para así valorar también cuando es un «sí». Busco que las relaciones sean auténticas y de igual a igual, con consentimiento mutuo. Ocupo el 100 % de mi poder y procuro no dejarme invadir, ni invado al otro.

Explorar la totalidad

El Tao me invita a tomar todo lo que soy, sin rechazar ninguno de mis aspectos. No me encasillo en una sola forma de hacer el amor. A veces soy tierno; otras, salvaje; en algunas ocasiones quiero dar y en otras recibir. Si me conozco y amo tal cual soy, va a ser más fácil aceptar y amar a mi pareja.

En una relación de pareja puedo ser amante, protector, protegido, niño, adulto, anciano, cómplice, contrario... Es sano que sea así, que explore todas mis facetas y que permita que mi pareja también sea todo eso: madre, niña, adulta, protectora, contraria, cómplice... y amante, por supuesto.

Las relaciones se estancan cuando me comporto exclusivamente desde uno de mis personajes limitados y busco en mi amante únicamente su personaje complementario. Un ejemplo muy habitual es el de la pareja donde el hombre es el hijo y su compañera una «mami» que le cuida e infantiliza; o viceversa. En estos casos lo que hacemos es alimentarnos mutuamente nuestras neurosis respectivas e impedirnos crecer y evolucionar.

Mapa de ruta

Para disfrutar del Tao Sexual Amor Sanador necesitamos afianzar una estructura interna que nos sirva de soporte. Lograr el Tao es cuestión de práctica, es un entrenamiento como cualquier otro y hace falta una red neuronal para realizarlo.

Cualquier destreza necesita un entrenamiento, incluso cuando tengo un don natural para algo. Para que un pianista sea un virtuoso, aparte de que tenga ganas, le guste y tenga oído, necesita muchas horas de colocar los dedos sobre las teclas, aprender canciones, practicar; hasta que al final pueda interpretar preciosas melodías.

En la sexualidad voy a tratar de resolver todos los problemas que surgen cuando intento amar y cambiar de hábitos. Tengo muchas inercias repetitivas que me hacen volver una y otra vez a los lugares que familiarmente visito. Me brotan muchas emociones: desconfianza, miedo al proceso, dudas... Muchas de estas sensaciones me paralizan o me hacen retroceder, alejándome de mi propósito inicial. Tengo también muchos pensamientos, muchos juicios mentales, muchas ilusiones, muchas expectativas sobre cómo llegar a obtener el resultado que quiero. A veces no tengo paciencia, tengo prisa y quiero que las cosas sucedan ya. El proceso de crecimiento del Tao en mí es un proceso natural; lo único que requiere es entrenamiento.

Las cuatro competencias

Hay cuatro pasos para adquirir cualquier habilidad. En este caso los voy a relacionar con el aprendizaje del Tao Sexual Amor Sanador.

Incompetencia inconsciente

No soy hábil en algo que desconozco completamente.

Por ejemplo: antes de leer este libro no sabía nada de la sexualidad taoísta y no era competente en estas técnicas.

Incompetencia consciente

Soy consciente de que no soy hábil en algo que conozco. Este es el punto de partida del aprendizaje, la frase de Sócrates: «solo sé que no sé nada».

Ejemplo: conozco el Tao Sexual y soy consciente de que hay muchas facultades que no tengo instaladas y muchos conceptos que no tengo integrados.

Competencia consciente

Pongo toda mi conciencia en adquirir la habilidad. Este paso es el entrenamiento.

Ejemplo: Quiero desarrollar la pericia en el Tao Sexual. Voy a clases de Tao Yin, realizo el curso de Iniciación al Tao, aprendo las técnicas sexuales, practico en casa las meditaciones y movimientos solo y en pareja.

Competencia inconsciente

Mi habilidad está tan desarrollada que ya no hace falta ni prestar atención a ella. Este paso es la maestría.

Ejemplo: Practico Tao Sexual Amor Sanador y me funciona. Lo realizo sin ningún esfuerzo, de manera natural, sin ni siquiera pensar en ello.

El paso más importante de todos es «querer desarrollar la habilidad» y desde este lugar, me pongo en marcha y practico para conseguirlo.

La terapéutica del amor sanador

Nos adentramos en una vertiente del tao sexual que tiene como protagonista el cuidado de la salud con las herramientas que las artes de la alcoba nos proporcionan, así como el abordaje de los desequilibrios en torno a nuestra vida sexual. Presentamos un planteamiento de la terapéutica sexual taoísta como un complemento a las terapias médicas y psicológicas, nunca como un sustitutivo a las mismas. De hecho, hay técnicas de psicoterapia propuestas por sexólogos clásicos como Kinsey o Master & Johnson que tienen similitudes con algunas herramientas del tao sexual.

Podríamos añadir que la Medicina Tradicional China ofrece líneas terapéuticas que persiguen el restablecimiento de la salud contrarrestando los efectos de los desequilibrios internos propiciados por trastornos psicoafectivos y sexuales que pueden aparecer a lo largo de nuestra existencia. Sobre todo, nos toca entender que nuestra forma de ser, nuestros prejuicios y moral, nuestro estilo de vida pueden constituir el sustrato de problemas y enfermedades o, por el contrario, ser la base de una forma de vida saludable.

Podemos cambiar el cómo, no el qué

Nunca me canso de recordarme a mí mismo y a los pacientes que lo importante no es lo que nos ocurre, sino qué hacemos con lo que nos ocurre, cómo reaccionamos o respondemos a las situaciones en las que nos vemos envueltos. Y esto puede ser de forma activa, por reaccionar o elegir una respuesta, o, de forma pasiva, al inhibirse de posicionarse o responder, dejando que el tiempo pase.

La capacidad de gobernar nuestra mente y nuestras emociones, entendiéndolo como buena gestión, va a marcar la diferencia entre unas personas y otras. Aquellas que son pasto de inercias mentales o emocionales irrefrenables van a sufrir infinitamente más por temas afectivos y/o sexuales. Hallamos aquí una oportunidad fantástica para disciplinar nuestra mente y potenciar nuestra atención, gran aliada de la sexualidad.

Uno de los grandes obstáculos de la sexualidad es el no ser capaz de apartar los pensamientos y entregarse al momento. Por eso, siempre es conveniente estar con las cuentas saldadas, con uno mismo y con nuestra pareja, antes de intimar, sin temas pendientes, para poder enfocarnos en la pasión. La mente, con sus tabúes y barreras, con las maneras de gestionar los conflictos y las emociones puede erigirse como el gran impedimento para disfrutar de las artes de la alcoba. Otras veces, mantenemos el hábito de la multitarea hasta en estas lides, como un frenesí mental que nos saca del momento presente.

En el fondo, la sexualidad puede erigirse como una forma de meditación compartida, una vía de comunicación que abre lo más interno de uno mismo, ofreciéndoselo a la pareja, y que puede llegar a ser sagrada si la honramos con toda nuestra atención. Es un acto de entrega entre dos personas donde las palabras circulan través de la boca, de las manos, de los ojos, en silencio o en forma de ahogados gemidos, que hacen las veces de lenguaje. Es una danza del amor en la que se consigue realizar una auténtica meditación en movimiento donde los cuerpos se mueven cimbreantes al compás del goce compartido, al son de la música de las emociones que nos hace penetrar un estado de conciencia diferente. Eso es la espiritualidad, se trata de poner los cinco sentidos en lo que estamos haciendo con un actitud dedicada y amorosa.

Cuando algo no va bien

En ocasiones, la vida nos presenta un aprendizaje en forma de disfunción sexual o, como a mí me gusta llamarle, un desajuste sexual, concepto que nos aboca hacia la solución y no nos etiqueta dentro del mundo de la patología. Estos impedimentos del gozo pueden presentarse en forma un episodio único, puede que se repitan, o se hayan instalado en el tiempo.

La disfunción o desajuste sexual puede alejar a la pareja o unir más, depende de cómo lo afrontemos.

Por otro lado, nos toca discernir si este tipo de «síntomas sexuales» son algo aislado o van de la mano de otros síntomas sin un componente sexual, como parte de un cuadro mayor. Comprender que rara vez son un hecho aislado nos puede dar pistas para ver la globalidad del asunto, entrever qué está originando un patrón disarmónico.

Como hemos comentado en capítulos anteriores, la actitud debe ser despreocupada pero cuidadosa a la hora de afrontar estas dificultades; esto quiere decir que no es preciso agobiarse, pero sí ser diligente para hacer lo necesario en aras de recuperar la salud, para centrarnos más en el proceso que en los resultados, más en el camino que en la meta. Los agobios y las prisas nunca son buenas consejeras, sobre todo, en estas lides.

Como tales, las dificultades son simplemente retos que nos acucian a aprender, a cambiar, a solucionar asuntos que arrastramos o cargamos sobre nuestras espaldas como una pesada mochila de piedras.

Adaptarnos al estrés

La mayoría de nosotros hemos pasado por situaciones de estrés que someten nuestro cuerpo a sobrecargas fisiológicas capaces de dañar nuestro organismo y acarrear síntomas en muchos de los aspectos de nuestra vida. En cuanto a la sexualidad se refiere, la problemática se convierte en una madeja, en un ovillo de lana enredado, ya que hay facetas de nosotros que son moduladas por nuestra educación, por las influencias de los padres que configuran nuestro subconsciente y nuestra psique, en definitiva, nuestras experiencias vitales.

Los síntomas o la enfermedad nos enseñan dónde se hallan nuestras limitaciones, nos sirven para ubicarnos en nuestra trayectoria vital, nos imponen cambios, al principio, de forma suave y, si no se hace nada al respecto, de forma más severa. También los síntomas nos obligan a parar y replantearnos nuestra relación con nuestro entorno, incluidas nuestras relaciones sociales. Es un motivo para reflexionar y aprender, para madurar y modificar nuestras conductas.

Podríamos decir que en el sexo se vuelcan todos aquellos aspectos ocultos de nosotros mismos, aquellos que deseamos esconder bajo la alfombra. Por eso, el sentir cómo es mi sexualidad, cómo me expreso bajo las sábanas, me puede reflejar cómo me muestro y qué oculto en mi día a día. De hecho, por mucho que lo queramos evitar, a la vez que me desnudo y dejo la piel al aire a la vista de mi amante, aparece un instinto de querer mostrarme como soy. Es un quitarse la máscara social y sacar lo que hay en lo más hondo de nosotros, una vía que nos conecta con nuestra esencia más íntima y primigenia, donde no podemos esconder lo que somos y brotan las raíces que conforman nuestra personalidad.

«Recuerdo el caso de una paciente que acudió a consulta por un tema sexual. Era una mujer afable, con voz calmada, de aspecto delicado. Me comentó que con su pareja mantenía una relación cordial, en buenos términos pero, de un tiempo a esta parte, su comportamiento sexual hacia él era dominante, brusco e, incluso, agresivo, según sus propias palabras. Esto la hacía sentirse aturdida y comenzaba a preocuparla, ya que no era capaz de relacionar estos hechos con ningún episodio reciente. Tras una sesión de acupuntura y una relajación profunda, logró recordar una situación en la que se sintió menospreciada por su pareja en una reunión de amigos. Se dio cuenta de que ese pequeño desplante había pasado desapercibido, pero no sin afectarla a nivel subconsciente, y era el motivo de su nueva conducta sexual. Le planteé que encontrara un momento de sosiego para abordar el tema con su marido y se pudiera expresar desde su sentir. Su pareja reconoció no acordarse de los detalles

que originaron tan soterrado conflicto, aun así, le pidió disculpas. Y poco a poco la dinámica sexual fue tornando a la normalidad, no sin incorporar prácticas sexuales más enérgicas a su repertorio de encuentros íntimos. Se pudo encauzar el tema de forma saludable.»

¿Una o dos sexualidades?

También podríamos pensar que cuando dos personas yacen no hay una sola sexualidad compartida, sino un encuentro de dos sexualidades, puede que lo que viva uno no tenga nada que ver con la vivencia del otro. Esto viene influenciado por los modelos que encarnan las figuras paterna y materna en la familia, ejemplos como hombre y mujer.

En el seno familiar se aprenden también «formas de amar», se asume un ideario de cómo es el amor, en el que vamos a intentar encajar nuestras experiencias emocionales y nuestras relaciones personales. Según sea ese ideario de exigente o irreal, podemos caer en la frustración, la desilusión y el conflicto. Por el contrario, si nuestro ideario afectivo es positivo puede servirnos de trampolín para saltar hacia relaciones saludables.

Es posible que nos hayamos contagiado de la ilusión errónea de amor perfecto eterno, intenso, inmutable e inmaculado. En ese caso, cualquier relación que tengamos nunca va a llegar a este nivel, lo que, de nuevo, nos sume en el dilema y la confrontación. Esto nos sitúa en un tira y afloja interno entre lo que vivimos y nuestro ideal de relación. Si en el seno familiar no se incluyen conceptos como la aceptación del otro de forma incondicional, el no necesitar depender y entender que somos dos seres diferentes que comparten algo prometedor, que va más allá de querer ser dos medidas naranjas, ya que somos seres únicos y completos en toda nuestra individualidad.

Igualmente, hay personas con la inmensa fortuna de haber disfrutado de un ambiente familiar donde se respira y aprenden conceptos positivos como es el amor libre, basado en el respeto y la confianza, en el mantenimiento de los espacios personales a gran escala y, sobre todo, en la libertad de elegir cada día a tu pareja cuidándote a ti mismo y ocupándote como nadie del bienestar del otro.

De los padres, de la relación que tienen entre ellos y de la relación que mantienen con nosotros brota el juego afectivo, las leyes del deseo y las formas de gozar, conformando la autoestima, el lenguaje de las relaciones así como las formas de entender y procesar los sentimientos. En un ambiente inhibido y negativo, el niño tiñe de la moralina aprendida de los padres su propio deseo con tal de seguir siendo aceptado y querido, y se genera una influencia que va a marcarnos de por vida.

Aquí coinciden y convergen el psicoanálisis y el Tao; ambos indican que el hombre va desde el deseo hacia el amor mientras que la mujer transita desde el amor hacia el deseo y en ese camino pueden llegar a encontrarse. Son dos prioridades diferentes que necesitan evolucionar, como requisito del encuentro entre la polaridad masculina y femenina, hasta llegar a algo más que la suma de dos. Como decía un maestro al referirse a las relaciones de pareja, *«uno más uno no son dos, son tres, lo que eres, lo que soy y lo que se crea entre ambos»*. Eso que existe entre dos personas que se vinculan, ya sea por un tiempo breve como unos días o sea por años, es más importante que el tú y el yo. Eso es lo que nos toca venerar casi a cada instante. De hecho, cuando perdemos de vista este punto tan importante es cuando empiezan a malograrse las relaciones. Unas veces se pierde porque uno llega a la relación con ciertas carencias que, más tarde o más temprano, afloran buscando ser cubiertas. Sexo y afectividad son dos caras de una moneda, que gira y se muestra sin cesar, por lo que es muy difícil crear una separación aritmética entre ambas a la hora de afrontar las posibles disfunciones sexuales.

Abiertos a la vida

Salimos al encuentro del otro por distintas necesidades, como contacto, compartir experiencias, ser amados y amar, de lo contrario, seguiríamos a gusto en soledad. Esto nos embarca en la senda del dar y recibir, de exponernos a la mirada del otro, para ser aceptados o rechazados, para mirar y aceptar.

El arte de la conquista conlleva cierta dosis de temor, según cada persona. En menor grado, ese temor es excitante mientras que, si resulta desproporcionado, congela y asusta. Esto marcará la actitud de la persona en el acercamiento o cortejo, así como en el encuentro sexual, o bien se plantará de frente o acudirá «de medio lado» para protegerse. Muchos se muestran en el sexo y otros se esconden en él. A no pocas personas les brotan las disarmonías que llevan dentro, lo cual desencadena disfunciones sexuales. También, si albergamos conflicto entre amar y desear, podemos crearnos problemas afectivos y/o sexuales.

Sexualidad y pornografía

En la era de internet, con más información (y desinformación) que nunca, quizás tengamos el convencimiento de que sabemos tanto de sexualidad que nuestras conductas bajo las sábanas se rigen por la espontaneidad y por la satisfacción de nuestros impulsos más básicos, íntimos y personales.

Sin embargo, en una sociedad impregnada de publicidad y de acceso rápido y fácil a la pornografía, nos convertimos en seres que no solo arrastramos e impregnamos nuestra sexualidad de los condicionamientos educacionales absorbidos del medio socioambiental y cultural donde hemos crecido, sino también de los estereotipos sexuales que nos dicta el imperio de la moda y el sexo.

Indiscutiblemente, el ideal de belleza va cambiando con las décadas y, de forma indirecta, tendemos a buscar ese estereotipo físico que vemos en las páginas de las revistas de moda, en los anuncios televisivos, en los carteles publicitarios que invaden nuestra ciudad. Cuando lo encontramos, la forma en la que hemos visionado el sexo en medios audiovisuales y, sobre todo, en el mundo pornográfico, influye directamente en los más jóvenes y no tan jóvenes; estos entienden que la práctica sexual es plenamente satisfactoria si siguen los planteamientos literales del mundo de la pornografía.

Se abandona, por tanto, el acercamiento cálido, sensual y romántico también propios de una relación sexual satisfactoria, ya que se piensa que solamente con una sexualidad hecha por y para el hombre, donde impera la dominación masculina, con cuerpos esculpidos perfectos y erecciones potentes e interminables, se puede hallar placer, en un planteamiento totalmente reduccionista de la sexualidad abocado al fracaso y a la frustración.

En este sentido, sería necesario recibir una educación sexual integral desde la adolescencia y, por otro lado, detenernos a pensar, ser conscientes, con una profunda reflexión, de si actuamos realmente bajo nuestros deseos más primitivos, como seres anárquicos e independientes o seguimos, sin darnos cuenta, influenciados por todos los estímulos de la sociedad que nos penetran a diario.

Y es que pensamos, en definitiva, que somos seres más libres que antes, que tenemos más capacidad de elección entre tantas opciones pero seguimos infinitamente condicionados, hasta en el ámbito más íntimo que atesoramos, nuestra sexualidad.

Placer femenino y cerebro

En 2011 el neurocientífico Barry Komisaruk fue el primero en conseguir recrear un mapa cerebral del placer en la mujer, demostrando, por primera vez, que la estimulación de la vagina, el cuello del útero y el clítoris activa tres sitios distintos y separados en la corteza sensorial, al igual que la estimulación de los genitales de los hombres activa zonas de esta área.

En el mismo sentido, resultó sorprendente hallar que la autoestimulación del pezón activa no sólo la región de la corteza sensorial que se esperaba, sino, igualmente, las mismas zonas que la región genital, lo que explicaría por qué algunas mujeres pueden tener orgasmos a través del tocamiento del área mamaria, aspecto de suma relevancia para mujeres con disfunciones en el área genital.

En la misma línea, Komisaruk aclara que «*algunos expertos han afirmado que, en la sexualidad femenina, la principal fuente de placer la proporciona el clítoris y que este goce es relativamente menor con la estimulación vaginal o del cuello uterino. Sin embargo, nuestros hallazgos muestran que existe una fuerte activación sensorial producida por la estimulación de estas dos últimas zonas. Esta es la base para un mejor entendimiento de cómo la manipulación genital se propaga de forma secuencial a través del cerebro a partir de la activación inicial de la corteza sensorial, para 'encender' al tiempo las regiones cerebrales que producen el orgasmo*».

Pero, quizás, la parte más importante del estudio es la constatación de que, según su autor, «*las mujeres que tienen una disminución de la respuesta sensorial a la estimulación genital, tal vez como resultado de algún daño neurológico por culpa de una histerectomía (extirpación del útero), podrían intensificar su respuesta genital mediante la adición de la estimulación del pecho*».

Y es que, en virtud del estudio, las mujeres no obtienen placer de la estimulación vaginal consecuencia de una estimulación indirecta del clítoris sino que la vagina y el clítoris son fuentes directas de placer sexual, al igual que el cuello uterino, «*ya que estas zonas erógenas tienen sus propias terminaciones nerviosas que transportan las sensaciones a la corteza cerebral*», insiste el investigador en la *University of Rutgers*, New Jersey.

Según confirmó este estudio, mujeres que habían sufrido una sección total y alta de la médula espinal eran capaces de sentir la estimulación genital y, eventualmente, sentir orgasmos, lo cual demuestra que el nervio vago (hipogástrico) es la vía de comunicación entre la región genital y el encéfalo.

Este descubrimiento abre la puerta de la esperanza a infinidad de mujeres con problemas físicos circunscritos a esas áreas, que podrían volver a sentir placer. Según el neurocientífico, probablemente estudios más avanzados permitan conocer mejor, en un futuro cercano, la actividad cerebral desencadenada por un orgasmo, para devolver el placer a todas esas mujeres que lo han perdido. Y es que, aunque no lo parezca, sigue existiendo un gran desconocimiento en torno a ello.

Disfunciones sexuales femeninas

En el mundo moderno, en el que se obtienen más datos e información que nunca, dos de cada cinco mujeres han experimentado, o sufren habitualmente, algún tipo de disfunción sexual. Entre las más jóvenes, una de cada cinco manifiesta sufrir algún tipo de dolor durante la relación sexual y un porcentaje más alto confiesa que sus relaciones son poco placenteras. Pese a la cantidad de herramientas disponibles para solventar o abordar este tema, el 40 % de las mujeres no suele buscar ayuda profesional.

La disfunción sexual femenina puede presentarse en cuatro áreas distintas: el deseo, la excitación, el orgasmo y el dolor asociado con el coito.

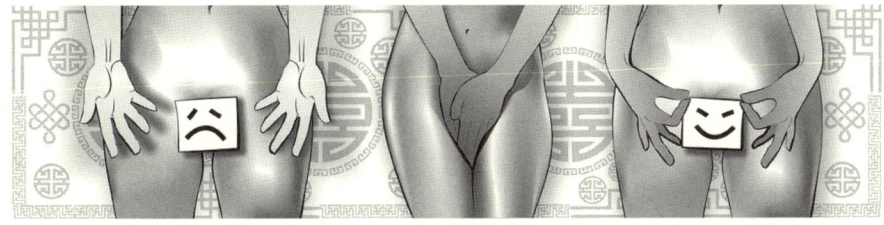

Es importante llegar al fondo del problema, ¿qué me está diciendo el cuerpo?

Parece que la sexualidad femenina es emocionalmente más compleja. Todavía, por desgracia, muchas mujeres no se han dado permiso para conocerse, para disfrutar de su sexualidad en solitario, tal vez por su educación religiosa o una falta de naturalidad en su educación sexual vivida en la infancia y adolescencia.

A un alto porcentaje de mujeres les ha calado el mensaje de *«no puedes disfrutar de tu sexualidad»* y eso que, fisiológicamente, la mujer tiene muchísima más capacidad de disfrute que el hombre. Una vez que la mujer se decide a buscar soluciones, le suele ser más fácil que al hombre hablar y exteriorizar sus emociones y sentimientos, así como exponer el tema con naturalidad. En la mayoría de los casos, se necesita un abordaje multidisciplinar, médico, psicológico y fisioterápico.

En la disfunción sexual femenina puede haber una disfunción del deseo, que suele ser la más habitual (hasta un tercio de las mujeres puede padecerlo en algún momento de su vida, sobre todo, tras el parto o la menopausia). A veces, tiene un sustrato fisiopatológico, como padecer diabetes, depresión y esclerosis múltiple. Otras veces, se origina por la toma de anticonceptivos, el cansancio y el estrés crónico. También aquí la autoestima y la autoimagen desempeñan un papel importante, porque frenan la libido.

En ocasiones, la falta de deseo o de excitación es consecuencia de una ausencia de interés por parte de la pareja. En no pocas parejas se instaura el tedio sexual o, tal vez, un pacto tácito de no excitación mutuo en el que los dos se inhiben de su sexualidad.

En cuanto a la incapacidad de alcanzar el orgasmo, deberíamos distinguir entre su forma primaria, aquellas mujeres que nunca lo han tenido, o secundaria, aquellas que han tenido la capacidad de tenerlos pero, a raíz de algún suceso, no lo pueden volver a sentir.

Los motivos psicológicos que alimentan la disfunción sexual en la mujer suelen ser una educación sexual precaria y llena de culpa, el trauma sexual, la falta de comunicación en la pareja sobre temas afectivos o sexuales, distintos niveles de deseo en la pareja, estrés prolongado y periodos de inactividad sexual.

Cuando el sexo es dolor

El sexo deja una estela, al ser evocado, de placer, de recuerdos apasionados que nos permiten besar el cielo sin movernos de la tierra. Sin embargo, para algunas personas, pensar en ello es revivir un tormento, incluso un descenso a los infiernos.

Bajo el término de dispareunia, también denominado coitalgia, se hace referencia al dolor, ardor, quemazón, picor, tirantez producidos durante las relaciones sexuales, bien en el transcurso de la penetración, o antes o después de la misma, muchas veces relacionados con etapas de la vida como el postparto o la menopausia.

Cualquier mujer puede estar igualmente predispuesta a sufrir este cuadro, ya que las causas revisten diversa naturaleza, desde causas físicas hasta psicológicas, y a veces, también entrelazadas entre sí.

A nivel orgánico, las causas varían en función de la estructura anatómica que afecte de la mujer. Se le denomina dispareunia superficial, si el dolor se produce en la entrada de la vagina o dispareunia profunda, si es a nivel más profundo.

En el primero de los casos, puede deberse a una lubricación insuficiente, comúnmente causada por una caída en los niveles de estrógenos después de la menopausia, del parto o durante la lactancia, o bien por la toma de medicamentos inhibidores del deseo o excitación, como antidepresivos, sedantes o antihistamínicos. Asimismo, puede deberse a lesiones tales como inflamaciones, infecciones o enfermedades de la piel.

En el caso de la dispareunia profunda, el dolor ocurre con la penetración a nivel más interno y puede ser más pronunciado con ciertas posiciones sexuales, debido a algunas enfermedades y condiciones, como la endometriosis, enfermedad inflamatoria pélvica, prolapso uterino, el útero en retroversión, fibromas uterinos, cistitis, síndrome del intestino irritable, hemorroides y los quistes ováricos, así como también cirugías o tratamientos médicos, como en el cáncer, a consecuencia de la radioterapia y quimioterapia.

El origen y las causas de la dispareunia pueden revestirse también con un claro componente emocional, ya que las emociones están profundamente entrelazadas con la actividad sexual. Este, siendo abordaje de las causas psicosexuales resulta particularmente complejo.

En este sentido, problemas psicológicos, como la ansiedad, la depresión y el estrés, incluso antecedentes de abuso sexual, pueden marcar la sexualidad de la mujer. En otras ocasiones, el dolor inicial puede dar lugar a temor al dolor recurrente. Los temores o miedos pueden influir en la contracción involuntaria de la musculatura perivaginal, dificultando la penetración y provocando dolor; incluso se puede llegar a sentir tanto miedo anticipatorio que se evite todo contacto físico con la pareja.

El tratamiento dependerá de la causa o causas subyacentes del dolor, y engloba, de forma general, tratamiento con medicamentos, o bien terapias de desensibilización y relajación, con ejercicios de suelo pélvico, o, igualmente, un abordaje desde la psicoterapia por un profesional. Desde la terapia sexual hay muchas herramientas y protocolos con muy buenos resultados. Asimismo, desde la perspectiva de la fisioterapia especializada en suelo pélvico, igual que en los casos anteriores, siempre dependerá de la causa de base, en aras de desensibilizar el área dolorosa, disminuir el miedo a la penetración y tratar las probables disfunciones musculoesqueléticas, casi siempre acompañadas de una relajación de la musculatura de suelo pélvico por una hipertonía de la musculatura perineal, cicatriz o falta de elasticidad.

Desde la perspectiva de la pareja es crucial el dialogo, la comunicación y hallar la comprensión paciente para acudir a un profesional sin demorar el problema contando con el apoyo inestimable de la otra parte. El sexo está para disfrutarlo, no para sufrir; en este caso, es menester sacar la penetración o el coito del menú sexual, estabilizando la relación positiva de sexo y placer, y quitando de la ecuación el dolor. Con el paso del tiempo, la mujer puede ensayar, tumbada encima de su hombre, con su propio movimiento, con una actitud de juego, estimular su vulva con el pene de su pareja. Sin expectativa ni exigencia, puede «presentar» el glande en la puerta de su vagina como si fuera un leve contacto o, simplemente, posicionarlo en la entrada de su vagina y quedarse ahí jugando. Puede llevar tiempo, pero esta estrategia ha dado muy buenos resultados, para bordear el temor y el dolor. Las parejas que son capaces de afrontarlo conjuntamente se resienten mucho menos y encaran mejor este camino hacia la salud.

Debemos afrontar los desajustes sexuales juntos, como un equipo.

Frigidez

Este término alude a la ausencia de placer a la hora de tener relaciones sexuales. La persona aquejada con esta disfunción no tiene sensaciones eróticas durante la penetración, puede que incluso ni con la propia masturbación. La frigidez se puede clasificar como primaria o total, en la que nunca se ha podido disfrutar, o secundaria, al parecer, tras el acaecimiento de un hecho o situación grave.

Suele presentarse al mezclarse causas fisiológicas y/o psicológicas. Por tanto, el enfoque de tratamiento debe ser multidisciplinar, con un estudio completo de cada caso, para llegar al sustrato de la tensión. Si se pueden descartar los motivos orgánicos, se puede acometer un interesante trabajo psicoterapéutico, en el cual posiblemente también sea necesario un enfoque fisioterápico del suelo pélvico.

Vaginismo

En este caso, la misma penetración resulta difícil, prácticamente imposible, por un exceso de tono de la musculatura vaginal, por una intensa contracción involuntaria que escapa al control de la persona. Con un fuerte componente psicológico, es necesario estudiar en profundidad la historia de la persona, desde cuándo le sucede, por qué situación vital está pasando, su vida afectiva así como su educación familiar. Todos estos componentes ejercen un gran influjo en la fisiología que provoca la incapacidad para ser penetrada.

Anorgasmia

Esta patología es más común que la frigidez y menos severa. En este caso, la mujer es capaz de sentir placer, de gozar pero no concluye en el orgasmo. Su sistema nervioso no puede disparar la descarga de placer, tras la etapa de excitación normal. La mayor parte de los casos se relacionan con factores psicológicos como ansiedad, depresión, creencias religiosas y actitudes sexuales aprendidas.

¿Qué ofrece el Tao?

La perspectiva que ofrece el arte de la alcoba del Tao viene a ser un soplo de aire fresco que alivia la tensión y ofrece un sentido de proporción a toda esta temática. En la mayoría de los casos que vienen a consulta una serie de condicionantes generan el caldo de cultivo para la aparición de estas disfunciones. Suele haber un componente de autoexigencia que nos puede llevar a afrontar las situaciones con mucho estrés, a tomarnos las cosas de forma un poco obsesiva y sacada de contexto. Las prácticas de Tao invitan a nuestro sistema nervioso a relajarse en profundidad, a cambiar su fisiología para permitir que nuestro cuerpo responda de una manera totalmente diferente. Nos brinda, igualmente, valiosas herramientas para conocernos mejor, para saber de nuestros ritmos, del placer que anida en cada recodo de nuestra anatomía. Ayuda también al amante a que esté con mano y boca prestas, con la actitud de un explorador que se deja enredar en cada poro de piel, que disfruta de olores, texturas y sabores. Nos ayuda, en definitiva, a romper tabúes y mitos que pesan como piedras sobre nuestras espaldas, nos deja libres del pasado, sin temor hacia el futuro, para vivir un momento presente entregado en cuerpo, mente y alma.

En el caso de la mujer, las prácticas descritas en este libro nos encaminan hacia el gozo, nos liberan de culpa, de tensión desmedida, para vivir con naturalidad y reconocer el deseo como uno de los motores de la vida. Se facilita así el vínculo con uno mismo y la apertura de salir al encuentro, amar y que nos amen.

Disfunciones sexuales masculinas

Impotencia

Conocida también como disfunción eréctil, se puede definir como la incapacidad de lograr o mantener una erección de calidad el tiempo suficiente para una actividad sexual satisfactoria. Para poder hablar de impotencia, debemos contemplar una situación mantenida en el tiempo ya que un hecho aislado, comúnmente llamado gatillazo, no implica impotencia. En la vascularización es importante el riego sanguíneo y el sistema nervioso autónomo, así como un enorme componente emocional, en el que el estrés, aunque sea interno, juega un papel sumamente importante.

Las cifras indican que la mitad de los hombres sufren de impotencia en algún momento de su vida, hecho muy condicionado también por la edad. De forma mantenida en el tiempo, uno de cada cinco hombres sufre de impotencia y, a pesar de ello, sólo la mitad buscan ayuda.

Una gran cantidad de ellos no lo reconocen y, por tanto, no le ponen remedio, haciendo el avestruz, metiendo la cabeza en el suelo, sin querer saber nada, echando incluso balones fuera o culpando a la pareja.

La fisiología de la erección no es algo baladí, requiere conservar el deseo, una buena circulación sanguínea, ya que la tumescencia del pene viene dada por un flujo masivo de sangre en los cuerpos cavernosos y un trabajo valvular que regula la presión de sangre en los mismos.

La impotencia se puede desencadenar de dos formas:

- Incapacidad para iniciar la erección (por causas neurógenas, endocrinas por hipogonadismo o psicógenas).
- Incapacidad para alcanzar una erección suficiente (insuficiente volumen de sangre en el pene (por disfunción en oclusiva).

En el 80 % de los pacientes estudiados no se suele hallarse disfunción orgánica, sino causas psíquicas o emocionales, sobre todo en hombres jóvenes. Las causas orgánicas aparecen normalmente en la senectud; la más habitual es la aterosclerosis de los vasos sanguíneos del pene. También la neuropatía periférica por lesión medular, diabetes o alcoholismo pueden estar presente en la impotencia. Asimismo, fármacos como los betabloqueantes usados en el tratamiento de la hipertensión arterial pueden restar calidad a la erección, y existen casos de impotencia secundarios a la cirugía prostática. Una pregunta habitual que se suele hacer a los pacientes que consultan por este motivo es si tienen erección matutina o nocturna, para descartar las causas orgánicas. No obstante, los pacientes con impotencia orgánica suelen llevar aparejadas causas psicógenas.

La impotencia psicológica

En este sentido, resulta importante destacar la relación entre el estrés y la función sexual. Se puede dar impotencia en una persona con mucho estrés laboral o, al revés, la angustia que provoca la responsabilidad de mantener una erección puede expandir el estrés a todas las facetas de la vida, con una pérdida de control y potencia encubierta.

La angustia de fallar, de no estar a la altura, está detrás de muchos casos de impotencia; es una consecuencia del estilo de afrontamiento del hombre en el que, hasta el sexo, es un reto o una meta, una competición con uno mismo o con el sexo opuesto. Esta actitud indica una sexualidad sustentada en el cortisol, cuando ese elemento debería ser minoritario. El sexo debería basarse en la dopamina y la oxitocina, hormonas que reflejan el sexo como un encuentro, un compartir, como una comida en domingo con los amigos o algo en lo que uno se puede dilatar y relajarse.

Otras veces, la impotencia es selectiva, con unas parejas uno no puede y con otras sí; puede que en estos casos sea síntoma de no elegir siempre bien a la pareja, falta pulsión en esa elección. Muchos hombres confiesan sentir la obligación de tener que meterse en la cama con una mujer que, en el fondo, no les atrae. Lo hacen por complacer, por demostrarse a sí mismos algo, por salir del tedio, pero sin esa sensación de arrebato, de fuego en las venas, al estar delante de esa mujer. Hay que elegir muy bien las batallas que librar porque no tiene sentido caer en el tener mucho sexo y congeniar la pulsión con alguien con quien no se puede forzar, pues la química energética está o no está, no se puede crear.

Así que, para solventar esta situación, la primera propuesta es ser sincero con uno mismo, ¿esta chica me gusta, me atrae?

Si dándole la mano o besándola te excitas pero, una vez llegado el momento de meterte en la cama, todo se enfría, puede que padezcas ansiedad anticipatoria; en este caso, se trataría de encontrar estrategias que aflojen la ebullición de angustia y la tensión. Es mejor no presumir ni alardear de nada antes de meterse en la cama porque eso lleva marcado un nivel de autoexigencia y es que incluso es mejor decir «*¡¡Ufff!! A ver si tengo un día de suerte y soy capaz de hacer algo…*». El humor siempre es un gran aliado.

Otro escollo es que los estímulos que recibes de tu pareja no son los que te gustan, y ahí sí que hay una gran clave tanto para el hombre como para la mujer y es la forma de decirle, mostrarle, conducir a la otra parte en la senda personal y única del placer. A veces, lleva tiempo conectar los cuerpos y es ese periodo, ese proceso en sí, un discurrir maravilloso.

Otra clave es tonificar bien la musculatura de la raíz del pene, el denominado músculo PC, como hemos abordado en el capítulo 5. Te animo fervientemente a que practiques 100, o incluso 200 contracciones diarias por series del músculo PC. Sentirás que tu cuerpo reacciona mucho más rápido, de una forma más intensa que antes y cuando sientas la dureza de tu erección, vas a recibir una gran inyección de confianza.

Eyaculación precoz

El otro gran escollo de la sexualidad masculina es la eyaculación precoz, en la que, en la mayoría de las veces, hay una incapacidad para demorar la emisión de semen, que se produce, casi siempre, antes o durante el primer minuto de la penetración vaginal, y genera intensos síntomas de frustración y ansiedad, que pueden desembocar en la evitación de cualquier encuentro sexual en pareja. Este trastorno puede llegar a afectar al 40 % de la población masculina; puede ser ocasional, con determinada pareja sexual, y muy influenciado también por épocas de estrés, o puede ser primaria, es decir, presente en todos los encuentros sexuales.

La eyaculación es una respuesta del sistema nervioso simpático, activador, en el que apenas hay fase de meseta, entendido este concepto como la etapa en la que se disfruta de una excitación estable en la que no hay una urgencia por eyacular y uno se puede entregar al gozo. El eyaculador precoz no puede elegir voluntariamente cuándo terminar, no puede dejar de centrarse en su excitación para atender y disfrutar el goce de su pareja. Sus sensaciones son tan fuertes que se agolpan y le hacen descarrilar, con lo que aumenta la tensión tras cada encuentro sexual, fruto del aumento de la secreción de cortisol.

En el menor número de casos, la eyaculación precoz es de naturaleza orgánica, por afecciones uretrales o del sistema nervioso, del sistema vascular o secundaria a tratamientos farmacológicos. En la mayor parte de las ocasiones, su origen suele imbricarse en componentes de carácter marcadamente psicológico.

Desde otro punto de vista más primitivo, podemos pensar que la persona que eyacula tan prematuramente garantizaría la procreación cuando siente que no tiene tiempo para el placer. Por eso, el ritmo de vida acelerado y sobreestimulado de hoy en día facilita este tipo de disfunción, en el que no hay tiempo para yacer y relajarse y todo termina siendo, por desgracia, un «saciar compulsivamente los vacíos internos».

Es posible que el eyaculador precoz haya «entrenado» su sistema nervioso mediante la masturbación como un desfogarse, una forma de aliviar una tensión interna, más que en darse el tiempo de disfrutar y conocerse bien. La persona aquejada por esta problemática no puede sostener el gozo, ansía el encuentro o el estímulo y enseguida lo suelta, se le escapa, perdiendo el control, tal vez, paradójicamente, por querer controlar demasiado. Se trata, pues, de un controlador frustrado, con una adicción mental a la anticipación que, probablemente, se extrapole a otras facetas de su vida.

En este sentido, el reentrenamiento neurológico y sexual se encaminaría a estar a gusto en la meseta de excitación, a dilatar en el tiempo el disfrute propio y darse la oportunidad de hacer disfrutar a su pareja. Se trata de elegir muy bien la dosis de estímulo, con un trabajo consciente con la respiración, siempre importante, que vuelve a ser la clave en este caso.

El cultivo en solitario constituye el primero de los pasos, después de aprender a respirar con calma. En muchos casos, los hombres que acuden a consulta no son capaces de respirar con calma y profundidad, lo cual ya indica una predisposición a la compulsión eyaculatoria.

Seguidamente, tras aprender a respirar, le tocará en su casa masajearse el cuerpo acercándose a los genitales. Sentirá de forma sosegada cómo crece el estímulo y, en cuanto alcance la erección, deberá disminuir ligeramente el mismo y respirar, acostumbrándose a estar excitado sin la premura de eyacular, jugando, subiendo y bajando el estímulo, respirando bien profundo para habituarse, para estar cómodo en el estado excitatorio y que se pueda tocar sin ninguna sensación de prisa, dilatando en el tiempo el gozo. Si lo necesita, puede llevar anotados los tiempos de estímulo, para observar la progresión, y tratar cada vez de estar más minutos estimulándose, evitando la eyaculación todo el tiempo. De este modo, su cuerpo y su cerebro empezarán a entender que no necesariamente, tras una excitación y un estímulo, viene la eyaculación inevitable.

Finalmente, una vez que se haya alcanzado la comodidad con su propio estímulo y haya podido disociarse del reflejo eyaculatorio, puede comenzar su práctica en pareja. En el caso de no tener pareja estable, se pueden abordar una serie de estrategias que faciliten el encuentro satisfactorio, la más importante: dejar el coito para el final, de forma pausada y sin prisas, para que el hombre aprenda a disfrutar descubriendo y explorando los recodos de placer de su amante, lo cual le brindará una gran confianza en sí mismo. Cuando le toque recibir placer, es importante indicar que se suavicen los estímulos, que se los pueda respirar para que no se golpeen los latidos ni la pulsión en el cuerpo. Incluso es interesante conseguir que, en ocasiones, su amante llegue al orgasmo tocando, besando, lamiendo, así su tensión anticipatoria se rebajará un poco para evitar sentir que no ha cumplido. Con estas bases ganará cierto margen y podrá entregarse confiadamente al placer. Durante el coito, deberá buscar posiciones en las que se encuentre lo más relajado posible; unos hombres comentan que esto se produce cuando son ellos quienes están arriba y otros de forma inversa, unos marcando el ritmo y otros dejándose hacer.

Descenso a los infiernos: la adicción al sexo

La sexualidad, como hemos analizado, es inherente al ser humano pero cuando empaña, controla e inunda el día a día, se convierte en una prioridad obsesiva, una necesidad de sexo intensa e imperiosa al extremo que toma las riendas de nuestra mente y cuerpo, interfiriendo y deteriorando todos los aspectos de nuestra vida, generando un deseo compulsivo sexual que necesita ser satisfecho y que, al mismo tiempo, deja un regusto de ansiedad y arrepentimiento inmediatos junto con un síndrome de abstinencia cuando se deja de realizar, se torna en una conducta adictiva y enfermiza que acarrea un enorme sufrimiento a quienes la padecen, que se sienten impotentes en sus deseos de cambiarla.

Esta adicción al sexo, también denominada *hipersexualidad* o *trastorno compulsivo sexual*, así como ninfomanía, en referencia a las mujeres, o satiriasis, en el caso de los hombres, tiene como antesala una autoestimulación compulsiva, que puede derivar en una anorexia sexual, cuando se prefiere vivir en su propio mundo interior de fantasías sexuales antes que tener relaciones con su propia pareja, o un comportamiento sexual abierto, indiscriminado, con múltiples y variadas parejas, acompañado, asimismo, de la necesidad continua de recurrir a la pornografía, prostitución, encuentros casuales o sexo virtual. Todo ello en aras de satisfacer unas necesidades y pensamientos sexuales cada vez más urgentes, frecuentes y recurrentes unidos a una negación del problema, autoengaño, distorsiones cognitivas y falacia de control, ya que el control es precisamente lo que se ha perdido, nexo común que incardina todas las adiciones.

Entre los factores de predisposición a la adicción al sexo pueden concurrir varios vectores: un estado de ánimo disfórico, con alto grado de tolerancia a los estímulos displacenteros, unido a la impulsividad, donde confluyen dos hipótesis condicionantes de esta adicción que afecta, sobre todo, a hombres, debido a condicionantes sociales y culturales, y suele llevar concatenados sentimientos de culpa, así como de ansiedad, soledad y depresión.

Por un lado, puede existir una predisposición biológica condicionada por la imperiosa necesidad de recibir ciertas descargas de neurotransmisores, como dopamina o serotonina, así como la existencia de una anormalidad bioquímica cerebral. En este sentido, algunos estudios han apuntado a que las lesiones en la corteza prefrontal medial del cerebro pueden desembocar en un comportamiento sexual compulsivo.

Por otra parte, intervienen causas psicológicas, entre ellas, la influencia de algunas dimensiones de la personalidad como, por ejemplo, personas con baja autoestima que usan compulsivamente el sexo como una vía de escape y reforzamiento de la misma, así como aquellas que hayan sufrido abusos sexuales en el marco de familias disfuncionales o bien rechazos afectivoeróticos en la adolescencia de igual forma que la soledad, vacíos existenciales o una insatisfactoria relación de pareja.

Para la Organización Mundial de la Salud, la adicción al sexo ya es considerada un desorden mental, incluido en su Clasificación Internacional de Enfermedades CIE-11 y definido como «*un patrón persistente de falla para controlar los deseos o impulsos sexuales intensos y repetitivos que resultan en un comportamiento sexual repetitivo*». De este modo, deja constancia de su importancia, a pesar de ser una de las adicciones menos reconocidas que existen, y solo con tratamiento en manos expertas se puede encontrar el camino hacia la solución.

Pasar por una desintoxicación conductual, una deshabituación psicológica, liberando traumas pasados, si los hubiere, así como estímulos desencadenantes que perpetúan la conducta o carencias que han sido sustituidas por el sexo, ayudarán a superar el síndrome de abstinencia, normalizando y regresando paulatinamente a la vida anterior. Es preciso, además, la búsqueda de nuevas metas alternativas a la adicción para prevenir recaídas en el marco de un programa de mantenimiento, ayuda constante y apoyo, sustentado en la meditación o en la psicoterapia grupal para ayudar a lidiar con las fantasías sexuales recurrentes.

De la dureza y el sufrimiento que arroja esta adicción deja constancia Steve McQueen en su película *Shame*, abriendo las entrañas a una sociedad hipersexualizada, en la que el refuerzo positivo del placer es inmediato. Michael Fassbender da vida y desnuda de forma descarnada a un ejecutivo adicto al sexo con un comportamiento autodestructivo, donde se entrelazan, en una tela de araña, pasiones incontroladas y traumas psicológicos proyectados sobre el fondo de un vacío existencial desmedido, imposible de llenar después de cada acto sexual; una adicción irrefrenable y en caída libre si no se toman medidas y se acude a ayuda profesional, en todo un viaje, en toda regla, que supone un mismísimo descenso a los infiernos.

El orgasmo como tratamiento del dolor

Cuando los pacientes viven inmersos en un proceso agonizante de dolor crónico, el sexo parece quedar relegado a un horizonte lejano. La mente está siendo bombardeada continuamente por estímulos dolorosos, intentando procesar el sufrimiento en momentos donde la luz roja de emergencia está permanentemente activada, en los cuales respirar y llegar al día siguiente, en la mayoría de las ocasiones, supone un ejercicio de supervivencia al límite de las fuerzas humanas.

Además del dolor físico, se siente un sufrimiento secundario y marcadamente emocional, un desgarro de espíritu, en el que se percibe el propio cuerpo como un lastre ajeno y desconectado de nuestra mente.

Ante tanto dolor y sufrimiento, la analgesia química y terapéutica a la que se aferran los pacientes, así como la práctica de la atención plena, esa capacidad que atesoramos de poder silenciar la mente frente al ruido incesante de los pensamientos, constituyen parte de la amalgama de terapias que nos ayudan a mitigar el dolor. En este sentido, el sexo se erige como una excelente terapia alternativa para recuperar la calma, relajarnos y volver a conectar con nosotros mismos. En la misma línea, a lo largo de las páginas de *Your Brain On Sex*, el psicoterapeuta Stanley Siegel aborda el concepto de sexo inteligente sosteniendo que «*el sexo y el erotismo pueden ser una terapia*» además de «*un motor de la libertad y la expresión personal*», y es que, sin lugar a duda, el sexo constituye un inhibidor de las emociones negativas.

El orgasmo, esa pequeña muerte dulce, tantas veces definida y, sin embargo, aún recubierta de un halo de misterio a nivel de los mecanismos activados cerebralmente, secreta endorfinas así como dopamina y serotonina, hormonas ligadas a la felicidad y la relajación, cuyo déficit va asociado a procesos depresivos, en particular a la depresión, por desgracia, amiga y acompañante *non grata,* en muchísimos casos, durante estos procesos de dolor crónico.

Hasta ahora se conocían los múltiples beneficios del orgasmo como arma para combatir la depresión por toda esa cascada de neurotransmisores que inundan el organismo pero ¿puede un orgasmo incluso combatir el dolor crónico y bajar el umbral de este?

Orgasmos por prescripción médica

Así es. Un paso más allá, y bordeando las fronteras del placer, va Barry Komisaruk, neurocientífico estadounidense de la *University of Rutgers*, New Jersey, que lleva toda su vida profesional investigando el orgasmo femenino y sus efectos a nivel cerebral. Sus estudios científicos se centran en el orgasmo femenino y en la cartografía cerebral del mapa del placer en la mujer, aunque sus conclusiones y beneficios terapéuticos son extrapolables al hombre.

De sus investigaciones, a través de monitorizaciones de sus pacientes vía RMN mientras se estimulan vaginalmente, se constata cómo el clímax activa todas las áreas principales del cerebro así como sus usos terapéuticos como un bloqueante natural del dolor, en alrededor de un 50 % de los casos, cifra, en absoluto, nada desdeñable.

«*El orgasmo es un gran acontecimiento neuronal* que *aumenta el umbral del dolor*», con esta elocuencia sentencia Komisaruk. De ahí que se prescriba el orgasmo, así como la mera estimulación vaginal, él ya lo hace con sus pacientes, como potentes analgésicos y calmantes a corto plazo, como un remedio aún más efectivo y poderoso.

Los tenues límites entre el dolor y el placer están separados por una línea tan fina como la que distingue el amor del odio. Komisaruk, el primero en mostrar en qué parte del cerebro ocurre el clímax, señala que uno de los mayores misterios del orgasmo es precisamente que este activa la misma parte del cerebro que el dolor: en las 30 regiones que se activan en el cerebro de la mujer durante el orgasmo se incluyen las que se vinculan a la percepción del dolor.

«*Muchas regiones diferentes se iluminan. No es algo sorprendente porque hay muchos sistemas del cuerpo implicados en el proceso. El orgasmo comienza en la corteza sensorial genital y luego se propaga a áreas del sistema límbico, incluida la amígdala y el hipocampo junto con la ínsula y la corteza cingulada anterior (también activos cuando sientes dolor). Algo que explicaría por qué el orgasmo puede tener un efecto bloqueante del dolor*».

Igualmente, «*tiene lugar un importante flujo de sangre y oxígeno en la cabeza, dos nutrientes muy necesarios para el cerebro. Varios nervios, como el hipogástrico, el pudendo y el pélvico llevan información desde los genitales a través de la espina dorsal, también se acelera el corazón, sube la tensión arterial, se dilatan las pupilas y aumenta la sudoración. Trabaja todo el cuerpo*», concluye Komisaruk.

Del mismo modo, se comprobó la activación cerebral durante la autoestimulación y el orgasmo en mujeres con lesión completa de la médula espinal. En este caso, las regiones del cerebro que mostraron mayor activación durante los orgasmos fueron el núcleo paraventricular del hipotálamo, la amígdala, la corteza cerebral anterior, frontal, parietal y el cerebelo. El científico espera emplear algún día una retroalimentación neuronal que ayude a las mujeres anorgásmicas a manipular su actividad cerebral para acercarla a un patrón de actividad orgásmica.

Así, en definitiva, a través del orgasmo podemos conseguir un alivio del dolor desde arriba hacia abajo, desde la mente hacia el cuerpo, coincidente con el esquema que sigue la meditación o el efecto placebo, que se sirven de procedimientos mentales para conseguir desplegar efectos beneficiosos a nivel físico; esto es, modular, en definitiva, lo que se siente en el cuerpo desde la atalaya de la mente.

Para Janniko Georgiadis, neurocientifico holandés, la clave, no obstante, no reside en las regiones que se encienden sino en las que se apagan durante el clímax. Así lo refleja en sus estudios realizados por tomografías por emisión de positrones (PET) en los cuales se desliza que las áreas en cuyos registros de actividad es menor, en la misma línea que Komisaruk, son la corteza prefrontal y temporal, denominada corteza orbitofrontal izquierda, áreas relacionadas con la planificación y la comprensión, y que recogieron una menor actividad durante el orgasmo y menor cantidad de flujo de sangre. Esa zona, además, indica ese alterado estado de consciencia al que nos referimos en el momento del orgasmo, esa *petite morte*, esa forma de dejarnos llevar y perder el control.

Este neurocientífico no alberga personalmente la creencia de que el orgasmo implique un apagado en la consciencia, pero sí un cambio en la misma, lo cual sería uno de los factores y causas de las mujeres que sufren anorgasmia.

En la misma línea, afirma que sus diferencias de criterio con Komisaruk al respecto pueden únicamente deberse a las formas de alcanzar el orgasmo, ya que durante los estudios de ciego de Komisaruk las voluntarias se estimularon a sí mismas mientras que, en los estudios del holandés, las participantes fueron estimuladas por sus parejas, y con una pareja es más fácil dejarse llevar y perder el control.

De lo que no cabe duda es del convencimiento de ambos científicos del poder terapéutico del orgasmo. En este sentido, lo reafirma la doctora Nicole Prause, quien concluye, en la misma estela de sus colegas, que el sexo es una gran herramienta terapéutica en aras de mejorar la salud en general, así como en el tratamiento contra la depresión, el dolor crónico e incluso la artritis.

Esta es la línea de investigación que sigue Komisaruk, quien, a pesar de admitir que *«hay un gran misterio que debemos esclarecer en esta intensa experiencia humana»*, mantiene la esperanza de investigar con mayor profundidad las áreas cerebrales que se activan al sentir placer y dolor durante el clímax para entender mejor sus mecanismos de acción y abrir la puerta de la esperanza para sentir menos dolor físico, con el fin de conseguir nuevas formas de manejar algo tan vitalmente devastador como el dolor crónico.

Después de todo lo anterior, ¿albergarías dudas sobre probarlo con o sin prescripción médica? A diferencia de otras sustancias, en este caso, sin efectos secundarios perjudiciales para la salud. Al contrario.

La medicina del círculo

*«La alegría compartida crece,
la pena compartida disminuye».*
—PROVERBIO SUECO.

Cae la noche en los Apalaches, en el estado de Pennsylvania, 70 personas acudimos desde todas partes del mundo para participar en el encuentro del «Viaje del Héroe» en la montaña más alta de West Virginia. Sentado en círculo alrededor del fuego observo cómo uno de los jefes con aspecto de indio nativo americano está armando una chanupa, la pipa sagrada bautizada como pipa de la paz en muchas películas. Estamos todos en silencio. Siento la importancia del momento.

Llegan nuevas personas y el círculo se va abriendo, adaptándose a cada nuevo recibimiento. Todos nos vemos las caras. El jefe carga la pipa con tabaco la muestra a las cuatro direcciones y entona el canto Lakota:

*«Oyate wama yanka po
Canupa wakan ca
Yuha cewaki yelo he
Oyate yanipi ka ca
Leca mu welo»
(Pueblo, mírame.
Levanto la pipa sagrada
y rezo con ella.
Para que las personas vivan
hago esto).*

Uno a uno vamos fumando la pipa y contando al grupo qué nos ha traído a la montaña. Tomo la chanupa con sus plumas de águila al viento y siento que tengo mi destino en mis manos. Percibo el silencio de escucha de toda la comunidad y mis palabras brotan directas del corazón. Me siento más vivo que nunca en este círculo sagrado...

El grupo de prácticas

> *«Una importante base de apoyo en nuestro camino,*
> *casi imprescindible, es formar un grupo,*
> *no permanecer aislado».*
> —MAESTRO JUAN LI.

En el I Ching hay tres hexagramas que avisan de la importancia de ser parte de un grupo: El hexagrama 8, «la solidaridad»; el hexagrama 13, «La Comunidad de los hombres» y el hexagrama 45, «La Reunión».

No aprendo solo, aprendo en mis relaciones y sobre todo dentro del grupo de apoyo, del conjunto de practicantes, de los compañeros de vida. Me doy cuenta de que muchas de las ideas que comparto no son totalmente mías, son aprehendidas de mis maestros y de las personas que me encuentro.

Los estudiantes de ingeniería, por ejemplo, acuden a la facultad para encontrarse con compañeros que tienen el mismo interés y recibir la experiencia y enseñanza de los profesores. Para aprender cualquier oficio o conocimiento, busco a algún maestro que posea esa comprensión y comparto mis estudios con personas afines.

A falta de una Universidad de Tao Sexual, los practicantes nos hemos agrupado para investigar y compartir nuestras aventuras. Quienes llevamos más años recorriendo este camino nos atrevemos a guiar grupos de prácticas, mostramos nuestros descubrimientos y seguimos aprendiendo con humildad y agradecimiento.

El círculo

Para nosotros la manera más enriquecedora y sana de compartir en grupo es en círculo. ¿Qué significa esto? El círculo es un espacio de contención y apoyo en el que todos los integrantes se comprometen a mantener la confidencialidad de todo lo que ocurra en él.

Cuando me siento en círculo puedo ver las caras de todas las personas y todo el grupo puede ver la mía. La comunicación es directa y eficaz. Todos los participantes tienen voz y aportan. Si es mi turno de palabra, me expreso libremente y desde el corazón, desde lo que siento. Puedo tomarme mi tiempo, hacer pausas, reír, llorar... compartir todo lo que me plazca. Decido qué palabras usar, cuánto abrirme a los demás y cuándo terminar mi intervención.

Cuando una persona está hablando, el resto de personas escucha, sin interrumpir, sin juzgar, sin dar consejos, recibiendo el mensaje y observando las reacciones que surgen dentro. El círculo es el contexto idóneo para mostrarme y ser respetado. Uno a uno, el turno de palabra va recorriendo todo el círculo y escucho el sentir de todos. La relación es de igualdad, nadie es más que nadie, todos estamos a la misma distancia del centro. Todos somos parte. Nadie queda fuera.

> *«En el Círculo*
> *Todos somos iguales*
> *Cuando estamos en Círculo*
> *Nadie está delante de ti*
> *Nadie está detrás de ti*
> *Nadie está encima de ti*
> *Nadie está por debajo de ti*
> *El Círculo Sagrado*
> *Está diseñado*
> *Para crear unidad».*

—DAVE CHIEF OGALALA LAKOTA.

Es importante seguir estas pautas de respeto para generar un clima de cuidado en el cual podamos mostrar nuestra vulnerabilidad y abrirnos con total confianza.

Desde tiempos inmemoriales, los seres humanos nos hemos reunido en círculo para compartir nuestras penas y alegrías, para resolver conflictos y llegar a acuerdos. Nos hemos sentado alrededor del fuego para resguardarnos del frío y darnos calor unos a otros. También nos hemos agrupado en círculo para celebrar la vida cantando, jugando y bailando.

Visión fotográfica y visión holográfica

Cuando miro hacia una parte de mi vida, tan solo puedo tomar una fotografía de ese instante. Si alguien me pide que describa lo que veo únicamente puedo hablar de lo que está en mi campo de visión. El círculo está lleno de visiones fotográficas, personales, desde los diferentes puntos de vista, todas amplían la vista, suman... y el resultado es una visión holográfica, que lo abarca todo.

Todas las visiones son reales y simultáneas. Recuerdo cómo en medio de una discusión dentro de un grupo, un amigo mío dijo: *«La verdad es tan grande que está repartida entre todos»*. Con esta frase me di cuenta del trozo de verdad parcial que atesoro, de mis limitaciones para ver más allá, de mis condicionamientos, y me dieron ganas de ampliar mi mirada y abrirme a la Totalidad.

Medicina para el ego

> *«Solo voy rápido, en grupo llego lejos»*.
> —PROVERBIO CHINO.

Cuando me acomodo en un círculo a compartir con otras personas, la imagen que me sugiere ese momento es que entre todos formamos un lago común. Cada uno de nosotros es como un río que desemboca en este lago y a la vez se nutre de él. Así que al expresar lo que sentimos abrimos la fuente inagotable que mana del corazón y hacemos rebosar el lago sobre todas las personas presentes.

Mi personalidad deja de ser importante, aparece algo más grande y duradero, la humanidad. Cada expresión que oigo tiene que ver conmigo y toca mi alma: risa, llanto, alegría, pena... Experiencias que están en mí en mayor o menor grado. Puedo ser vulnerable, soltar la fortaleza fingida, para entrar en la realidad de mi ser. Dejo de estar solo para ser «parte de».

Hay un proverbio budista que recogiendo esta idea dice: «¿Cómo evitar que una gota de agua se seque? Arrojándola al mar».

Recarga de energía

Muchas veces terminamos los encuentros grupales meditando en silencio con las manos enlazadas, sintiendo la unión de nuestros corazones, como si fuéramos un mismo océano de energía.

El círculo acrecienta mi presencia y vitalidad. Es más potente hacer una práctica energética en grupo que hacerla solo en casa. Estar con alguien activa partes de mí que muchas veces permanecen dormidas cuando estoy solo.

Cuando nos unimos con la intención de apoyarnos y recargarnos de vitalidad, surge una sinergia que aumenta exponencialmente el efecto de la práctica.

Actualización del círculo

Cada vez hay más escuelas que enseñan desde el círculo, algo que nunca vi en mi infancia con las aulas llenas de filas de pupitres. Hace tiempo que abundan los círculos de mujeres, los de hombres, los mixtos, los de padres, los de no madres, los círculos terapéuticos...

También desde la geometría del círculo aparecen grupos que bailan danzas circulares del mundo, de todas las tradiciones, surgen las danzas de la paz y las ceremonias para danzar al sol, a la luna, a las estrellas...

Cada vez hay más mesas redondas donde compartir ideas, comunidades horizontales en las que las decisiones las toma un consejo circular de cocreación. Porque «*no hay sabio que no tenga algo para aprender, ni tonto que no tenga algo para enseñar...*»

Círculos de hombres

Cuando desperté mi sexualidad, recuerdo que mis genitales tomaban todo el protagonismo. Mi manera de explorarme era en el cuarto de baño de casa, como la mayoría de los adolescentes, en breves instantes, en tiempos furtivos en los que podía ser interrumpido por una llamada en la puerta. El momento más adecuado para darme placer sin interferencias, era cuando me estaba bañando.

Escuché que todos los hombres somos cyaculadores precoces, porque siempre eyaculamos más pronto de lo que queremos. Recuerdo que en mis primeras relaciones me preocupaba mucho eyacular muy pronto. Para mí, controlar ese momento era sinónimo de virilidad, de experiencia sexual, de masculinidad.

En mi juventud, tenía el afán de cumplir el cliché de macho que satisface a la hembra. Trataba de satisfacer a mi pareja para cumplir con las expectativas que yo mismo generaba en el encuentro y algunas veces no lo conseguía.

Por aquel entonces la educación sexual que yo tenía o mejor dicho, los consejeros sexuales a los que podía acudir, eran mis amigos de pandilla, quienes siempre presumían de ser unos hachas en la cama. A mí me daba vergüenza decirles que, a veces, era eyaculador precoz

Carecía de un círculo de intimidad en el que confesar mis experiencias y mostrarme vulnerable. Por aquel entonces no había Internet. No conocía libros ni revistas especializadas en el tema de la sexualidad sana. Tampoco acudió ningún experto a mi colegio o al instituto a hablarnos del sexo en la adolescencia; yo no recibí educación sexual.

Es muy importante tener referentes de educación sexual y un grupo de apoyo. A fin de cuentas, una de las maneras de aprender es a través del ejemplo.

Reflexión: Referentes sexuales

¿Quién fue tu referente sexual antes de tus primeros encuentros íntimos y qué te enseñó?

....

....

¿Quién te instruyó en la práctica de las artes de la alcoba y cuáles fueron sus primeros consejos?

....

....

¿Qué es lo último que has aprendido acerca de la sexualidad y quién te lo mostró?

....

....

El tema de la eyaculación es un tema manido y recurrente en la adolescencia, como el tamaño del pene o la habilidad sexual. A través de las diferentes experiencias de pareja y con la madurez, van apareciendo muchos otros asuntos que van más allá de la propia sexualidad y que hasta hace poco tiempo han sido tabú en nuestra sociedad.

Una de las maravillas que suceden en los círculos de hombres es poder mostrar las emociones, soltar la armadura oxidada y reconocer en público lo que guardamos en secreto. No es un espacio para teorizar, debatir ideas o irse por las ramas, sino un lugar para expresar todo lo que me duele, todo lo que me cuesta, todo lo que voy cargando y me pesa...

Cuestiones como el multiorgasmo y el control o no de la eyaculación pasan a un segundo plano, porque lo más importante es reconocer todo lo que me aleja de mi sentir, de mis necesidades, de mi propia esencia... Todo lo que me aleja de mi calma y receptividad y me lleva a la confusión, a luchar por perseguir algo que está fuera, en lugar de sumergirme sin trabas en todo el amor que soy, todo el amor que recibo y todo el amor que puedo dar.

Como comentaba en el capítulo 6 sobre Soberanía Sexual, la humildad es el primer requisito para aprender. Mostrar las dificultades ayuda a superarlas y el Círculo de Hombres cumple esa función. En estos encuentros mostramos nuestra vulnerabilidad y redefinimos nuestro rol en la época actual.

Círculos de mujeres

En 1999 colaboré en la organización de un encuentro entre hombres y mujeres que iba a ser guiado por Margarita Núñez Álvarez, más conocida como la Abuela Margarita, Mujer Medicina de la Tradición Indígena del Camino Rojo. La temática del evento giraba en torno a la reconciliación con la sexualidad. Los participantes nos sentamos en círculo, me sorprendió gratamente escucharla, era la primera vez que oía a una mujer anciana hablar sobre la sexualidad sin tapujos, ni tabúes, de forma directa, sencilla, profunda y amorosa.

Al escuchar hablar del cuerpo y el sexo en los siguientes términos, tomé la decisión de empezar a vivir la sexualidad de una manera más consciente:

«Las mujeres debemos ver nuestro cuerpo como sagrado y saber que el sexo es un acto sagrado, de esa manera nuestras vidas cobran sentido y se llenan de dulzura, entonces como mujeres, abuelas, madres, hijas, hermanas, amigas, compañeras o parejas, podremos enseñar a los hombres a amar, y cuando ellos aprendan se comportarán de diferente manera con las mujeres y con la Madre Tierra».

Ese mismo día mantuve una conversación con la Abuela en la que me encomendó hacer círculos de mujeres. Desconcertada, le comenté que no sabía cómo guiar un círculo porque nunca había participado en uno, ella me respondió:

«Sí, mija, sí sabe, lo que pasa es que no se acuerda. Confíe en su intuición y en la ayuda de todo su linaje ancestral femenino. El círculo siempre ha existido, ya está hecho, ahora le toca a usted y al resto de mujeres ocupar su lugar en él. Convoque todas las noches de luna llena a mujeres de diferentes edades, enciendan una vela o un fuego en el centro, exprésense desde el corazón y compartan sus experiencias vitales. No se junten para criticar a nadie. Cuando las mujeres se juntan en círculos, aprenden a amarse a sí mismas y a las demás mujeres».

Con estas instrucciones, la noche de luna llena del mes siguiente, conduje mi primer Círculo.

Nos reunimos 13 mujeres en un piso del Barrio de Gracia de Barcelona. Entre las asistentes estaban mi madre, cuatro de mis mejores amigas, una de ellas embarazada a punto de dar a luz a una niña, y otras seis a quienes no conocía. Ninguna de nosotras había participado antes en un círculo. Abrí el espacio proponiendo expresar cómo cada una habíamos vivido nuestra primera menstruación. Fue un momento muy especial. Al recordar ese instante y compartir la experiencia, le dimos toda la importancia que tenía, vimos claramente cómo esa vivencia había marcado la evolución de nuestra vida sexual adulta. Las niñas que nos habíamos sentido acompañadas y cuidadas emocionalmente en el pasaje hacia la pubertad, guardábamos un bello recuerdo y gozábamos de una vida sexual satisfactoria. Las compañeras que recordaban haber vivido ese momento con mucha soledad y como algo desagradable o vergonzoso, tenían dificultades en sus relaciones íntimas.

En ese primer círculo cada una de nosotras honramos como adultas a nuestras niñas, que se estaban convirtiendo en mujeres.

Me sorprendió positivamente lo fácil que nos resultó compartir tanta intimidad y más teniendo en cuenta que muchas de nosotras no nos conocíamos. En un instante creamos una sororidad (hermandad entre las mujeres). Tal como me había vaticinado la abuela Margarita, sentí que las mujeres teníamos mucha necesidad de hablar de nuestra sexualidad, sanar heridas y compartirnos.

Círculo de mujeres.

Continué convocando círculos cada mes. Cada una de las participantes traían sus temas personales y propuestas. Algunas de ellas solicitaron hacer círculos para celebrar un embarazo, un parto, una despedida... Los encuentros eran tremendamente creativos y sorprendentes, a veces nos juntábamos para crear mandalas o manualidades, en otras nos sacudíamos los problemas bailando. Estábamos reconociendo nuestros conflictos, resolviéndolos y aprendiendo a reconectar con nuestra feminidad.

En estos casi veinte años que llevo siendo parte de círculos observo que, en la mayoría de las ocasiones, las conversaciones del grupo desembocan en temas sexuales. Reconozco la necesidad que tenemos las mujeres de crear estos espacios de contención donde nos sintamos lo suficientemente seguras para indagar y mostrar nuestra intimidad.

Para cada círculo, se prepara un altar entre todas las integrantes a quienes pido previamente traer flores y algún objeto significativo. Me encanta ese momento de cocreación. Cada altar es único y diferente y confiere al círculo un carácter ritual y sagrado.

Rituales iniciáticos

La desconexión de los seres humanos con la naturaleza ha tenido varios efectos, uno de ellos es que hemos olvidado las ceremonias de paso que antiguamente existían en todas las culturas y servían para dejar atrás una etapa vital y preparar el tránsito hacia un nuevo ciclo. Otra consecuencia es que, al recluirnos en nuestras viviendas, se va generando una actitud individualista y de autogestión cuyo resultado, en muchas ocasiones, es la soledad y el aislamiento. Hemos perdido el sentido de la «comunidad» como grupo de apoyo.

Muchos de los antiguos rituales iniciáticos coincidían con un momento de transición en la evolución sexual de las personas, por ejemplo, la llegada de la primera menstruación se consideraba como el momento más crucial en la vida de una mujer.

Honrar la primera luna

Me gusta usar el término luna en vez de «regla». La identificación de la menstruación con la luna es un descubrimiento que nos ha ofrecido a muchas mujeres adentrarnos en una sabiduría ancestral y arquetípica que, nos conecta con los dones creativos, sexuales y espirituales.

«La experiencia del ciclo menstrual y su paralelismo con el ciclo lunar hizo surgir los primeros conceptos de la medida y del tiempo.

Desde el comienzo de la humanidad el cuerpo y su interacción con lo que le rodeaba fue la unidad de medida básica: así el largo de un pie sobre la tierra, por ejemplo, o la cantidad de suelo cubierto por un paso se transformaron en instrumentos para medir distancias......muchas culturas medían el tiempo en noches y meses lunares y llevaban a cabo sus festividades religiosas de acuerdo con la luna llena: Incluso hoy en día la fecha en que se celebra la Pascua cristiana depende de la luna llena, igual que sucede con varias fiestas islámicas o judías...

La sincronicidad entre el ciclo femenino y el de la luna también revelaba la conexión entre la mujer y lo divino: durante su ciclo la mujer albergaba el misterio de la vida dentro de su cuerpo y podía generar vida y asegurar el futuro de su pueblo, lo que equivale a decir que cada mujer poseía los poderes propios del universo: dar vida, sustentar y crear»

LUNA ROJA, LOS DONES DEL CICLO MENSTRUAL.
—MIRANDA GRAY. EDIT. GAIA.

En una ocasión, durante un retiro de Tao, el padre de una niña de 12 años me pidió ayuda para dar a su hija una visión amorosa de su menstruación. Él me contó que la niña acababa de tener su primer período hace unos días y su madre le había expresado despectivamente: *«qué mal rollo hija y ahora a comprar compresas y a pasar una semana fatal».*

La niña estaba muy consternada, hablé con ella y le pregunté si le apetecía celebrar la llegada de su primera menstruación. Ella asintió. La noche siguiente, unas 20 personas de edades comprendidas entre los 5 a los 60 años, nos sentamos en círculo, alrededor de un fuego. Entonamos algunos cantos y mantras. La niña y su padre ocuparon un lugar especial en el círculo, cuando cesaron los cantos, el padre de la niña, emocionado, comenzó a narrar la historia de vida con su hija; cómo había conocido a la madre, la alegría al recibir la noticia del embarazo, el poderoso momento del parto, la magia que sintió al tocarla, verla, olerla y oírla por primera vez, la belleza e intensidad que significaba para él convertirse en padre de una niña y el gran aprendizaje que estaba suponiendo acompañarla en esta experiencia de la vida. Seguidamente, bendijo la llegada de la primera menstruación de su hija y le expresó sus mejores deseos y todo su apoyo para esta nueva etapa. A continuación, cada uno de los integrantes del círculo, le expresamos nuestro cariño, algunas mujeres compartimos nuestra propia experiencia con la luna y le mostramos nuestros respetos. Gracias a este ritual, la niña pudo soltar la carga pesimista que recibió a través del mensaje de su madre y pudo ampliar la visión de este importante acontecimiento.

Este es solo un ejemplo. He tenido la oportunidad de participar en muchos rituales de esta índole, que además de apoyar a las niñas en este proceso, sirven a las mujeres adultas para reparar la sensación de vacío y soledad que experimentaron al no haber sido acompañadas en un momento tan crucial de sus vidas.

Con este tipo de rituales, se honra la transición de niña a mujer y se conecta a la iniciada y a todos los participantes con el orgullo y la importancia del rol femenino en la sociedad.

Reflexión: Relación con la luna

Queridos lectores, en este punto os propongo tomar consciencia de vuestro sentir sobre el tema de la menstruación. Voy a formular algunas preguntas específicamente para las mujeres y otras para los hombres.

La luna Yin

Te invito a recordar cómo fue tu paso de niña a mujer. Si no recuerdas cómo ocurrió, sigue tu intuición y deja que hable tu corazón. No dejes ninguna pregunta sin responder.

- ¿A qué edad tuviste tu primera menstruación?

- ¿Recibiste información previa?

- ¿Quién te dio la información?

- ¿Recuerdas qué te explicó y con qué actitud lo hizo?

- ¿Cómo te sentiste al recibir la información?

- ¿Recibiste información en el momento de menstruar?

- ¿Quién te dio la información?

- ¿Recuerdas qué te explicó y con qué actitud lo hizo?

Reflexión: Relación con la luna

- ¿Cómo te sentiste al recibir la información?

- Describe cómo viviste el momento de tu primer sangrado: ¿dónde estabas?, ¿qué sentiste físicamente, anímicamente, emocionalmente?

- ¿A quién se lo contaste?

- ¿Cómo recibió tu noticia?

- ¿Cómo te sentías mientras se lo contabas?

- ¿Cómo te sentiste durante los días de tu primer período?

- Tu primera luna fue una experiencia….

- ¿Qué te hubiera gustado que te explicaran y no hicieron?

Reflexión: Relación con la luna

- ¿Qué actitudes, palabras, gestos te hubiera gustado no haber recibido?

- ¿Qué actitudes, palabras, gestos te hubiera gustado haber recibido?

- ¿Consideras la primera menstruación como uno de los momentos importantes en la vida? ¿Por qué?

- ¿Cómo vives actualmente tu menstruación?

- ¿Qué cambios produce la menstruación en tu actividad cotidiana?

- ¿Qué cambios produce la menstruación en tu actividad sexual?

Reflexión: Relación con la luna

- ¿Cómo es tu deseo y excitación durante el período?

- ¿Qué etiquetas o calificativos usas para describir cómo estás durante la menstruación?

- ¿Has investigado, o participado en alguna actividad que presente cómo vivir la menstruación de manera consciente?

- Describe detalladamente, cómo te hubiera gustado vivir la experiencia del paso de niña a mujer.

Después de esta reflexión, te animo a inventar una ceremonia con la que puedas enmendar y celebrar la experiencia de tu primera luna. Déjate guiar por la intuición, sé imaginativa, lo puedes hacer sola o en compañía, incluso diseñar un ritual entre varias amigas y que os sirva a todas. Invita a tu pareja, a tu madre, hermana, te sorprenderá la apertura que causa en ellas. Lo fundamental es agradecer tu luna, tu sangre, tu vida y ser mujer.

Si en tu círculo cercano hay niñas, puedes acompañarlas y apoyarlas en su proceso de transición.

Reflexión: Relación con la luna

La luna Yang (preguntas para los hombres)

- ¿Recuerdas a qué edad supiste que las mujeres menstruaban?

- ¿Quién te facilitó esta información?

- ¿Cómo te sientes cuando alguna mujer de tu entorno cercano está menstruando?

- ¿Cómo te sientes cuando tu pareja/amante/compañera está menstruando?

- ¿Te comportas de manera diferente cuando sabes que una mujer está con la luna?

- ¿Cómo te sientes en relación con el sexo, cuando tu pareja, amante, compañera está menstruando?

- ¿Qué cambia en ti a nivel deseo y excitación?

- ¿Qué cambios produce la menstruación de tu compañera en tu actividad sexual?

Reflexión: Relación con la luna

- ¿Qué etiquetas o calificativos usas para describir cómo están las mujeres durante la menstruación?

- Después de contestar estas reflexiones, ¿has descubierto algo nuevo sobre tu relación con las mujeres?

Mi luna

A los 11 años mis pechos empezaron a crecer y comencé la etapa del desarrollo. Por ese entonces, mi madre me habló de los cambios físicos que yo estaba experimentando y me explicó que en algún momento tendría mi primera menstruación. No recuerdo cuáles fueron sus palabras y sí la sensación del instante como un momento entrañable entre ella y yo. Entonces me regaló un librito, una especie de manual, que explicaba la evolución y el desarrollo femenino desde la infancia, pasando por la pubertad, la madurez sexual, la reproducción y la menopausia. El lenguaje del manual era claro, directo, sencillo y cuidadoso. Las ilustraciones eran muy bellas y limpias con cierto aire naíf. Recuerdo leerlo a solas y también compartir momentos de lectura con mi madre, siempre dispuesta a aclarar mis dudas. El mensaje que me llegó era muy positivo y amoroso, analizando cada etapa del desarrollo sexual y en concreto el de la menstruación como un proceso natural y común para todas las niñas, que en absoluto era motivo de vergüenza, ni miedo, ni asco, sino todo lo contrario, animaba a sentirse orgullosa y tranquila. Desmontaba antiguas creencias muy arraigadas tales como no te puedes duchar, ni ir a la piscina, o hacer deporte. Releí muchas veces el libro, ¡tenía tanta curiosidad! Y me sentía reconfortada, el libro no solo abordaba la parte biológica o anatómica, también hablaba de temas emocionales y animaba a madres e hijas a dialogar sobre el tema.

Mi madre me contó que a ella nadie le explicó absolutamente nada sobre la menstruación y mucho menos sobre la sexualidad. Me describió que su primera luna le cayó como un jarro de agua helada, por sorpresa y se asustó mucho. Se sintió muy sola e insegura. Cuando empecé a desarrollarme, mi madre tuvo clarísimo que iba a ofrecerme el acompañamiento que ella nunca tuvo.

Mi luna llegó durante la misa de la comunión de uno de mis hermanos (escribiendo esto, me doy cuenta de que, curiosamente, vino en un lugar sagrado durante un ritual litúrgico). En compañía de mi madre fui al lavabo y allí descubrí que me estaba bajando la luna, ella me abrazó tiernamente y sonriendo, con lágrimas en sus ojos me dijo: *«Mi niña se está haciendo mujer»*.

Al día siguiente mi padre me regaló un ramo de flores blancas y muy emocionado me felicitó por estar entrando en esta nueva etapa. Años más tarde le comenté a mi madre que yo sospechaba que la idea de regalarme flores había sido suya, ella lo corroboró. Me explicó que, para algunos pueblos indígenas, la llegada de la primera menstruación en una joven era motivo de júbilo y celebración de toda la comunidad y que el padre de la niña solía hacerle un regalo. Mi padre se sintió encantado de hacerlo así.

Al rememorar esto, siento un profundo agradecimiento hacia mis padres por haber hecho del día de mi primera luna una ocasión muy especial, y a mi madre por haber tomado la decisión de no dejarme sola y acompañarme durante todo el proceso de mi despertar sexual y así romper con el silencio y el tabú que había respirado en su familia.

Práctica: Mandala del ciclo lunar

A continuación, te presento un dibujo que representa la conexión entre el aparato reproductor femenino y el ciclo lunar.

Te invito a escanearlo, fotocopiarlo, imprimirlo para jugar con él. Píntalo, coloréalo, haz un collage, o una escultura. Utiliza todo tipo de materiales incluso objetos cotidianos y elementos de la naturaleza. Déjate inspirar y conéctate con tu intuición.

Práctica: Mandala del ciclo lunar

Lo puedes hacer sola, o en compañía de otras mujeres y compartir una experiencia creadora en grupo.

Es una práctica preciosa para hacer con tu hija y plasmar la belleza vuestra naturaleza femenina y de vuestros órganos sexuales. Si quieres, aprovecha la experiencia para preparar o dar la bienvenida de su nuevo ciclo y también para inaugurar la nueva etapa que se abre en la relación madre ↔ hija.

Compartir este proceso con tu hija, es algo que vais a llevar por siempre en vuestros corazones.

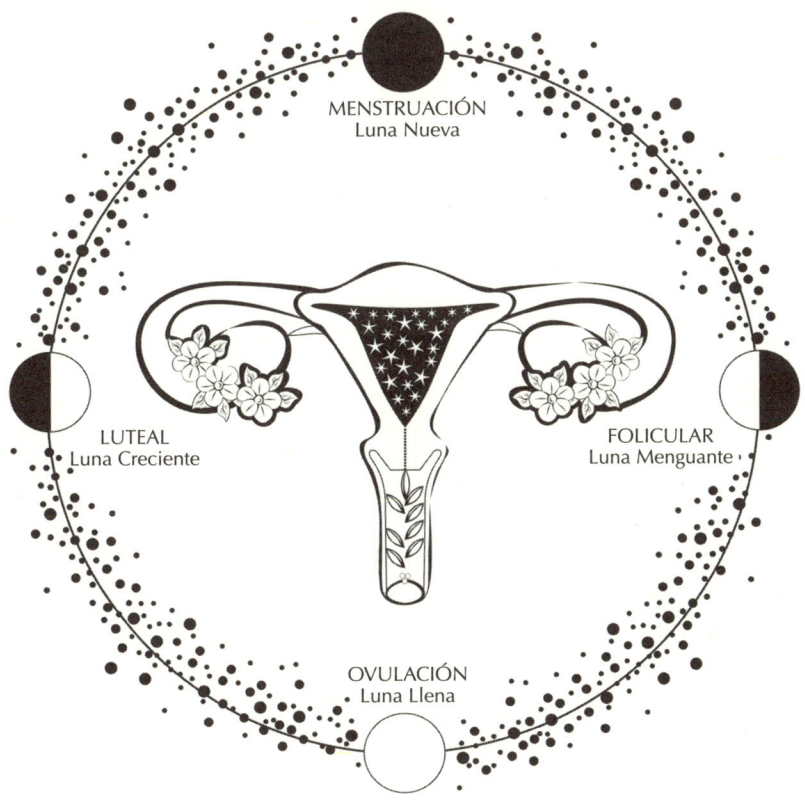

Ciclo menstrual - Ciclo lunar.

Dentro del Tao sexual femenino, la bienvenida de la luna es fundamental y honrar la menstruación a lo largo de toda la edad adulta forma parte del proceso. Vivir la menstruación de manera más consciente invita a la mujer a permanecer en contacto con la naturaleza y mantener un vínculo sano con su cuerpo, a aminorar el ritmo de vida para brindarse más cuidados y mimos, tomarse unos momentos para agradecer la vida, mirar al cielo, buscar la luna y establecer la conexión con los elementos.

Hay otros momentos dignos de celebrar en círculo y honrar nuestra sexualidad.

El climaterio y la menopausia

Es en este momento vital cuando el Tao y otras muchas tradiciones, otorgan a la mujer el grado de excelencia conocido como «La Mujer Sabia». A nivel sexual, en esta etapa muchas mujeres empiezan a vivir y disfrutar completamente del sexo pues deja de existir el riesgo del embarazo, se sienten más seguras de sí mismas y están de vuelta de muchas cosas de la vida.

Hacer una buena despedida y dar la bienvenida a este nuevo ciclo, puede ayudar a la mujer a tomar consciencia de aquellos patrones, costumbres o actitudes que puede soltar y cuáles son los nuevos propósitos de vida que desea integrar. Un gran número de mujeres entran en este período con el programa «estoy vieja» o «ya no sirvo»: ¡Abuelas, despertaos, las generaciones posteriores necesitamos de vuestra sabiduría, queremos escucharos y seguir aprendiendo de vosotras! ¡Honrad esta transición y todo lo que habéis experimentado hasta el momento, no perdáis la gran oportunidad de seguir abriendo puertas internas y externas hasta ahora inexploradas!

En el primer capítulo de este libro comentábamos la importancia de integrar como rutina las prácticas de Tao Sexual que favorecen la salud de los órganos sexuales y evitan los posibles efectos secundarios que puedan derivar a partir de la retirada de la menstruación, como la depresión, la sequedad vaginal, el desequilibrio hormonal, el prolapso de órganos internos, la pérdida del deseo y la subsiguiente inactividad sexual. Además, el Tao Sexual Amor Sanador está considerado como una práctica importantísima en el desarrollo de la vida energética y espiritual y es una gran herramienta para trascender con consciencia en el momento de la muerte.

Si estás en este momento vital, dedícate un ritual como homenaje a todos los pasos que has dado hasta ahora y bendice el camino que tienes por delante.

El embarazo

Una de los momentos más bellos y emocionantes en la vida de una mujer es la noticia del embarazo. Cuando supe del mío, salté y lloré de alegría, engendrar una vida y sentir la maravillosa experiencia de tener dos corazones, el mío y el de mi hijo, palpitando en mi interior, me acompasaron con el ritmo y el latir de la vida. Durante mi embarazo, comprendí el significado del «estado de gracia», lo respiré a cada instante y sentí como nunca antes, algo tan taoísta como es la conexión Cielo-Tierra. Estaba enraizada nutriéndome de la energía Yin que brota desde el corazón de la tierra y a la vez, sentía la energía Yang del cielo fluyendo por todo mi cuerpo; la unión de lo masculino y lo femenino haciendo el amor en mi interior, generando la vida de un nuevo ser. Para mí no hay mayor práctica de vida, que engendrar otra vida.

Si estás embarazada, o alguien de tu entorno lo está. Invita a tus familiares, amigas y amigos a celebrar este regalo. Podéis cantar, bailar, hacer masajes a la futura mamá, contar anécdotas, compartir ricos manjares, agradecer y bendecir a la embarazada, al padre y al bebé.

El nacimiento

Indudablemente el nacimiento y la muerte son los rituales iniciáticos más importantes de la existencia, puesto que marcan el origen y el fin de la vida, en ambos casos el círculo ofrece acompañamiento y apoyo.

Los círculos de celebración de nacimiento brindan ayuda práctica para esos momentos tan intensos e importantes. Toda colaboración va a ser muy bien acogida por la madre y por el padre, siempre y cuando el círculo se base en la escucha de las necesidades reales y prácticas de la nueva familia, y respete los tiempos y el ritmo orgánico que permita a la pareja y al bebé un encuentro íntimo y amoroso.

Recuperar los círculos de mujeres durante la crianza, crea una red de ayuda y confianza en la que las madres se apoyan mutuamente. La crianza compartida es muy enriquecedora y además permite que la madre pueda disponer de tiempo libre para ella.

Círculo de mujeres.

Otros círculos también sirven para bendecir nuevas relaciones, o como preparación emocional para que la mujer tenga una relación sana consigo misma y desde ahí establecer una relación de pareja.

Hasta aquí estos son algunos de los rituales de vida. A continuación, quiero dar lugar a otro de los grandes tabúes de nuestra sociedad occidental.

La muerte

«Que no quede una lágrima por llorar,
ni amor por expresar».
—ÁNGEL GARCÍA.

El Tao incluye la práctica de Muerte y Trascendencia, un compendio de meditaciones, trabajo corporal y energético preparatorios para el viaje de partida. Despedir a alguien en círculo, mediante cantos, mantras y oraciones, es una manera de rendir homenaje a su vida y además los integrantes del círculo pueden acompañarse y apoyarse mutuamente en la intensidad del momento y en el duelo.

De nuevo el apoyo del círculo va a estar enfocado en cubrir las necesidades de los familiares y allegados.

Todos los círculos cumplen una función terapéutica siempre y cuando cumplan las premisas de compartir desde el corazón, no juzgar, escuchar sin interrumpir o intervenir y no dar consejos, además de hacer un compromiso de no exponer fuera del grupo lo que ha acontecido.

En el Tao aprovechamos la energía del circulo para realizar prácticas y hemos comprobado los beneficios que aporta.

Los círculos de Tao Sexual - Amor Sanador femenino

Uno de los objetivos de estos círculos es aprender a usar la energía sexual para cultivar nuestra vida. La tradición judeocristiana, al considerar el sexo como pecaminoso, borró de nuestra memoria ancestral la esencia de La Sexualidad Sagrada. Para el Tao, el éxtasis que sentimos durante el encuentro íntimo es la vivencia del Amor Universal y la unión con la Fuerza Original de la Naturaleza. Esta experiencia de totalidad la podemos ir implementando mediante la práctica del Amor Sanador.

En estos círculos se plantean diferentes aspectos que atañen a la sexualidad, llamando a las cosas por su nombre, se van desvaneciendo la vergüenza, el temor y el juicio. Recuerdo un círculo especialmente, en el que tras haber estado moviendo el cuerpo y danzando. Nos sentamos a compartir y a atrevernos a decir en voz alta, qué prácticas sexuales nos excitaban mucho, qué nos encantaba que nos hiciera nuestro amante y qué nos deleitaba hacerle. Fue muy liberador y excitante. Más de una expresó que hablar así las «estaba poniendo muy calientes» y las ganas de ir a casa y seducir a sus parejas.

Las alumnas, mujeres de diferentes edades y orientación sexual, valoran muy positivamente explicar cómo están viviendo su sexualidad y realizar en grupo las prácticas de la Sonrisa, los Sonidos Curativos, el Masaje de Pechos, la Respiración Ovárica y del Huevo de Jade. Compartimos los descubrimientos que van llegando gracias a la práctica y aclaramos dudas. Estos círculos suelen ser para mujeres que hayan realizado el curso básico de Iniciación al Tao y asimismo son grupos cerrados con el fin de cuidar y proteger la intimidad de las participantes.

En nuestros círculos de mujeres honramos a las madres y a los padres, honramos a las hijas y a los hijos, al sexo femenino y al masculino. Ciertamente las mujeres nos juntamos para recuperar esta tradición, reforzarnos, compartirnos, contenernos, unirnos y apoyarnos mutuamente. Una de las premisas que seguimos en nuestros círculos de mujeres es reconocer el papel fundamental y complementario de los hombres y la energía masculina que hay en cada mujer. No son espacios de crítica hacia la figura masculina ni de competencia con ellos.

Hemos comprobado la necesidad y los beneficios de unirnos en círculos de mujeres por un lado y en círculos de hombres por otro, para profundizar en nuestro género, en nuestra identidad, en nuestra sexualidad y como una manera de autoafirmación, una vez esto ya sucede, surge el deseo y las ganas de compartir y nutrirnos del complemento del sexo masculino.

Los círculos mixtos

En una ocasión varias mujeres que conformaban uno de los círculos que guiaba en la isla de Menorca, me comentaron la curiosidad que tenían sus parejas, o amigos hombres, por saber qué hacíamos y de qué hablamos cada vez que nos juntábamos. Entre todas decidimos invitarles a participar en nuestro próximo encuentro. La noche de luna llena, acudieron todos los hombres a quienes habíamos invitado.

Después de explicarles el funcionamiento del círculo, propuse a cada participante expresar cómo se sentía. La magia y la medicina del círculo se manifestó. Los hombres emocionados, lloraron sus dificultades, sus bloqueos. Varios eran amigos entre sí y expresaron el cariño que sentían los unos por los otros, también por sus compañeras, agradecieron enormemente poder mostrar su vulnerabilidad sin sentirse juzgados, sin la necesidad de «tener que» mantener el rol de ser fuertes, sino simplemente ser y abrazar su humanidad. En el fondo, les ocurría lo mismo que a nosotras. Hombres y mujeres recibimos con el corazón abierto los regalos que cada uno, cada una, ofrecimos en círculo. Hoy, todavía alguno de esos hombres, me sigue expresando su gratitud por esa experiencia transformadora. Pura belleza.

Los círculos mixtos, bajo mi punto de vista y experiencia ponen de manifiesto varios temas: la cantidad de expectativas que ponemos en el otro sexo, la necesidad de relaciones más sinceras, todo aquello que proyectamos en el otro y no aceptamos en nosotros mismos, lo fundamental que es, hacer un cambio en la manera de comunicarnos, la dificultad que tenemos en confiar en nosotros mismos y por ende en los demás, especialmente en el sexo complementario. De esta manera con cada integrante del grupo haciendo de espejo a los demás, se abre la puerta de la comprensión y la compasión, hacia sí mismo y hacia el resto de personas. Siempre, siempre al finalizar los círculos queda de manifiesto las ganas de seguir juntándonos para avanzar y aprender unos de los otros.

Círculos de movimiento: FreeyourselfDance

La vida es movimiento, un constante ciclo de creación y destrucción. Nuestra existencia comienza con el primer aliento y termina con el último suspiro. Como seres humanos, podemos vivir varios días sin comer y sin beber, sin aire perecemos en pocos minutos. El movimiento «ventila» y oxigena todo nuestro ser. Inhalar y exhalar hacen mover el corazón y ambos: respiración y latido marcan el ritmo y son el diapasón de la vida. Las personas tenemos una tendencia a «solidificar» las vivencias: queremos repetir las experiencias gratificantes o nos quedamos inmersos en experiencias traumáticas o dolorosas. Tendemos a «fortificarnos» tras ideas y conceptos mentales o creencias. Amurallamos nuestros corazones convencidos de que así sentiremos menos. La inercia, se convierte en nuestra enemiga y a la vez en una gran maestra: nos muestra claramente, la rigidez y el entumecimiento de lugares internos suplicando ser respirados.

Efectivamente el movimiento es beneficioso para la salud. Para que el movimiento además de saludable sea terapéutico y transformador, es necesario que abarque la totalidad del individuo: mente, cuerpo, emoción y energía. En las sesiones de FreeyourselfDance la consciencia se pone en movimiento dando lugar a que la mente vaya dejando de ser la gran protagonista para ir cediendo espacio al sentir. En esta práctica, el movimiento es un precipitante que sacude cada uno de los estratos de los danzantes. Cuando nos entregamos a la danza, nos convertimos en danza, practicamos la comunión con nosotros mismos y con todo el universo, nos conectamos con la danza de la vida. La danza entonces se convierte en una meditación activa y en una de las vías para llegar al éxtasis

En nuestros círculos de danza y movimiento, cocreamos un espacio de confianza en el que cada participante puede explorar su propia libertad. El silencio verbal es una de las bases de estos encuentros. El silencio agudiza la escucha interna que propicia el «darse cuenta» de lo que ocurre durante la danza: si aparecen juicios de valores u otros pensamientos que privan de estar presente en el momento. En concreto, se pone de manifiesto, cuanto nos alejamos y nos evadimos del encuentro íntimo con nosotros mismos.

Meditación activa.

Al no existir coreografías ni pasos establecidos, la creatividad es lo que impera en cada momento, cada quien hace su propia danza. Una de mis grandes maestras, Gabrielle Roth, decía: «¿*Si no haces tu propia danza, quien la va a hacer por ti?*».

Cada persona danza lo que está sintiendo, cualquier emoción que aflore, cualquier pensamiento que surja es la coreografía de la danza. Es una danza que nos conduce directamente a la fuente sensual de la sabiduría, al don de nuestros instintos. De esta manera cada vez que tomamos aire sabemos que es una nueva oportunidad en vida y que podemos inspirarnos en ella.

«Danzamos la risa, las lágrimas y la locura. Danzamos los miedos, las esperanzas y los gritos. Somos bailarines, creamos sueños».

—A. EINSTEIN.

Bibliografía

- ACKERMAN, Diane: Una historia natural de los sentidos, Editorial Anagrama, Barcelona, 1992.
- BUCAY, Jorge: El camino del encuentro, Editorial Grijalbo, Barcelona, 2010.
- CHANG, Jolan: El Tao del amor y el sexo, Neo Person Ediciones, Madrid, 2016.
- DARDER, Mireia: Nacidas para el placer: instinto y sexualidad en la mujer, Rigden Institut Gestalt, Barcelona, 2014.
- DE CALLE, Ana: El sexo, magia para tu cuerpo. Claves para conocer y disfrutar del sexo, Amazon, 2013.
- DUMAY, Regine: Cómo hacerle bien el amor a un hombre, Editorial Debolsillo, Barcelona, 2016.
- DUMAY, Regine: Cómo hacerle bien el amor a una mujer, Editorial Debolsillo, Barcelona, 2010.
- GARRIGA, Joan: El buen amor en la pareja, Ediciones Destino, Barcelona, 2013.
- GODOY, Iliana y Valeria Manca: El cuerpo del deseo. Poesía erótica femenina en el México actual, Editorial Universidad Veracruzana, Xalapa (México), 1989.
- GONZÁLEZ Rico, Nieves: Hablemos de sexo con nuestros hijos, Ediciones Palabra, Madrid, 2008.
- GRAY, Miranda: Luna Roja. Los dones del ciclo menstrual, Editorial Gaia, Móstoles (Madrid), 1995.
- HALL, Judy: La biblia de los cristales. Guía definitiva de los cristales, Ediciones Gaia, Móstoles (Madrid), 2006.
- IAM, Mabel: El amante perfecto, Editorial Atria, Estados Unidos, 2005.
- MANTAK, Chia: El Nei Kung de la médula ósea, Editorial Sirio, Málaga (España), 2001.
- MANTAK, Chia: Equilibrio energético a través del Tao, Neo Person Ediciones, Madrid, 2007.
- MANTAK, Chia, et. al.: La pareja Multiorgásmica. Secretos sexuales que toda pareja debería conocer, Neo Person Ediciones, Madrid, 2000.
- MANTAK, Chia y Douglas Abrams: El hombre multiorgásmico. Secretos sexuales que todo hombre debería conocer, Neo Person Ediciones, Madrid, 1997.
- MANTAK, Chia y Maneewan Chia: Amor curativo a través del Tao: cultivando la energía sexual femenina, Editorial Mirach, Villaviciosa de Odón (Madrid), 2008.

- MANTAK, Chia y Maneewan Chia: Despierta la luz curativa del Tao, Editorial Mirach, Villaviciosa de Odón (Madrid), 1995.
- MANTAK, Chia y Michael Winn: Secretos Taoístas del amor. Cultivando la energía sexual masculina, Equipo Difusor del Libro, Villaviciosa de Odón (Madrid), 2000.
- MANTAK, Chia y Rachel Carlton Abrams: La mujer multiorgásmica. Secretos sexuales que toda mujer debería conocer, Neo Person Ediciones, Madrid, 2006.
- MANTAK, Chia y William U. Wei: Reflexología sexual, Neo Person Ediciones, Madrid, 2005.
- MENASSA, Alejandra y Pilar Rojas Martínez: Medicina Psicosomática IV. La sexualidad y sus trastornos, Editorial Grupo Cero, Buenos Aires, 2015.
- MILLER, Alice: El cuerpo nunca miente, Tusquets Editores, Barcelona, 2014.
- ODENT, Michel: El bebé es un mamífero, Editorial Ob Stare, Santa Cruz de Tenerife (España), 2016.
- RAMS, Albert: Sexualidades: terapia Gestalt, intimidad y deseos, Editorial la Llave, Barcelona, 2017.
- REID, Daniel: El Tao del amor, el sexo y la larga vida, Editorial Urano, Barcelona, 41.ª ed., 2014.
- ROSSI, Vicenzo: La vida en movimiento. El sistema Río Abierto, Editorial Kier, Buenos Aires, 2006.
- ROTH, Gabrielle: Mapas para el éxtasis. Enseñanzas de una chamán urbana, Editorial Urano, Barcelona, 2010.
- SWAMI Digambarananda Saraswati (Danilo Hernández): Claves del Yoga, Editorial La liebre de marzo, Barcelona, 2015.
- WOLF, Naomi: Vagina. La nueva biografía de la sexualidad femenina, Editorial Kairós, Barcelona, 2012.
- ZHENG, Liu, Daniel García y Ángel García: Tao para vivir, Oberon, Madrid, 2017.

Recursos electrónicos

- Fundación Española del Corazón: fundaciondelcorazon.com (última consulta: 10/10/2018).